Stefanie Schröder

Paula Modersohn-Becker

HERDER / SPEKTRUM

Band 4431

Das Buch

Paula Modersohn-Becker, eine Frau, die auch als Künstlerin ihren eigenen Weg geht zu einer Zeit, da dies keineswegs selbstverständlich ist. Eine Malerin, die verkannt wird, die um ihren eigenen Ausdruck ringt und heute weltberühmt ist. Sie findet Farben und Formen, die unmittelbar faszinieren. Doch zeit ihres Lebens blieb sie unverstanden – auch von ihren Malerkollegen in der Künstlerkolonie Worpswede und trotz aller Liebe auch von ihrem Mann, dem Maler Otto Modersohn, den sie dort kennenlernte und heiratete. Ihr Mann attestiert ihr zwar Talent, steht ihrer Malweise aber ratlos gegenüber. Sie sieht, wie ihre Freundin Clara Westhoff sich durch ihre Ehe mit Rainer Maria Rilke verändert, ihre Unabhängigkeit im Urteil verliert. Ihre Reise nach Paris 1906 und ihr langer Aufenthalt dort sind eine Flucht vor der Enge. Sie erlebt, was es heißt, frei zu sein und zu malen. Sie erfährt Anerkennung, die ihr guttut und sie bestärkt, ihren Weg weiterzugehen. Erst auf eindringliches Bitten kehrt sie zurück und malt ihre schönsten und eindrucksvollsten Bilder. Doch das Glück dauert nicht lange …

Stefanie Schröder hat mit viel Einfühlung in die Persönlichkeit Paula Modersohn-Beckers (1876–1907) ihre Lebensgeschichte lebendig werden lassen. Sie schildert die Stimmungen und die Verbindungen der Menschen untereinander so, daß man hineingenommen wird ins Leben einer Künstlerin, die immer darum rang, sich und ihre Kunst zu verwirklichen.

Die Autorin

Stefanie Schröder, Studium der Germanistik und Geschichte, war als Lehrerin tätig und beschäftigt sich seit langem mit der Persönlichkeit der Malerin. Bei Herder/Spektrum in Vorbereitung: Im Bann des Blauen Reiters. Das Leben der Gabriele Münter – Romanbiographie (Band 4567).

Stefanie Schröder

Paula Modersohn-Becker

Auf einem ganz eigenen Weg

Roman

Herder

Freiburg · Basel · Wien

Gedruckt auf umweltfreundlichem,
chlorfrei gebleichtem Papier

4. Auflage

Originalausgabe

Satz: Barbara Herrmann, Freiburg
Belichtung: Johannes Schimann, Ingolstadt
Druck und Bindung: Freiburger Graphische Betriebe 1998
Umschlaggestaltung: Joseph Pölzelbauer
Umschlagmotiv: Paula Modersohn-Becker, Selbstbildnis 1905/1906
ISBN 3-451-04431-5

Denn das verstandest du: die vollen Früchte,
die legtest du auf Schalen vor dich hin
und wogst mit Farben ihre Schwere auf.
Und so wie Früchte sahst du auch die Frauen
und sahst die Kinder so, von innen her
getrieben in die Formen ihres Daseins.

Rainer Maria Rilke
(aus: „Requiem für eine Freundin"
In Memoriam Paula Modersohn-Becker)

1

Hätte sie im Februar des Jahres 1906 ihren Entschluß, nach Paris zu gehen, rückgängig gemacht, wären ihr viele innere Kämpfe und demütigende Auseinandersetzungen erspart geblieben. Es wäre aber auch nichts von dem wunderbar Besonderen in ihrem Leben passiert.

Als sie von der kleinen Winterreise mit Otto zurück war, begann sie, ihre Sachen zu packen, ohne daß jemand davon erfuhr, sie stellte alles Nötige zusammen. Otto Modersohn hatte im vergangenen Herbst etliche Bilder verkauft, er pries sich glücklich, soviel geschafft zu haben. Zu Weihnachten war eine Einladung von Carl Hauptmann gekommen, und Otto hatte sich vorgenommen, den Jahresanfang mit seiner Frau im Schnee des Riesengebirges in Schreiberhau zu verbringen. Sie hatten Elsbeth in Bremen zur Großmutter gebracht. Sie waren in den Zug gestiegen, und Paula nahm sich vor, alle Gedanken an Paris vorläufig hintanzustellen.

Otto wußte, wie sehr Paula den Wintersport genoß. Schon allein wie sie den Schlitten hinaufzog, die rote Nasenspitze hochhob und ihren Atem mit kleinen Stößen in die Luft blies. Er schaute ihr zu, wie sie den Berg hinuntersauste. Mit Carl Hauptmann wanderte er oberhalb des Abhangs, von wo aus die Schlittenpartie begann. Es wurde immer kälter, und dann begann es wieder zu schneien. Die vor den Häusern freigeschaufelten Wege waren bald wieder zugeschneit. Carl, der neben ihm herging, schlug den Mantelkragen hoch. Merkwürdig, dachte Modersohn, er geht nicht darauf ein, wenn ich seine Frau Martha erwähne. Sollte das Gerücht wahr sein, daß Carl die Maria Rohner heiraten will, die Micki, die sie schon in Worpswede gesehen hatten? Merkwürdig, daß Carl auch in diesem Punkt seinem Bruder Gerhart nacheiferte, der vor einem Jahr seine zweite Frau Margarete Marschalk geheiratet hatte, obwohl er seine erste Frau Maria oft in Schreiberhau besuchte.

Obwohl die Paare anfangs so gut miteinander harmonierten, trennten sich immer mehr Ehepartner voneinander. In Freundschaft zusammenbleiben, sagte Carl. Es kriselte in den Ehen, auch bei Vogelers, von Rilkes ganz zu schweigen. Otto hatte es schon kurz nach deren Hochzeit prophezeit. „Wie schrecklich. Erst zu heiraten, Kind zu haben und dann an den brotbringenden Beruf zu denken. Immer in Not zu sitzen!" Hatte er etwa nicht recht? Rilkes kamen auf keinen grünen Zweig. Otto warf einen Blick auf die schneebedeckte Landschaft, die Hänge und Täler lagen ganz gelassen unter dem grauweißen Himmel.

Er konnte mit sich und seiner Ehe zufrieden sein. Sein Leben schien geordnet, und wie man so schön sagt, es war behaglich eingerichtet. Sie stritten sich manchmal. Aber, was hatte das zu sagen. Sie waren eigentlich ein zufriedenes Ehepaar. Paula selbst hatte keine Kinder, doch schien sie nicht darunter zu leiden. Ihn störte ihre Kinderlosigkeit nicht. Er hatte seine Tochter Elsbeth, und Paula kümmerte sich sehr um das Kind. Wenn etwas seine Fantasie beschäftigte, so war es seine Malerei.

Ja, er konnte zufrieden sein. Was meinen Sie, fragte Carl Hauptmann, er hatte Otto murmeln gehört. Nichts, wehrte Modersohn ab und wies auf den Abhang, schauen Sie da, unsere Schlittensportler. Er bewunderte seine Paula und sah voll Stolz, wie Carl Hauptmann seine Frau mit Blicken begleitete. Er dachte an das, was er gestern abend in sein Tagebuch schrieb: „Was hat Paula mir alles gebracht, das Baden, Luftbaden, Touren nach Fischerhude, Eispartien. Ich werde mich jünger halten, ich werde menschlicher. Ich werde künstlerisch nur Vorteile davon haben. Mein Leben wird reicher und aktiver." Daß Paula, die ihm sehr zur Selbstdarstellung und Selbstfindung diente, selbst auch Bedürfnisse hatte, sich zu verwirklichen, kam ihm nicht in den Sinn.

Ja, damit hatte Paula nicht gerechnet, daß es an den Abenden noch so hochinteressante Gespräche geben würde. So hatte sie die Herrenrunden im Elternhaus erlebt, wenn der Vater mit seinen Bekannten politische Debatten führte. In Schreiberhau war der Soziologe Werner Sombart zu Gast. Er lehrte Volkswirtschaft an der Universität zu Breslau und hatte gerade einen Ruf nach Berlin bekommen.

Paula hörte gespannt zu. Sombart fesselte sie. Diese studierten Leute hier wirkten so anders als die Maler, mit denen sie sonst verkehrten. Sie fragte Sombart, ob sie ihn porträtieren dürfe. Natürlich hatte sie Palette und Malzeug mit.

Paula porträtierte. So war es eben, sie mußte malen aus einem inneren Bedürfnis heraus, eine Auseinandersetzung mit ihrer Kunst erwartete sie hier nicht. Otto, der anerkannte Maler, dachte nicht daran, sich mit ihr über diese Arbeit zu unterhalten. Er mochte ihre Porträts nicht, und in diesem Porträt hatte sie entschieden die Art weiterentwickelt, die er ablehnte. Die Darstellung war neu, unheimlich frappierend. Das Porträt wirkte wie geschrieben. Paula war ihrer Runenschrift nähergekommen.

Von Ende Dezember bis Mitte Januar waren die beiden unterwegs. Sie besuchten die Verwandten in Dresden, spazierten durch die Jahrhundertausstellung in Berlin.

Jetzt ging alles ganz rasch der heimlichen Abreise entgegen. Paula wußte nicht mehr genau, wie sie die letzten Wochen in Worpswede verbracht hatte. Jedenfalls hatte sie am achten Februar ihren Geburtstag gefeiert und sich über das Foto gefreut, das die Mutter ihrem Glückwunsch beigelegt hatte. Es war dies ein Jugendfoto des Vaters, auf dem man seine große Ähnlichkeit mit Paula feststellen konnte. Sie hatte sogleich der Mutter geantwortet, daß sie wohl im Äußeren dem Vater ziemlich gleich, sonst aber rücksichtsloser wäre als der bescheidene Woldemar Becker. Sie hatte noch ein neues Siegel geschnitten, mit dem sie ihren Brief an die Mutter siegelte, und der Satz sollte ein stummer Hinweis sein: „Eile dich, daß du hingelangst."

In jenen letzten Februartagen ging sie manchmal durchs Haus, als horchte sie auf etwas und manchmal, als trüge sie ein fröhliches Geheimnis mit sich herum. Sie dachte: Ich habe beinahe das Gefühl, ich bekäme ein neues Leben geschenkt. Ich freue mich auf ein Wiedersehen mit Rilke. Ich freue mich auf Rodin und auf hunderttausend andere Dinge.

Würde ihr neues Leben die acht Jahre Worpswede mit der Zeit so zurückdrängen, bis sie irgendwann ganz aus ihrem Gedächtnis schwänden?

Der Aufbruch geschah am Abend nach Otto Modersohns Geburtstag. Sie hatte den Zeitplan genau festgelegt, erst mußte Ottos Fest vorüber sein, erst mußten Mutter und Kurt unterwegs nach Italien sein, damit denen die Reise nicht verdorben würde. Und obschon sie sich zu größter Ruhe zwang, war sie oft so in Gedanken, daß sie den wichtigen Brief nach Paris abzuschikken vergaß, in dem sie Rilke um eine Zimmervermittlung bat.

Sie hatte sich fest entschlossen, ihre Zelte in Worpswede abzubrechen, Otto Modersohn zu verlassen. Sie wollte es in Kauf nehmen, daß die Verwandten sie verurteilten. Es würde ihr nichts mehr ausmachen.

Am Dienstag, den 20. Februar 1906 teilte sie Rilke mit: „Ich reise nun Freitag Nacht und komme Sonnabend in Paris an."

Ihren Brief beendete sie so:

„Und nun weiß ich gar nicht, wie ich unterschreiben soll.

Ich bin nicht Modersohn, und ich bin auch nicht mehr Paula Becker.

Ich bin

Ich

und hoffe, es immer mehr zu werden. Das ist wohl das Endziel von all unserm Ringen."

Siebzehn Stunden Bahnfahrt lagen vor Paula. Jetzt hatte sie viel Zeit, um sich zu überlegen, warum sie in diesem Zug nach Paris saß. Paula ließ ihren Gedanken freien Lauf. Bilder tauchten auf.

2

Sie war sechzehn Jahre alt, und schon hatte der Ernst des Lebens begonnen. Ihr Vater, der ihr am Tisch auf der Fähre nach England gegenübersaß, nickte ihr bedeutsam zu. Er benutzte die letzte Stunde der Überfahrt, um Paula noch einmal seine und der Mutter Beweggründe darzulegen, weshalb die Tochter zu Tante Marie Hill geschickt wurde. Er zündete sich eine Zigarre an. Paula wußte, daß sein Vermögen nicht so war, daß er sie ohne Beruf lassen konnte.

Das Schiff hob und senkte sich. Der Wind, der es auf den

grauen Wassern steigen und fallen ließ, kam aus Westen. Regenketten verhängten den Blick zurück zum Festland, das die Bekkers vor einer Stunde im Nieselwetter dieses frühen Apriltages 1892 verlassen hatten. Und wenn Paula nach vorn durchs Fenster schauen wollte, das von innen feucht beschlug, sah sie nur den Regen dagegenprallen. Es war ihre erste Seereise, und zum erstenmal würde sie für lange Zeit von Eltern und Geschwistern getrennt in einem fremden Land leben und lernen müssen.

Paula schaute den Vater an. Sein volles lockiges Haar, sein wallender Vollbart wurden grau. Ihr fiel auf, daß seine Augen, als er lachte, sehr traurig wirkten. Das war ganz ihr Vater, der sich immer des Geldes wegen sorgte. Nun schwiegen sie wieder eine Weile, und jeder dachte sich sein Teil. Ihr machte Geld nichts aus. Im Grunde dachte sie wie jedes Kind aus gut situiertem Haus. Von einer Welt voller Armut und Not war sie weit entfernt. Zwei Jahre drauf schreibt sie ihm: „Für meine Person wünsche ich ganz und gar keinen Mammon. Ich würde nur oberflächlich." Was sie jetzt nicht wußte und auch dann noch nicht, daß sie später einmal in vielen Briefen um Geld bitten würde.

Nun sprach der Vater wieder, ermahnte. Aufpassen, genau das tun, was verlangt wird. Auch wäre es ihm vorgekommen, besonders in letzter Zeit, daß sie eine übertriebene Angst entwickelte, etwas Unschickliches zu tun. Nicht so viel über sich und die eigenen Fehler grübeln. Das wäre letztlich egoistisch. An andere denken. Auch tüchtig Sport treiben. In England würde sie Tennis lernen, Tante Marie hatte es geschrieben. Gerne, Vater. Paula war sportbegeistert. Ans Schlittschuhlaufen mußte sie denken. Die Landschaft, die sie glücklich machte, der Rauhreif in den Bäumen und Büschen am Wallgraben, die spiegelblanke Eisfläche. Herrliches Eis hatten sie letzten Winter. Die Schlittschuhe an und drauf und sich nichts draus machen, wenn man stürzte, man konnte sich ganz ungeniert geben, wenn man wußte, auf diesem entlegenen Stück Wallgraben liefen nur noch die Schwester und die beiden Freundinnen. Und weil Paula nicht aufgab, konnte sie bald die schönsten Bogen laufen. Später wird ihr Mann sagen: „Anmutig wirkt sie beim Schlittschuhlaufen, wo sie graziös und mit ihrem braunen

Kleidchen sich vor mir her wiegt." Sie lief mit einem Schwung, den nur wenige besaßen. Ihre Bogen machte ihr so schnell keiner nach.

Es war wohl die gleiche Achtung, die sie den Eltern entgegenbrachte, mit der Paula nun den Verwandten in England gegenübertreten wollte. So zwang sie sich und saß ganz brav da, das kupferrote dichte Haar mitten gescheitelt, hinten zu einem Zopf gebunden, die praktische braune Wollpelerine um die Schultern. Entschlossen blickten ihre braunen Augen den Vater an.

Der rauchte, wollte sie noch einmal über den Plan informieren, den er mit seiner Halbschwester Marie für sie entworfen hatte. Gründlich den Haushalt lernen. Alle Arbeiten verrichten, die auf der englischen Farm anfielen und last but not least englische Sprachkenntnisse erwerben. „Bei dem jähen Wechsel, dem wir bezüglich der Glücksgüter in unserem Zeitalter unterworfen sind, bei der angestrengten Arbeit, den der Kampf ums Dasein mit sich bringt, muß jedes Mädchen danach streben, sich zur Not selbständig zu machen."

Als Gouvernante zum Beispiel konnte man sich gut sein Brot verdienen. Ja, Vater. Sie schwieg. Es würde bestimmt schon das Besondere kommen, das sie sich insgeheim für ihr Leben wünschte. Sie seufzte, dachte an den Konfirmandenunterricht, an die Worte des Pastors: nur im Leid käme die Erfüllung des Lebens. Nur Leiden führten näher zu Gott. Paula wollte das so nicht wahrhaben. Sie hatte sich einen andern Spruch gewählt: „Heilger Geist zeuch bei mir ein und laß mich deine Wohnung sein zu steter Freud und Wonne."

Dann letzte Mahnungen des Vaters, nicht mit offenen Augen dazustehn und zu träumen. Sie hatte aufs beschlagene Fenster Kreise gezeichnet, Gucklöcher hineingerieben, draußen war das Meer, grünschwarze Wasser, weiße Gischt. Sie träumte ja schon wieder. So konnte es nicht weitergehen. Sie müßte sich ändern. Und Paula versprach es. Und tatsächlich änderte sie sich. Aber es geschah auf eine Weise und in eine Richtung, die sich Vater und Tochter nie vorgestellt hätten in diesem Moment auf der Fähre nach England. Die Küste war erreicht, der Regen hatte nachgelassen.

Onkel Charles verstand sich mit Woldemar Becker. Paula war stolz auf ihren Vater, der ebenso gut auf englisch die Unterhaltung führte, wie er es auf französich oder russisch gekonnt hätte.

Erster Abend in England. Die Frauen in einer Ecke des Salons auf dem Sofa. Handarbeiten, Deckchen im Stickrahmen, Schlingstich, Schrägstich, Kreuzstich. Paulas Faden mußte öfter neu eingefädelt werden. Am Rauchtisch Onkel Charles und Vater Woldemar, politische Gespräche. Namen, Daten, Bismarck! Ein echter Patriot! Wußte, worauf's ankam. Woldemar zog an seiner Zigarre, zitierte den Kanzler: „Wer eine Pension hat für sein Alter, der ist viel zufriedener und leichter zu behandeln als wer darauf keine Aussicht hat." Vaterlandsliebe wecken hieß, den Bürger gut versorgen. Das hatte Bismarck den Franzosen abgeguckt. Charles lachte, O yes, I know. In Frankreich war der Patriotismus am stärksten ausgeprägt, weil es dort die meisten Rentenempfänger gab. Schade, daß Bismarck entlassen wurde! Kannte Woldemar die Karikatur im „Punch"? Charles hatte sich die Zeitung aufbewahrt. Hier, März 1890! „Der Lotse verläßt das Schiff!" Von oben über die Reling schaut Wilhelm Zwo, unten, das Fallreep hinuntergehend, beugt sich der greise Kanzler.

Paula bewunderte Bismarck. Paula bewunderte die Großen, die eine große Idee in die Tat umsetzten, Napoleon gehörte dazu. Später bewunderte sie den Bildhauer Rodin. Vier Jahre nach diesem Englandaufenthalt wird sie Bismarck begegnen, in Hamburg. Sie hat eine Rose in der Hand, reicht die Blume dem greisen Altkanzler in den Wagen hinein. Paula ist erschüttert, schreibt nach Bremen: „Schicksal und Alter haben seine Kräfte gebrochen."

Dann Themenwechsel am Rauchtisch. Nichts mehr von Problemen mit der Nationalliberalen Partei, Zukünftiges bereden statt die Vergangenheit zu beschwören. Wie stellten sich die Hills ihren geplanten Wohnungswechsel vor?

Liebe Tochter, nun sei fleißig und ordentlich und dankbar. Der Vater war wieder daheim. Paula auf dem englischen Landgut. Ihre Briefe nach Hause. Das Melken, das Buttern. Welche

Anstrengung das war, per Hand die Zentrifuge zu drehen, um erst einmal Sahne von Magermilch zu trennen. Und wer sich vorstellen kann, wie lange es dauert, wie schwer es ist, die Butter im Faß zu stampfen und dann zu waschen und zu kneten, der weiß, wieviel Ausdauer, Kraft und Freude dazu gehört, zwölf Pfund Butter herzustellen. Und das jeden Freitag.

Paula am Teich im Park, fing Kaulquappen. Gegen die Sonne, die durch die Bäume schien, sah man das Haus nur in Umrissen. Hatte sie die oberen Zimmer in Ordnung gebracht, hatte sie die Wäsche gefaltet? Sie mußte sofort zurück. Die Tante wollte mit ihr den Speiseplan aufstellen. Man ist, was man ißt, sagte Marie Hill und hielt sich an die neuen Erkenntnisse in der Medizin. Vitaminmangel verursacht Krankheiten. Obst muß täglich auf den Tisch. Das war gut, aber daß sie am nächsten Sonntag wieder den Gänsebraten tranchieren sollte, gefiel Paula gar nicht. Gerade, weil du dich beim letzten Mal so ungeschickt angestellt hast, mußt du noch einmal üben, sagte Tante Marie, und Paula dachte an das verfleckte Tischtuch, an die entsetzten Gesichter der Gäste.

Paula erlernte das Nähen auf der Nähmaschine. Kleider kürzen, Röcke längen, Abnäher anbringen, Applikationen aufsetzen. Sauberste, gerade Nähte. Tante Marie arbeitete gründlich mit Beckerscher Genauigkeit, exakt wie ihr Bruder Woldemar. Ob die kinderlose Tante sich, ihrem Bruder und der Schwägerin beweisen mußte, daß sie zeitgemäß und solide erziehen konnte?

Tante Maries Sorge um die geistige Ausbildung. Die Menschen konnten doch nicht leben, ohne ihren Intellekt zu entwickeln. Mittags von zwölf bis eins englische Literatur, gleichzeitig Sprachtraining.

Paula erinnerte sich nicht mehr daran, wann sie begonnen hatte, andere Romane zu lesen als die, welche ihr die Tante vorschlug. Als die Biografie von William Thackeray an der Reihe war, holte sich Paula die Bücher von Walter Scott und las begierig seine romantischen Erzählungen über das einfache Leben der schottischen Bauern. Sie konnte Geschichten in sich aufsaugen, wie sie das Meer in sich aufgenommen hatte. Die

Bilder lebten in ihr weiter, vibrierten stark in ihr, beeinflußten ihre Stimmung, die schwankte hin und her. Sie sollte Vernünftigeres lesen, etwas, woran sie lernen konnte, was im Leben wichtig war, so die Belehrungen der Verwandten.

Warum schrieb Paula in ihren Briefen nie, ich will das alles nicht? Sie wußte im voraus, was man ihr von zu Hause wiederschreiben würde. Ich wette, daß du dich gehen läßt, keine Haltung bewahren kannst! Mahnungen, die Folgen hatten. Sie verschloß ihre Gefühle, versuchte nicht mehr, darüber zu schreiben, geschweige denn darüber zu sprechen. Vielleicht war sie unfähig und wirklich unausstehlich. Sie konnte plötzlich still dasitzen, beinahe schlaff, teilnahmslos. Liebe Paula, du solltest nicht so verstockt sein. Sie schwieg. Paulas Verhalten irritierte die Tante sehr. Die anderen Elevinnen erledigten genausoviel an Arbeit und waren fröhlich dabei. Paula versuchte, Klarheit über sich selbst zu gewinnen. Warum bin ich so? Sie wußte nicht, woher diese Unruhe kam, woher diese Ohnmachtsanfälle, sie hatte Angst, daß sie allein die Schuld daran trug.

Sie träumte schwer. Der Traum kam nachts mit Regelmäßigkeit, der Berg, der sich hoch vor ihr aufrichtete. Keine Erlösung gab es, wenn sie naß von Angstschweiß erwachte. In ihrem Tagesablauf sah sie auch nichts anderes als Berge vor ihren Augen. Das Schlimmste war, daß sie glaubte, so und nicht anders müßte ihr Leben weitergehen.

Aber es war nicht die Unmenge an Arbeit, die Paula plötzlich ins Krankenzimmer brachte. Nachdem der Kamillentee nichts gegen die Magenschmerzen, gegen die Übelkeit ausgerichtet hatte, nachdem ihr jeden Abend wegen ihrer Ohnmachtsanfälle kalte Wadenwickel gemacht waren, während Onkel Charles ihr den „Dörchläuchting" von Fritz Reuter vorlas extra wegen des heimatlichen Dialekts, und als die Untersuchung des Hausarztes nichts ergeben hatte, schüttelten die Verwandten verzweifelt und ärgerlich den Kopf. Paula war krank ohne jeden Grund. Sie litt und siechte dahin, ohne daß man ihr helfen konnte.

Paulas Zustand wurde Thema in Bremen. Was war mit Paulas geheimnisvollen Krankheiten? Gymnastik müßte sie treiben, vernünftig essen. Dann würden Ohnmachtsanfälle, Herzrasen verschwinden.

Was war wichtig für Paula: das Klavierspielen jeden Morgen eine halbe Stunde vor dem Frühstück? Nun gut, wenn es niemanden störte. Weit würde sie es allerdings nicht bringen, sie hatte nicht das Talent ihrer Cousine Maidli. Tennisspielen? Nun gut, man konnte sich austoben, hatte einen Grund, sich nicht mit den holländischen Kochelevinnen abgeben zu müssen. Niemand ahnte, wie gerne Paula beim Kichern und Herumalbern der drei mitgetan hätte. Sie konnte das nicht. Sie verkroch sich in ihr Zimmer. Sie kam sich außerhalb dieser Zuflucht unbeholfen vor.

Paula wurde so schnell gesund, wie sie krank geworden war. Das war für Tante Marie und Onkel Charles genauso überraschend. Sie hatte einem kleinen Verwandten bei seinen Zeichenübungen geholfen. Sie zeichnete, sie war auf einmal Feuer und Flamme und war wie erleichtert.

Jetzt zeichnete sie in Willey, wann immer sie konnte. Sie machte Skizzen draußen und drinnen, zeichnete Gänse, die Kuh, die morgens, kurz bevor Paula mit dem Melken fertig war, dem vollen Eimer einen Tritt versetzte. Der Onkel sah die Nichte mit aufgelösten Zöpfen, geröteten Wangen, vorgeschobener Unterlippe über den Skizzen. So kannte er sie gar nicht, sie war wie verwandelt.

Dann lassen wir sie doch malen. Wie wär's denn, wenn Paula Zeichenunterricht bekäme? Ihre Augen strahlten. Sie benahm sich wieder so, als wäre nichts Krankes in diesen Wochen gewesen. Plötzlich waren ganz andere Töne in ihren Briefen. Sie malte. Sie bekam Zeichenunterricht.

„Lieb Herz", schrieb die Mutter, „wie glücklich macht es mich, daß Du so gründlichen Zeichenunterricht bekommst! Es ist mein großer Wunsch, daß Du alle Energie auf dies Feld konzentrierst, und ich bin Onkel Charles überaus dankbar, daß er Dir dies Glück zuteil werden läßt. Und nun, daß Seel und Leib gleichmäßig gut bedacht werden, noch Reitstunden obendrein. Paule, Paule, ein braunes Kleid mit 'ner Norfolkjakke! Das muß ja entzückend aussehen, und ich würde meine kleine Deern am Ende kaum erkennen!"

Wunderbar, daß sich der Umzug nach Castle Malwood verzögerte. Wunderbar das beengte Wohnen bei den Verwandten in London, wo die Hills jetzt Station machen mußten. Geringer waren die Möglichkeiten, Haushalt zu erlernen, nun durfte Paula täglich von morgens zehn bis mittags zwei in der Londoner School of Art bei Mr. Ward zeichnen und malen. Sie konnte jetzt an ihren Zeichnungen arbeiten, als brauchte sie keinen Schlaf, kein Essen und Trinken. Sie malte. Sie zeichnete. Sie war glücklich, wenn ihr etwas gelang und wurde zornig, wenn es danebenging. Sie grübelte nicht mehr. Sie konzentrierte sich mit allen Sinnen auf die Übungen.

Damals kam in ihr der Wunsch auf, ihr Leben anders zu gestalten als das von den Eltern geplante: Sie wollte Malerin werden.

Ihre Eltern interessierten sich für Malerei. Aber sie hatten davon sehr traditionelle Vorstellungen.

Auf dieser Fahrt nach Paris dachte Paula wieder darüber nach. Sie war sich beinahe sicher, ihr Vater würde ihr, wenn er noch lebte, heute, vierzehn Jahre nach ihren ersten Zeichenstunden in England immer noch diese Mahnung schreiben: „Meiner Ansicht nach ist es ganz gut, das Auge nach der Natur zu üben, aber es muß daneben das Zeichnen selbst nicht vernachlässigt werden. Studiere Gemälde nicht dem Inhalte, sondern der Form nach; letztere ist für die Kunst die Hauptsache."

Ganz besorgt hatte ihr die Mutter damals zu der Skizze von den drei Königen geschrieben: „Sehen sie viel anders aus als die urwüchsigen Schornsteinfeger, die ich euch auf die Tafel malte? Es wäre mir die größte Freude, wenn du wirklich etwas erreichtest, etwas mehr als das bißchen Pfuscherei, das alle Mädchen betreiben."

Über Jahre quälte sich Paula damit, daß es ihrer Malweise wegen immer Auseinandersetzungen gegeben hatte. Aber sie war trotzdem auf ihrem Weg geblieben. Sie glaubte nach wie vor, im Recht zu sein.

3

Eigentlich war es ja ihre Schuld, daß es in England nicht klappte. Sie hatte es sogar schwarz auf weiß, in Vaters Brief bei Bedarf nachzulesen. „Meine Kleine nimmt sich wirklich nicht sehr zusammen und ist so husch, husch." Und weil bei den Beckers und Bültzingslöwen die Briefe Allgemeingut waren, las auch Tante Marie den Brief. Sie hatte ihn wohl als persönliche Aufforderung verstanden, denn nichts mehr ließ sie seitdem durchgehen. Sie hatte Paula das Husch-Husch-Wesen schon austreiben wollen. Druck erzeugte Gegendruck.

Das Unglaubliche war passiert. An einem Sonntagnachmittag im Dezember im Rauchzimmer des Vaters erklärte Paula den Eltern, sie wollte nach den Weihnachtsferien nicht mehr nach England zurück. Es war draußen kalt, Paula war vom Eislaufen auf den Wallgräben heimgekommen, die Norfolkjacke, die ihr Tante Marie schenkte, hielt sie überm Arm, rückte immer näher an den Eisenofen heran, obschon ihre Wangen glühten.

Wie kam es, daß eine Beckertochter vorzeitig ihre Ausbildung abbrechen wollte? Das war unerhört! Mein Gott, war sie denn anders als ihre Geschwister! Die Eltern beschuldigten sie heftig, ihnen gegenüber ungehorsam, den Verwandten gegenüber undankbar zu sein. Sie war auf einmal dasjenige der Kinder, um das man sich die meisten Sorgen machen mußte. Hatte jemals eins ihrer Geschwister ein solch großartiges Angebot von der Verwandtschaft bekommen? War Paula nicht Tante Maries Liebling gewesen? Na also! Du wirst uns Rede und Antwort stehen müssen! In unserer Familie kennen wir es nicht anders, als uns alles zu erzählen. Der Vater stand auf, ging im Zimmer herum, ging zu seinem Rauchtischchen. Aus einem Holzkasten holte er eine Zigarre und hatte Mühe, sie anzuzünden. Man merkte ihm seine Aufgeregtheit sehr an. Paula hatte wieder diesen Druck hinter den Schläfen. Sie konnte nichts erklären. Wußte selbst nicht, was mit ihr los war.

Flüchtete sie wieder in Krankheiten? Als Paula begann, wieder schlechter zu schlafen, als ihr schwindlig wurde bei leichten Hausarbeiten, wies der Vater das zurück. Du bist nicht krank, so etwas gibt es ja nicht! Und schickte sie hinaus an die frische Luft.

Sie war erschrocken über sich selbst. Sie mochte Tante Marie seit Kindertagen, sie war ihr die vertrauteste, liebste der Tanten. Natürlich war sie ohne Widerrede mit dem Haushaltsjahr einverstanden gewesen, weil man in Ausbildungsfragen den Ratschlägen der Älteren gehorchte. Das gehörte sich so. Achtung vor der Meinung der Älteren. Und schließlich hatte sie selbst bislang keine Wünsche geäußert, noch eine spezielle Begabung erkennen lassen. Sie war aufgeregt und erwartungsvoll nach England gegangen.

Schmerzhaft erfuhr sie dort ihre Unzulänglichkeit. Sie taugte nicht zum Haushalt. Aber das zugeben, die Flinte ins Korn werfen, hieß zugleich, Schuldgefühle in der Tante zu wecken. Das hatte Paula auf keinen Fall gewollt. Schuldig war Paula ganz allein, und damit mußte sie auch ganz allein fertig werden. Das hatte sie wohl begriffen aus dem verärgerten Benehmen von Eltern und Verwandten. Sie schämte sich wegen ihres Versagens. Tante Marie und Onkel Charles taten ihr leid. Aber während Paula sich noch damit quälte, wie sie das gute Verhältnis zu den Verwandten wieder herstellen konnte, hatten die ihre Mißstimmung längst vergessen. Es dauerte länger bei Paula. Später erst, als Onkel Charles schon verstorben und Tante Marie nach Stuttgart gezogen war, konnte Paula unbefangener sein, konnte tun, als wäre die Zeit in England vergessen.

Sie arbeitete jetzt besonders eifrig im Bremer Haushalt. Ihre Mutter durfte beruhigt verreisen. Wie hast du dich mit Tante Marie verstanden? Paula verließ das Zimmer, suchte nach neuen Knöpfen für den Rock von Herma, schwang in den nächsten Tagen so angestrengt den Pinsel, als sie die Gartenmöbel strich, daß jeder zurückwich. Nein, sie antwortete nicht.

Was hatte ihr der Englandaufenthalt eingebracht außer etwas mehr Geschick im Haushalt? Aber: Sie wußte endlich, was sie wollte. Es war kein leichter Weg. Zwölf Jahre später schreibt sie noch: „Ganz abgesehen davon, daß man Talent hat oder nicht, finde ich doch Kunst sehr schwer." Sie hatte sich in England verändert. Sie hatte nur die eine Bitte an die Eltern, weitermalen zu dürfen.

Malen? Vater Becker blickte seine Frau skeptisch an. Es wird alles gut, du wirst sehen, das wird, versprach sie und sah die Leute schon bewundernd stehen vor den Gemälden ihrer Tochter. Also wird Paula in einen Zeichenkurs geschickt. Er wüßte selbst nicht, warum er das erlaubte. Vater Becker zündete sich wieder eine Zigarre an, sagte, daß er ein viel zu nachgiebiger Mensch sei, obwohl sie ihn alle für einen Starrkopf hielten. Aber er möchte mit der Mutter nicht länger im Streit liegen.

Jetzt hatte Paula etwas, womit sie in der Familie auffiel. Unauffällig war ihre Schulzeit verlaufen. Problemlos war sie von Klasse zu Klasse versetzt worden, anders als der jüngere Bruder Günther, der, um den Sprung ins Bremer Realgymnasium zu schaffen, vorher einen Intensivkurs im Internat durchmachen mußte. Die Eltern predigten es immer wieder. Für Jungen war eine gute Schulausbildung so wichtig! Kurt, auch wenn er zielstrebig seinen Weg ging, bereitete Sorgen wegen seiner rheumatischen Erkrankungen. Nicht, daß Paula unbeobachtet geblieben wäre. Der Vater hatte sich schon vor dem einschneidenden Ereignis der Englandreise seine Meinung gebildet: „Du bist nun, wie es scheint, mehr nach dem Vater geraten, schade, ich wünschte gern, du wärest deiner Mutter ähnlich!"

Nun aber, mit ihrem Wunsch, malen zu lernen, rückte sie in den Mittelpunkt des Interesses, von der Mutter bewundert, vom Vater zweifelnd beobachtet.

Nächste Woche fängt dein Unterricht bei Bernhard Wiegand an. Sie durfte malen, aber so, wie sich die Eltern das vorstellten, konventionell, und dazu in einer Art und Weise, die besser sein mußte als der Durchschnitt."Vielleicht hast du ja ein niedliches Talent zum Zeichnen, das dir für die Zukunft nützlich sein kann, und du mußt es zu entwickeln suchen!" Und vollgesogen von Glück wie ein Schwamm, ließ Paula jedes Zugeständnis aus sich herauspressen.

Selbstverständlich war sie damit einverstanden, gleichzeitig das Lehrerinnenseminar zu besuchen, selbstverständlich versprach sie, diese zwei Jahre Ausbildung durchzuhalten, um später einen Brotberuf zu haben. Nimm dir ein Beispiel an deiner Schwester Milly und leg ein gutes Examen ab. Sie versprach's (konnte es halten).

Paula reckte sich, dann drückte sie den Vater, gab ihm einen Kuß, drückte die Mutter, rannte aus Vaters Allerheiligstem hinaus die Treppe hoch ins Mädchenschlafzimmer, wo die kleine Herma schon auf sie wartete, riß sie vom Stuhl hoch und wirbelte sie im Zimmer umher. Keinen Augenblick durfte sie nun mehr versäumen. Sie mußte endlich mit aller Kraft an ihre eigentliche Arbeit gehen!

4

Paula im Zug nach Paris. Eisnebel verdeckte die Landschaft, und die Fahrt schien ins Ungewisse zu gehen. Paula legte sich den Wollschal über die Schultern. Ihr fröstelte. Sie schloß die Augen, wünschte sich: Sommersonne, flimmernde Luft, Blumen, Hummelgesumm. Nichts erinnerte Paula so sehr an die Kindheit wie Hummeln. Hinten im Dresdener Garten, hinter der Teppichstange, dem Turnreck der Kinder bei den Blumenbeeten waren die Start- und Landeplätze. Hummeln über Reseden, duftenden Levkojen, Gerüche, Hitze, Rausch des Sommers, die neunjährige Paula mitten drin, berstend voll mit Gefühl, nichts konnte man dagegen tun, es war stärker, sie wußte noch, sie wollte zum Duft werden, der aus den Blüten stieg, zum Wind, der die Blätter streichelte. Ein Schluchzen schüttelte sie. Kurt verstand das nicht, war erschrocken, der zwölfjährige Bruder, weitaus vernünftiger. Grundloses Weinen, was soll das? Paula schluckte, wußte nichts weiter zu sagen. War Glück zu beschreiben? Wenn sie an diese Zeit dachte, waren die Sommer heiß und lang, unwahrscheinlich lang, und die vielen Spaziergänge führten ins „Gehege". Wenn Paula wollte, konnte sie losrennen, die Zöpfe lösten sich auf, das Kleid flatterte. Wenn sie's drauf anlegte, konnte nur Günther, der achtjährige, mithalten. Kurt wollte nicht, und Milly, die elfjährige Schwester, blieb bei den Eltern. Warum mußte die eine Tochter immer rennen? Um als erste bei den Enten zu sein? Enten füttern, ans Wasser hokken und Brotstücke den heranrudernden entgegenstrecken, Butterbrote, Butterbemmen hießen die natürlich in Dresden, habt ihr Butterbemmen dabei? Wanderungen zum Gehege. Und im Gedächtnis noch immer, was der Vater ihnen einst erklärte, Gehege, das bedeutet Tiergehege, war ein Jagdrevier gewesen, von Fürsten im 17. Jahrhundert planmäßig angelegt. Und wenn sie jetzt die Augen geschlossen hielt, konnte sie hinter den Lidern das Bild sehen, das Auengelände im Bogen der Elbe, den tiefen weit hinuntergezogenen Himmel, die Wolkenformationen über der Laubbaumreihe, Flirren, Mücken über den Wasserflächen und diese Lastkähne mit den eckigen Segeln, die manchmal schwarz gegen die Luft standen. Nie waren die Wolken weißer und gewaltiger. Und dann dieser Ausflug. Eine andere Ortschaft. Hosterwitz. Sommer 1885. Sie waren sieben Kinder. Paula, die neunjährige, hielt sich an der Seite von Cora. Cora, mit ihren elf Jahren schon eine Persönlichkeit, war Paulas Vorbild. Sie bewunderte Coras ausgeglichenen Bewegungen, ihre selbstsichere Art zu sprechen, sie liebte ihre Schönheit. Cousine Cora Parizot war seit ein paar Jahren mit ihren Eltern und Geschwistern aus Java zurück. „Mit ihr kam der erste Schimmer von Bewußtsein in mein Leben", sagte Paula später. Sie war entzückt, wenn Cora Beethoven spielte, wenn Cora tanzte, wenn sie Gedichte vortrug. An jenem Tag waren sie in fröhlichster Stimmung von Dresden nach Hosterwitz hinausgefahren. Als Cora ihnen am Morgen auf dem Klavier Pour Elise vorspielte, hatte sie nur noch einen halben Tag zu leben. Die Kinder spielten an jenem Tag in den Sandbergen von Hosterwitz, während die Erwachsenen einen Spaziergang machten am Sommerhaus von Carl Maria von Weber vorbei zur Kleppmühle. Paula konnte sich heute noch an ihre Anstrengungen erinnern, den rutschenden Abhang des Sandberges hinaufzukommen, bis die Sandmassen über ihr zusammenstürzten. Sechs Kinder wurden gerettet. Die verschüttete Cora lebte nicht mehr. Und später sich einreden wollen, daß es vielleicht nur ein Traum war, der rollende Sandberg, die schreckliche Stille, die Angst, die den Kopf leersaugte, den Atem drosselte, den Schmerz nicht empfinden ließ, doch waren die Augen nun für immer geöffnet, die Erfahrung blieb, daß es den Tod gab, daß jemand wegsein konnte für immer, daß es das Unwiederbringliche gab. Und daß es ein großes Unglück war. Und nicht glauben wollte sie da, daß die Sonne weiterhin leuchtete, daß die Wolken weiß und unschuldig dahinzogen, und daß man je wieder lachen könnte.

Worte dafür finden, Ausdrücke, das Bild aus sich herausdrükken. Die Mutter war zu beschäftigt. Wie hatte sie bloß die Strapazen überstanden, beinahe Jahr um Jahr ein Kind! Erst nachdem Günther geboren war, gab es eine Pause von drei Jahren, dann kam Hans, der lebte nur zwei Jahre. Die Zwillinge Herma und Henner wurden im Jahr dieses Unglücks im September 1885 geboren. Paula, die tief erschüttert war, mußte allein damit fertig werden. Um den Schock zu überwinden – wenn dies überhaupt möglich war – kümmerte sich Paula um Maidli, Coras jüngere Schwester. „Cora war das erste Ereignis in meinem Leben", hatte sie an Rainer Maria Rilke nach Berlin geschrieben. „Als in ihrer Todesstunde Maidli und ich unsere Köpfe tief in den Sand steckten, um das Furchtbare nicht zu sehen, was wir ahnten, da sagte ich zu Maidli: Du bist mein Vermächtnis. Und sie ist es geblieben. Und weil sie mein Vermächtnis ist, bitte ich Sie, ihr ein wenig Schönheit zu bringen." Paula wurde sprunghaft, mal lebendig, dann wieder mürrisch. Sie antwortete linkisch, verlegen, weil sie keine Ahnung hatte, warum das so war bei ihr. Aufschreiben vielleicht, Tagebuch führen. Formulierungen finden, die richtigen. „Du bist nun wie es scheint, mehr nach dem Vater geraten und hast auch nicht die literarische Ader deiner Mutter, schade." Vaters Worte. Aber dann Zeichnen, Zeichenunterricht. Ihre Unruhe wird gebannt, ihre Kraft kann sie auf ein Ziel richten, das ihr wichtig ist. Sie wird eines Tages etwas zu sagen haben.

Der Zug rückte an, kam wieder in Fahrt. Sie passierten die belgische Grenze. Hatte Paula Fotos von daheim eingesteckt? Sie kramte in ihrer Reisetasche, zog aus einem Kasten ein Familienfoto der Beckers heraus: Eine Kaffeetafel, Sommer 1893 in Bremen, in der Schwachhauser Chaussee 29. Zehn Personen am Tisch, Tassen und Teller auf weißer Fransendecke. Mutter Mathilde schenkt Kaffee ein, steht in der Mitte. So war das nun eben, Mutter Mathilde im Mittelpunkt und aktiv. Was wußte man von seinen Eltern? Mit welchen Eigenschaften stattete man sie aus? Belesen, vielseitig interessiert, reiselustig, so war Mathilde. Hatte sie nicht eine wunderschöne ausgebildete Stimme? Welch sympathische, gebildete Frau, man konnte sich wunderbar mit ihr unterhalten. Christiane Rassow, Frau des Senators Rassow, eine wichtige Persönlichkeit im Bremer Kulturleben, war von Mathilde begeistert. Frau Rassow, die sich für ein Mädchengymnasium in Bremen einsetzte, hatte eine neue Freundin gefunden. Mathilde war aufgeschlossen für alles, was mit Kultur zusammenhing, war gesellig. Als zweitjüngste von sechs Geschwistern war Mathilde Gemeinschaft gewohnt. Ihr Elternhaus stand in der Hansestadt Lübeck. Adolf Ludwig Heinrich Friedrich von Bültzingslöwen hieß der Vater, seine Vorfahren kamen aus dem Raum Sachsen, Thüringen, und er war Kommandant des Lübischen Truppenregiments von zweihundertunddreißig Mann, eine Oldenburgisch-Hanseatische Brigade, die 1867 aufgelöst wurde. Zeitweise war er in Lübeck, zeitweise in Bremen stationiert, pflegte Kontakte zu Bremer Kaufleuten, die Geschäftsverbindungen nach Übersee hatten. Daß Vater Ludwigs Einkommen nicht hoch war, erwähnte man nur, um die Kinder zur Sparsamkeit zu erziehen.

Wenn Mathilde anfing, ihre Geschwister aufzuzählen, begann sie meistens bei Wulf, ihrem zweitältesten Bruder, Wulf von Bültzingslöwen, der hatte Plantagen auf Java und Sumatra besessen und sich später in Berlin in einer Villa am Schlachtensee niedergelassen. Cora Hill hatte er geheiratet, Tochter aus erster Ehe von Charles Hill aus England, der war in zweiter Ehe mit Marie verheiratet, und die war eine Halbschwester von Woldemar Becker. Verwickelte Verwandtschaftsverhältnisse? Es gab verzwicktere bei den Beckers. Aber Mathilde erzählte von Günther, ihrem ältesten Bruder, auch ein Kaufmann, auch ein Plantagenbesitzer auf Java und von Herma, der jüngsten Schwester, die mit ihrem Mann Gustav Parizot den dritten Kaufmann und Plantagenbesitzer in die Familie brachte. Paula von Bültzingslöwen, elf Jahre älter als Mathilde, hatte in zweiter Ehe den Major Wilhelm Rabe geheiratet, und Emma, die zweitälteste Schwester, heiratete Dr. Theodor Schäfer, Oberlehrer am Alten Gymnasium zu Bremen. Zwei Schwestern in Bremen, zwei Schwestern in Berlin. 1884 waren auch die Parizots von Java dahin zurückgekehrt. Eine unternehmerische, welterfahrene Verwandtschaft. Verwandte auch, auf die man zählen konnte. Paulas wichtige Stützpunkte, abwechselnd wohnte sie während ihrer Ausbildungszeit mal bei der einen, mal bei der andern Familie. Mutter Mathilde bereiste Italien, verlebte oft Frühlingstage in Florenz und Rom. Das Mitbringsel für Paula war der gewünschte Zitronenzweig. Unterwegs sein oder Leute um sich herum haben, das Foto von der Kaffeegesellschaft zeigte ein typisches Bild, Mutter Mathilde versammelte gern Gäste um sich herum, auch an diesem Nachmittag im Garten vorm Magnoliengebüsch. Man war nie allein im Beckerschen Haus. Unsere Leseabende, dachte Paula, wie oft klappte Mutter das Buch zu, und wir mußten die Handarbeit weglegen, weil wieder Besuch kam. Disziplin, Beachten von Regeln war Mathilde ein Bedürfnis. Ich habe mich oft recht klein vor ihr gefühlt, dachte Paula. Ich wußte manchmal nicht, wie ich mit ihr reden sollte, um sie nicht wieder zu verärgern. Mutter Mathilde wurde ungeduldig, wenn's nicht so lief, wie sie das wollte. Sprühte vor Energie. Daß man etwas tun mußte, brauchte man ihr nicht zweimal zu sagen. Auch nicht, wenn es ums Helfen ging. Da war sie spontan. Was mußte sie hören? Ein Student wäre da, der an einer Augenkrankheit litt? Schon bald wurde ihm vorgelesen, der tägliche Spaziergang mit ihm gemacht. Man wandte sich an Mathilde Becker.

Paula studierte damals nach ihrer Ausbildung zur Lehrerin an der Malerinnenakademie in Berlin und verbrachte die Sommersemesterferien zu Haus in Bremen. Frau Rassow war zu Besuch, hatte Frau Ricarda Huch mitgebracht. Nun saßen sie am Tisch und diskutierten das Projekt, um dessentwillen Frau Huch seit einem Jahr in der Weserstadt weilte. Für Paula ein aufschlußreiches Gespräch von Frauen, die entschieden für die Weiterbildung der Mädchen eintraten. Frauen, die ein starkes persönliches Interesse daran hatten, daß Mädchen in Bremen nach dem Abschluß der Töchterbürgerschule auf ein Mädchengymnasium übergehen konnten, um sich vier Jahre lang in Kursen auf die Abiturprüfung vorzubereiten. Die mußte dann allerdings an einem Gymnasium für Jungen abgelegt werden.

Herma kam vom Nachmittagsunterricht zurück, legte den Kopf in den Nacken und blickte mit großen Augen sehnsüchtig hoch, sagte, ich möchte so gern auf ein Gymnasium. Frau Rassow winkte sie zu sich heran, faßte die Kleine um die Schultern, da sähe man, wie das Bedürfnis nach Fortbildung wüchse.

Wir haben gerade den Elternbrief wiedergefunden, den wir beim Eintritt Paulas in die Töchterbürgerschule Janson von der Leiterin bekommen haben, sagte Mathilde Becker.

„Die Schule vermittelt dem Mädchen eine Allgemeinbildung, Geist und Gemüt sollen entwickelt werden, damit sie eine geistig ebenbürtige Lebensgefährtin eines Mannes würde", las sie vor. Und, fragte Ricarda Huch, was werden diejenigen machen, die ledig bleiben wollen? Es klang ein bißchen ironisch.

Für die gäbe es doch die Möglichkeit, eins der Fortbildungsseminare zu besuchen, um Lehrerin oder Erzieherin der weiblichen Jugend zu werden. Ja, pflichtete Paula der Mutter bei und hatte denselben Ton in der Stimme wie Frau Huch.

Frau Rassow sah Paula aufmerksam an.

Wollte Paula mit ihrem Lehrerinnenexamen sich nicht weiter aufs Abitur vorbereiten, um studieren zu können? fragte sie. Paula antwortete nicht, Frau Rassow wußte doch, daß sie Malerin werden wollte. Für einen Moment sah Mutter Mathilde verlegen zu Boden, hob dann leicht den Kopf und sagte mehr zu sich selbst als zu den anderen, ohne das nötige Geld können sich Eltern keine kostspielige Ausbildung der Töchter leisten. Paula und ihre Schwestern gingen auf eine der billigsten der sieben privaten Töchterbürgerschulen Bremens. Ida Janson nahm für die Elementarklasse, in die man mit sechs Jahren aufgenommen wurde, achtzig Mark und hundertundvierzig Mark jährlich dann für die Klassen vom zehnten bis zum sechzehnten Lebensjahr, bis zur Konfirmation, mit der man die Schule abschloß.

Dann lachte Mathilde kurz auf. Vielleicht würde sie es noch erleben, daß es auch für Mädchen staatliche Schulen gäbe. Nicht, daß der Unterricht bei Janson schlechter war, aber die Höhe des Schulgelds grenzte Bürgerschichten voneinander ab.

Ricarda Huch schaute in die Runde und fragte, jede einzelne fest anblickend, wie viele junge Frauen es denn bislang in Bremen gäbe, die sich einer Abiturprüfung an einem Jungengymnasium gestellt hätten. Das wird demnächst mit Anna Stemmermann die erste sein, antwortete Paula. Vor kurzem hatte sie in Berlin die Tochter des Bremer Arztes getroffen, die sich bei Helene Lange in Gymnasialkursen auf das Abitur vorbereitete.

Ein Anfang immerhin.

Hoffentlich übernehmen Sie sich nicht, hatte man Frau Rassow gemahnt, als sie mit ihrem Mann und einem befreundeten Ehepaar ein Komitee bildete und beim Senat die Erlaubnis zur Errichtung eines Mädchengymnasiums erlangte. Wir mußten es eben versuchen, sagte sie jetzt. Einen ersten Schritt machen. Man hatte zwar Frau Dr. Ricarda Huch aus Zürich geholt, damit das Zürcher Modell auch in Bremen verwirklicht werden sollte, aber die fehlenden Schülerinnen und der Geldmangel vereitelten den Plan. Das Gymnasium wurde nicht eröffnet. Schade. Frau Huch wollte sich wieder von Bremen verabschieden.

Herma knickste, sie müßte noch Schulaufgaben machen. Paula freute sich, bei dieser Gelegenheit auch verschwinden zu können, indem sie der Mutter bedeutete, der Schwester helfen zu wollen.

Die packte in ihrem Zimmer die Schultasche aus, während Paula am kleinen Tisch danebensaß, den Rücken zur Sonnenblumentapete. Zeig mal deinen Stundenplan. Biblische Geschichte, Weltgeschichte, Erdkunde, Naturkunde, Deutsch, Französisch, Englisch, Rechnen, Schreiben, Zeichnen, Singen, Handarbeiten, Turnen. Dieselben Fächer, nichts hat sich geändert, nichts an den Unterrichtszeiten. Montags bis samstags Vormittags von acht bis zwölf Uhr und außer mittwochs und samstags jeden Nachmittag von fünfzehn bis siebzehn Uhr. Vor drei Jahren waren sie beide morgens des öfteren zusammen in die Wilhaldistraße zu Janson gegangen, als Paula das

Lehrerinnenseminar besuchte, welches der Töchterschule angeschlossen war. Du bist doch gern dort gewesen?

Paula überlegte, ob sie Herma widersprechen sollte und die geheim nagende Furcht zugeben, daß sie ihrer Meinung nach zwei Jahre mit der eigentlichen Ausbildung im Rückstand war. Oder sollte sie schnell die Frage überhören und jetzt französische Vokabeln abfragen. Sie entschloß sich fürs letztere. Als sie in Hermas Alter war und Französisch lernte, hatte sie immer ein Lob von der Mutter bekommen. Ja, das war lange vor dem Englandaufenthalt gewesen und bevor sie die Eltern mit ihrem Berufswunsch schockte. Aber, obwohl die Mutter selbst verunsichert war, half sie der Tochter – wie immer, wenn irgendwer Hilfe brauchte.

Damals 1893, als sie bei Wiegand zeichnen durfte, war Paula das zum erstenmal richtig bewußt geworden. Aber Probleme vertraute sie lieber ihrer Schwester Milly an. Wann hatte sie das letzte Mal mit Milly Kindheitserlebnisse ausgetauscht?

Wir bildeten eine verschworene Gemeinschaft in unserer Kindheit. Ob Milly noch dran dachte, mit dem rechten Fuß zuerst aufzustehn? Wir litten, wenn wir das falsche Bein nahmen. Sofort war die kleine Mädchenkammer wieder vors Auge gebracht. Das dreieckige Zimmer in der Schwachhauser Chaussee in Bremen. Die Glyzinien-Tapete. Die Tür, die bei jedem Öffnen und Schließen in Schwingungen geriet. Zwei Schwestern am Abend auf den Bettkanten, so viele Mißgeschicke den ganzen Tag über. Ob man als Erwachsener mit einem Schlage wohl alle seine Fehler abgelegt hätte? Paula wollte gründlich darüber nachdenken. Später fragte sie sich manchmal, ob es an den vielen Abwechslungen lag, daß sie keine Zeit zum endlosen Grübeln hatte. Ohne zu übertreiben, es war jeden Tag etwas los bei ihnen zu Haus. Ganz abgesehen von den Geburtstagsfeiern. Diesmal wird Milly das Gedicht vortragen. Mutter Mathilde schrieb wieder die Verse zu Vater Woldemars Fest. Vorbereitungen zu Weihnachten. Die Laube mußte gebaut werden. Hinters Sofa im Wohnzimmer ein Holzgestell, Tannengrün und Efeu darüber, so daß die Eltern einen besonders geschmückten Platz bekamen.

Die Donnerstagabende im Künstlerverein! Weißt du noch, Milly, du hattest doch diese Rolle in der Komödie soundso, oder hast du in dem Ballett von Rubinstein mitgetanzt? Die Duette! Paula schwitzten die Hände vor Aufregung, Mutter und Schwester standen gemeinsam vorm applaudierenden Publikum. Vortragsabende gab es. Liederabende. Wie liebten wir Brahms und Schubert! Ja, Milly erinnerte sich genau, auch an die großen Dramen, Fiesko, Othello. Schrecklich, Paula hörte nicht auf zu weinen, der Tod der Desdemona ging ihr zu Herzen. Man wußte eigentlich wenig über die Schwester. Nun sei doch endlich still. Die Kulturabende konnten aufregend werden! Was alles haben wir gesehen und gelernt! Worauf wir achten mußten! Gesellschaftliche Umgangsformen, Etikette. Paulas erster Besuch bei Frau Rassow. Die vielen Anstandsregeln! Denke daran, junge Mädchen dürfen sich nie aufs Sofa setzen, selbst wenn es ihnen angeboten wird! Vergiß nicht, die Handschuhe anzuziehn beim Ball. Machen wir auch alles richtig? Paulas Freundinnen zitterten. Das wird schon gut gehn, sagte Paula forsch, um sich selbst zu beruhigen. Aber den Ball, den genoß sie sehr. Paula tanzte für ihr Leben gern. O ja, und auf den Vater konnte man bei solchen Gelegenheiten stolz sein. Wenn Woldemar Becker an der Reihe war, einen Tanzabend oder Maskenball zu organisieren, dann klappte alles vorzüglich.

Davon abgesehen, war der Vater eher zurückhaltend. Auch das Foto von der Kaffeegesellschaft täuschte, draufgängerisch wie die Künstlertolle weismachen könnte, war Woldemar nicht, eher ein ängstlicher Typ, immer voller Zweifel an seinem Können, an dem der Kinder. Wie soll es weitergehen? Wohin soll das führen? Fragen, die Paula mit ihm in Verbindung brachte. Er war intelligent, belesen, er tat nichts lieber, als in Briefen zu belehren, Ratschläge zu erteilen. Ironie war in seinen Erzählungen, Wissen und Witz. Er pflegte Freundschaften. Professoren an den Kunstakademien in Dresden, Berlin und Königsberg gehörten zu seinem Kreis, zu seiner Geschichte, die in Rußland begann, in Odessa. Sein Vater Paul Adam, Direktor am Lycée Richelieu, trug den Titel Kaiserlich Russischer Kollegialrat, wurde mit dem persönlichen Adel „von Becker" ausgezeichnet. Paul Adam von Becker heiratete dreimal, und Carl Woldemar stammte aus der ersten Ehe wie sein Bruder Oskar. Nein, bedauerte Woldemar, meine Mutter, Elise Dörstling, habe ich nie richtig kennengelernt, sie starb, als ich drei Jahre alt war. Zu seinen Halbgeschwistern Marie, die den Plantagenbesitzer Charles Hill heiratete, und zu Arthur, Landgerichtsdirektor in Dresden, hatte er ein besonders gutesVerhältnis. Die Vorfahren der Beckers kamen aus Sachsen. Fabrikbesitzer waren dabei. Eine Familie Becker besaß eine Weberei in Chemnitz, und Paul Adams Kinder durften gern in die alte Heimat nach Sachsen zurück, als Schüler in den Ferien, später zum Studium.

Woldemar gehörte zu diesen jungen Leuten, die von Haus aus humanistisch erzogen sind, die Klassiker kennen, klassische Philosophie, und fortschrittlich wählen, eine liberale Partei, einen modernen Beruf. Woldemar wurde Ingenieur. 1888 hatte er die Preußische Eisenbahnverwaltung im Bremer Staatsgebiet übernommen und war von Dresden weggezogen. 1890 wurde er Preußischer Baurat. Weiterstreben, auf dem laufenden bleiben, bedeutete fortschrittlich sein. Noch im Alter von zweiundfünfzig Jahren absolvierte Woldemar ein Praktikum in der Elektrotechnik. Fortschrittlich, modern. Deswegen auch die Freundschaft zu Ludwig Dettmann, Maler und Professor an der Berliner Kunstakademie, einem Mitbegründer der Künstlergemeinschaft „Elfer", die sich gegen die konservative Ausstellungspraxis der Kunstmärkte richtete. Max Liebermann gehörte der Vereinigung an, Karl von Leistikow.

Über Kunst konnte man sich mit Woldemar gut unterhalten, er war Kenner, aber für die Art, wie sie jetzt von Frankreich herüberkam, diese „Mache", wie er das nannte, brachte er kein Verständnis auf. Über politische Themen sprach er gern, allerdings gab es Bereiche, die man nicht berühren durfte. Nie hätte er in seinen Briefen ein Wort über seinen Lieblingsbruder Oskar verloren, der 1868 starb. Weitgereist war Carl Woldemar und gebildet, es war kein Wunder, daß Mathilde von Bültzingslöwen sich in den gutaussehenden jungen Mann, ihren Woldi, verliebte. Am 11. Juni 1872 heirateten sie. Ihr Silberhochzeitstag wurde ein wichtiges Datum in Paulas Leben. Wenn der Vater nur ein wenig hoffnungsfroher gewesen wäre.

Seine sechs Kinder kamen schließlich zurecht. Günther als Kaufmann in Übersee, Henner als angehender Schiffsoffizier. Kurt war Arzt geworden. Weiterstreben! feuerte Paula ihn an, den großen Bruder. Liest du auch wieder, liest du auch moderne Literatur? Paula spornte an, sich selbst und die andern. Daß die Geschwister untereinander schrieben, Paula erinnerte, mahnte. Was ihr wichtig war, sollte auch den andern wichtig sein. Günther und Henner brachte sie das Tennisspielen bei. Daß Milly nur nicht das Musizieren aufgab jetzt nach der Heirat. Milly, die wohl das ruhigste Kind in der Familie war. Trösten konnte sie und helfen. So etwas erlebt man heutzutage selten, sagte Paula zu Heinrich Vogeler. Energisch war die jüngere Schwester Herma, Paula ähnlicher, auch leicht zum Spotten aufgelegt. Muß Paula schon wieder in Paris rumhuppen? Sind Künstler nicht alles schwierige Menschen? Solche Fragen konnte Herma stellen. Alle Kinder kamen zurecht. Vater Becker hätte zufrieden sein können, schade, daß er es nicht mehr erlebte.

Wir gehörten nicht zu den hanseatischen Großkaufleuten in der Stadt, sagten die Becker Kinder. Vater konnte sich mit seinem Ingenieursgehalt nicht mit denen vergleichen, aber wir kamen gut aus, leisteten uns sogar eine Hausgehilfin. Viel Zeit und Geld wurde für Kultur verwandt, für Theater, Musik, Literatur. Bücher gehörten auf den Gabentisch zu Weihnachten, waren regelmäßig Geburtstagsgeschenke. Moderne Lektüre, auch für die Töchter, gerade war Fontanes „Effi Briest" erschienen, Ebner- Eschenbachs „Bozena". Paula dachte mit Wehmut an die Sparsamkeit, mit der ihr Vater leben mußte und zu der er die Kinder anhielt: „Ehe Du Dir eins von den Büchern kaufst, leihe es Dir aus einer Bibliothek und siehe zu, ob es Dich anspricht." Paula verschlang Werke von Ibsen, Hamsun, Maeterlinck, Zola, Bismarck. Bücher konnte Paula genießen. Sie machte sich Gedanken, sie machte Notizen. Bücher, in denen sie ihr Schicksal gespiegelt glaubte, las sie immer wieder, las kritisch, ließ sich nicht von wichtigen Namen blenden. Über Goethes „Wahlverwandtschaften" urteilte sie so: „Sie verlieren für mich. Es ist ähnlich wie in Tasso, wo der erste Akt auch das Schönste ist. Nachher fühlt man, wie der Künstler sich mit der Zeichnung quält."

Anregungen, Anweisungen gaben die Eltern. Machten die Söhne und Töchter etwas aus ihrem Leben? Vorstellungen von Erziehung, fortschrittlich, vielseitig. Und dabei selbst die Kinder zurückdrängen in althergebrachte Ordnungen und Rollen. Vielleicht, weil man sich selbst nichts zutraute, vielleicht, weil man fürchtete, daß die Kinder zu maßlos, zu extrem fortschrittlich werden könnten?

Paula fühlte sich in der Defensive. Vielleicht auch Kurt? Als er zum Studium außer Haus war, mußte man seine Briefe immer anmahnen. Und wie war es mit Günther und Henner? Beide entzogen sich schnell dem Elternhaus, Günther wurde erst in Australien selbständiger, Henner während seiner Ausbildung beim Norddeutschen Lloyd. Als Herma, die Kleine, aufs Gymnasium wollte, setzte sich Paula für sie ein.

Später machten sie alle ihren Weg. An jenem Sonntagmorgen 1892 jedoch wurden sie noch gegängelt. Aufstehn, Toilette machen und dann an den Frühstückstisch, Vater, Milly, Herma und Henner. Die Gesichter der Kinder waren gespannt, Tee, Kaffee, Kakao, aber das allerwichtigste die Briefe – alle drei haben tatsächlich geschrieben, Kurt, Paula und Günther. Vater Becker konnte es nicht leiden, wenn die Kinder, die in der Ferne weilten, nicht prompt zum Sonntag ihre Mitteilungen machten. Ordnung und Pünktlichkeit waren Grundlagen der Zivilisation. Und nun der Auftritt der Mutter. Erst die Tasse Tee trinken, dann die Umschläge öffnen, die Mutter las die Briefe vor. Berichte, die sich nur in Beschreibungen von lustigen Abenden ergingen, von Besuchen bei Freunden und Verwandten erzählten, ärgerten Vater Woldemar. Was sollte das, Tagesabläufe zur Schau stellen, Äußerlichkeiten, die nichts aussagten! Kurts Brief gehörte diesmal dazu. Auf keine Anfrage des Vaters eingegangen. Das war keine Achtung vor den Älteren. Nein, zufrieden war Woldemar nicht. Und nun das Schreiben von Paula. Ein Brief war das, dessen äußere Form schon abstieß, eine Schrift, die keiner lesen konnte, Kritzelkrakel. Diese Schludrigkeit. Hundertmal wurde die Tochter schon zur Ordnung aufgerufen, keine Besserung. Und schlimmer noch, ein oberflächlicher Bericht. Woldemar schaute in die Runde. Er verurteile so hart, um die Kinder zu ordentlichen und nachdenklicheren Menschen zu erziehen. Er war vernünftig genug, einzusehen, daß es ein Fehler war, vor allen und vorwiegend zu tadeln. Und natürlich hätte er auch anders erziehen können. Er tat es jedoch nicht. Vermutlich litt er sogar darunter, daß er nicht aus seiner Haut herauskonnte. In Paulas empfindsamem Gemüt blieben die Tadel haften. Zeitweise hatte sie das Gefühl, daß sie wie ein Magnet die Schelte unmittelbar anzog. „Ich habe solch einen Heißhunger, daß er mich mal aus vollem Herzen loben möchte!" An diesem Sonntag beim Frühstück hatte nur Günthers Brief Gnade vor den strengen Augen des Vaters gefunden.

Die ganze Zeit über hatte Paula in dem Kasten gekramt, in dem sie Familienfotos aufbewahrte, das Foto von der Kaffeegesellschaft legte sie zurück, das wollte sie Milly schicken.

Was sagen Fotos aus? Werden sie den Menschen gerecht? War Mutter Becker dieselbe, die auf dem Foto ziemlich verschlossen dreinschaut, deren Briefe überströmen konnten von Herzlichkeit: „Ich teile dein Glück, Herzenskind!" „Hurra, das freut mich höchlichst!" War dieses verhalten lächelnde Mädchen im weißen Kleid dasselbe, von dem Vater Becker behauptete, „selbst im Hause ist Paula nur ein muffiges Wesen"?

Was sagen Porträts über den Menschen aus? Ist es nicht so, daß der Betrachter darin nur das entdeckt, was er entdecken will, was er aus eigener Erfahrung in diesen Zügen erkennen kann? Kann man je einen wirklichen Zugang über Fotos, Porträts zur Person finden? Paula warf einen Blick durchs Abteilfenster, schemenhaft im Nebel die Bäume und Häuser, an denen der Zug vorbeifuhr. Was muß man zu einem Foto, zu einem Porträt hinzunehmen, um dem Menschen gerecht zu werden? Kennt man eine Person, wenn man ihre Gedanken in Briefen und Tagebüchern gelesen hat?

Wer war sie, Paula Modersohn-Becker? Ihre Gesichtszüge kannte sie in- und auswendig wie jeder Maler, der Selbstporträts malt. Sie hatte sich nie weich, lieblich, ebenmäßig schön gemalt. Ihre Selbstporträts waren herb, manchmal häßlich, meistens sehr wach mit einem Blick, der gespannt auf etwas wartet.

5

Alles hatte sich 1896 geändert, als die Eltern ihre Tochter nach bestandenem Lehrerinnenexamen nach Berlin fahren und sich dort an der Mal- und Zeichenschule des Vereins Berliner Künstlerinnen einschreiben ließen, denn sie meinten, eine solide Mal- und Zeichengrundlage könnte einer Lehrerin nicht schaden. „Wenn du auch nicht Vorzügliches darin leistest, so kannst du es durch Ausdauer über die grobe Mittelmäßigkeit bringen und nicht im Dilettantentum untergehen." Ja, Vater! Auf zwei Monate war der Kurs befristet, währenddessen Paula bei der Tante Paula Rabe, der ältesten Schwester der Mutter in der Perlebergerstraße 23 wohnen würde.

Es war Aufregung in Paulas Stimme, wenn sie in den ersten Wochen der Verwandtschaft Bericht erstattete, wenn sie geduckt hinter ihrer Staffelei den andern Malschülerinnen antwortete. Schüchternheit, wenn es um ihre Arbeit ging, paßte nicht zu ihr. Oder hatte sie wieder Angst, etwas falsch zu machen? Sie schrieb nach Haus: „Das kleine bunte Mädchen ist mein erster Pastellversuch, überwältigend schön ist er noch nicht. Das lachende Mädel habe ich ganz schnell am zweiten Tag gemacht, deshalb ist es auch ein bißchen zu sehr verschmiert. Und wieder Bleistift. Ich fürchte, Ihr bekommt von mir nichts Besseres zu sehen."

Der Vater schrieb: „Für Deine uns übersandten Skizzen besten Dank. Ein definitives Urteil maße ich mir nicht an. Du mußt selbst wissen, ob Du mit dem Erfolg zufrieden sein kannst. Ich bin, wie Du weißt, der Ansicht, daß alle Kunst ein Können ist, und daß die Technik, das Zeichnen nicht als Beiwerk angesehen werden darf, welches auch wegbleiben kann. Du magst über manches Dein Näslein rümpfen, aber das kann mich nicht abhalten, meine Kritik zu üben, wie verfehlt sie auch sein mag. Ich spreche so wie ich es verstehe. Trotz aller kleinen Schwächen muß ich Dir aber das Zeugnis geben, daß Du recht fleißig gewesen bist." Vater Becker fühlte sich immer verpflichtet, zu erziehen.

„Du schriebst ziemlich wegwerfend von der National-Galerie, sehr mit Unrecht, finde ich, natürlich sind es nicht alles Kunstwerke ersten Ranges, aber dafür doch herrliche Gemälde, die trotz der neuen Schule immer bestehen werden." Mit dieser Tochter mußte Vater Becker immer streiten, Paula gab ihren Standpunkt nicht auf, wenn sie auch zitterte vor der väterlichen Autorität: „Ich bemühe mich beim Zeichnen, mit Genauigkeit die Konturen zu verfolgen und gebe sie durch Linien an. Linien widerstreben eigentlich meiner Natur, da sie in Wirklichkeit nicht vorhanden sind. Wenn Du Deine Hand betrachtest, so wirst Du auch finden, daß sie nicht mit einer Linie begrenzt ist." Die Berliner Verwandten nahmen Anteil an den Diskussionen zwischen Vater und Tochter, und manches Mal nahmen sie Paula in Schutz.

Paula kannte Berlin von früheren Besuchen her. Sie war Weltstädte gewohnt, war dem dichten Londoner Verkehr ausgesetzt gewesen. Doch in Berlin herrschte jetzt Aufbruchstimmung. Überall wurde gebuddelt. Überall Baustellen. Pflasterwürfel auf den Bürgersteigen, Erdhaufen, Rohre. Schächte, von denen die Straßen aufgerissen wurden, in denen tagsüber die Arbeiter verschwanden. Abends in weniger belebten Vierteln die Kinder, wenn sie Räuber und Gendarm spielten. Paula geriet in eine Zeit des Umbruchs, Berlin wollte mit gewaltigem Sprung ins neue Jahrhundert.

Sie war am Bahnhof Friedrichstraße angekommen. Der Zug, in den sie in Hannover umstieg, fuhr sie mitten hinein in diesen gläsernen Tunnel. Eisen und Glas wölbte sich über dem riesigen Hallenbau aus Backstein und Terrakotta mitten zwischen den größten Hotels von Berlin. Von da aus war es nicht allzu weit zur Perlebergerstraße. Und wollte Paula nicht zu Fuß zur Zeichenschule in der Potsdamerstraße, dann konnte sie die Stadtbahn benutzen vom Tiergarten bis zum Landwehrkanal.

„Guten Tag", rief die energische Paula Ritter aus Bremen, sie mußte schreien, denn der Lärm auf dem Potsdamer Platz war unbeschreiblich. Erdstöße, Pfeifen, Schrillen, Stampfen, eine Qual für Paulas sensibles Gehör. Paula hatte sich der zehn Jahre älteren Malerin angeschlossen, und Vater Becker sah es gern, denn sie hatte seiner Meinung nach vernünftige Ansichten.

Hauptverkehrszeit. Die beiden waren mitten drin. Eine Straßenbahn fuhr an ihnen vorbei, als sie die Kreuzung Unter den Linden/Friedrichstraße überqueren wollten. Sie eilten zur nächsten Haltestelle. Fahrgäste drängten bis hinten auf die Plattform, stützten sich am Geländer einer Treppe, die nach oben führte. Kommen Sie, steigen wir hoch! Ich hab gar nicht gewußt, daß das jetzt für uns möglich ist! Noch immer staunten die Passanten: Erstmals Frauen auf den Decksitzen!

1896, Paula war gerade in Berlin angekommen, wurde das Polizeiverbot der Decksitze für Frauen aufgehoben. Die Frauen hatten sich darüber hinweggesetzt. Die Sittenwächterin am Moltkeplatz war machtlos, sie konnte ihr Notizbuch für immer einpacken.

Könnte ich mir ein Fahrrad ausleihen? Im Tiergarten sah man jetzt morgens früh die Radfahrer, wie sie übten. Vor allem Frauen. Eine nach der andern stieg mehr oder weniger mutig auf das Gefährt, die Nebenstehenden wichen zurück, die Radlerinnen schwankten los. Uns gelingt der Durchbruch, sagte sich Paula und lachte, wenn sie sah, wie sich die Frauen ebensowenig aus dem Gleichgewicht bringen ließen wie die Männer. Paula fuhr Fahrrad, auch wenn es in dem Verkehr sehr anstrengend war. Sie übte Selbständigkeit. Hatten Vaters Lehren angeschlagen, „daß man immer das Rechte tut, wenn man seinen Überzeugungen nachgeht, nicht jedesmal fragt, was werden die Leute wohl dazu sagen?"

Erstmals öffnete die Berliner Universität den Frauen die Tore, allerdings nicht sehr weit: Nur als Gasthörerinnen durften sie eintreten und nur nach vielen komplizierten Behördengängen und mit größtem Vorbehalt. Im Semester 1897/98 wurden die ersten zweihundert aufgenommen. „Frauen", hieß es, „die an den Universitätsvorlesungen teilnehmen wollen, haben zunächst schriftlich um die Genehmigung des Königlichen Universitätskuratoriums nachzusuchen." Man brauchte einen Erlaubnisschein, den das Rektorat ausstellen mußte. Man brauchte die schriftliche Einwilligung der Herren Professoren und Dozenten, deren Vorlesung man zu hören wünschte. Man bekam diese aber erst dann ausgehändigt, wenn bei der Universitätsquästur die Vorlesungen belegt und bezahlt waren. Und dieser wichtige Rektoratserlaubnisschein mußte für jedes neue Semester neu beantragt werden. Der Kreislauf begann von vorn.

„Die Ansprüche der Frauen muß man von höherem Standpunkt aus als berechtigt ansehen", hatte Vater Becker von Bremen nach Berlin geschrieben, „und trotzdem wehren wir Männer uns dagegen, so lange es möglich ist. Bisher hat noch niemand freiwillig auf seine Rechte verzichtet."

Das wäre ein Schreiben ganz nach dem Herzen dieser Studentinnen, sagte sich Paula, als sie die ersten zur Friedrich Wilhelms Universität pilgern sah. Sie trugen vorwiegend schwarze Kleidung, ein dunkles Jackett. Die meisten hatten sich Wachstuchtaschen unter den Arm geklemmt.

Paula ging offenen Auges, mit offenem Ohr durch die Straßen. In Gedanken setzte sie sofort den Zeichenstift an, wenn ihr bestimmte Typen auffielen: der Polizist zu Pferde, der Arbeiter mit der Fahne, der Burschenschaftler. Sie hörte Rufe wie „Boykott" und „Solidarität". Daß man gegen einen neuen Gesetzesentwurf war, der Paragraphen gegen eine Verbindung von politischen Vereinen enthielt, hörte sie auch. Wie viele Leute hatten Schwierigkeiten. Plötzlich zeigte sie Interesse, irgend etwas leuchtete in ihren Augen auf wie ein Funke, der sich in eine dunkle Ecke verirrte. Sie protestierte mit den Arbeitern, mit vielen Stadtverordneten Berlins. Morgen wollte auch sie zum Rathaus gehen und die Petition gegen das neue Gesetzbuch unterschreiben.

Es war ein kühler Maiabend, als sie mit ihrem Bruder Kurt aneinandergeriet, der in Berlin Medizin studierte und sie so nett bei ihrer Ankunft abgeholt hatte und in die Perlebergerstraße brachte. Meinst du das wirklich, was du gerade gesagt hast? Er schloß ganz schnell das Fenster von Paulas kleinem

Zimmer. Er wollte eigentlich einen Stadtbummel mit seiner Schwester machen und nun dieser Ärger. Er sah die Kleine schon auf den Barrikaden. Uneinsichtig wie sie nun mal sein konnte. Ratlos sah sie ihn an, stand klein vor dem großen Bruder. Was war falsch? Sollte sie nicht allmählich selbständig entscheiden können?

Du wirst also morgen die Petition unterschreiben? Das machte Kurt rasend, er hätte einiges von seiner Schwester erwartet, doch nicht dieses.

Paula sah das Hin- und Hergerenne des Bruders, aber während sie ihn schimpfen hörte, Hitzkopf, Dummkopf, überlagerte eine andere Szene das alte Familiendrama, das der Bruder heraufbeschwor. Sie kannte es. Der Fall Becker. Oskar Beckers Geschichte. Oskar, Vater Woldemars einziger Vollbruder. Er war der ältere, und beide waren die einzigen Kinder aus erster Ehe des Großvaters. Aneinander hingen sie wie die Minings, diese zwei aneinandergewachsenen Äpfel. Alles gemeinsam, Schulzeit in Odessa, Ferien in Dresden, gemeinsames Studium, gemeinsam die liberalen Ideen. Nur, daß Oskar, der Hitzkopf, dieser Unbesonnene durchdrehte, überdrehte und 1861 in Baden Baden ein Attentat auf Wilhelm I. versuchte. Ein Zuchthäusler in der Familie, ein politischer Häftling! Einer, der die Ansicht vertrat, der preußische König müsse verschwinden, weil er einer Einigung Deutschlands im Wege stünde. Paula kannte die Geschichte, kannte das Ende. Oskars Tat war gewiß längst vergessen, er selbst wurde 1866 begnadigt und starb zwei Jahre nach seiner vorzeitigen Entlassung.

Kurt war mit wilden erregten Schritten durchs Zimmer geeilt, Paulas Gedanken waren ganz woanders, waren in einer Unterrichtsstunde in der Malakademie, in einer Szene, die ihr Furcht einflößte. Sie saß in der Zeichenstunde des Herrn Alberts, allgemein als sehr strenger Lehrer bekannt. Dreck! Dreck! brüllte er eine Studentin an, stand schon ganz in der Nähe von Paulas Staffelei. Sie hatte Angst. Wenn Alberts eine Skizze nicht gefiel, baute er sich vor der Schülerin auf, durchbohrte sie mit Blicken, fragte, ob sie ihre Arbeit ebenfalls so schlecht beurteilte, wie er das tun müßte. Nun mußte auf sein fragendes „Nicht?" sofort mit „Ja!" geantwortet werden, sonst verweigerte er für die nächsten drei Tage jede weitere Hilfe. „So bringt man also Selbsterkenntnis bei!" hatte Paula dem Vater geschrieben, „ich habe eine Angst, daß mir bei gleicher Gelegenheit das Ja in der Kehle stecken bleibt, das würde er mir dann für Eigensinn auslegen und fortrennen." Genau diese Angst, dem Bruder nicht antworten zu können, blockierte Paulas Stimme. Zum Teufel, nein! Der Bruder gestikulierte, war Paula denn so kurzsichtig, daß sie nicht einsah, in der Politik hatte sie nichts zu suchen, Frauen überhaupt nicht. Kurt rüttelte sie an der Schulter, sag etwas! Ihr begannen die Hände zu zittern. Ich weiß nicht. Vielleicht. Doch. Paula war sich auf einmal nicht mehr sicher. Sie wollte doch nichts Unrechtes tun. Von ihrem Onkel hatte sie das Hitzige geerbt, von ihrem Vater das Zaudern. Paula unterschrieb nicht. „Ich muß aber doch über mich und die Welt lachen", schrieb sie nach Hause. Es interessierte sie schon und auch wieder nicht, was um sie herum geschah. Töricht war sie nicht. Schlagartig war ihr Auftritt auf der politischen Bühne beendet.

Durch das offene Fenster in der Malakademie wehte frische Luft herein, vereinzelt hörte man ein Aufstöhnen über klägliches Versagen, einige der jungen Damen in Malkitteln oder Schürzen fuhren sich mit dem Ellenbogen über die Stirn. Die neue Lehrerin schüttelte den Kopf über ihre Schülerinnen. Eigentlich sollten Maler und Malerinnen bei ihrem Tun ein physisches Wohlbehagen empfinden. Paula räkelte sich, ja, sie fühlte sich gut. Sie konzentrierte sich. Sie konnte endlich das tun, was sie gern wollte. Wenn sie jetzt nach Hause schrieb, gab es keine Kritik mehr wegen ihrer Krakelei. Paulas Schriftzüge hatten einen freien großen Schwung bekommen. Zwanglos, frei, das war Jeanne Bauck, die neue Zeichenlehrerin. Dick, unförmig mit losgelösten Haarsträhnen beugte sie sich über die Arbeiten der Schülerinnen in der Akademie. „Von allem, was man zeichnet, muß man eine Vorstellung in sich fühlen!" Die eigenen Vorstellungen aufs Blatt bringen! Ach Beckerchen, erzählen Sie Jeanne, wie man das macht! Wie man sich durchsetzen muß, um das zu können. Zweimal hatte der schöne Dettmann, der Zeichenlehrer mit der tollen Haarlocke über der Stirn, Paulas Zeichnungen angesehen. Er nahm den Rötel, wanderte vor der Staffelei her, plauderte, machte hier eine Korrektur, da eine, bis er Paulas Arbeit fertiggemalt hatte. Wütend hatte sie sich plötzlich dagegen gewehrt. „Das dritte Bild male ich aber selbst!" Noch in der Pause, als sie ihre Butterbrote auspackten, imitierten die Studentinnen den halb empörten, halb anerkennenden Blick des Lehrers.

Wann werden Sie sich goldene Sporen verdient haben, meine Damen? Jeanne Bauck faltete ihr Butterbrotpapier zusammen. Darüber hatte Paula noch nicht nachgedacht. Es war ja nicht so, daß man nach einem Zweimonatskurs ausgebildete Malerin war. Du liebe Zeit, was sollte werden, wenn sie keine finanzielle Hilfe mehr bekäme. Paula erschrak. Nun, vielleicht brauchen Sie überhaupt nicht für ihren Lebensunterhalt zu sorgen? Jeanne Bauck lachte, ihre korsettlosen Hüften wabbelten. Sie seufzte und sagte lebhaft: Also, ich hoffe, daß Sie schon einmal an eine au pair Stelle gedacht haben, in Frankreich zum Beispiel! Als au pair in Paris, ja doch, Paula hatte darüber mit ihrer Mutter gesprochen. Man verdient sich den Unterhalt durch Mithilfe im Haushalt und lebt nebenbei am Puls der Kunst.

Kaum war die Rede auf Paris gekommen, da leuchteten die Augen der Malstudentinnen, die Füße zuckten, als wollten sie gleich aufspringen. Paris! Das war das Zauberwort. Sie sangen und pfiffen die Habanera der Carmen, Ja die Liebe hat bunte Flügel! Bizet hätte seinen Spaß gehabt.

Jeanne Bauck winkte ab, ließ weiter nachdenken. Malen als Brotberuf war nicht der leichteste. Wer wollte schon gezwungen sein, nach Schülerinnen zu suchen! Nun, dann sollte man eben an einer Malschule unterrichten wie Jeanne Bauck. Beckerchen, Sie sind wirklich naiv! Dazu braucht man erstens einen Namen, der in Fachkreisen bekannt ist, zweitens ein Gesicht, das dem Direktorium gefällt und drittens ein großes Dankbarkeitsgefühl. Jeanne Bauck war fünfzig und hatte schon wieder Ärger mit der Direktorin. Jeanne Bauck konnte einem leid tun.

Einmal war Paula zu Besuch in ihrem privaten Atelier. Die

Einschätzung der Marktlage möchte Jeanne ihr heute ersparen, aber die Lehrerin war unerbittlich. Ob Paula schon einmal darüber nachgedacht hätte, welche Art von Bildern im allgemeinen am besten zu verkaufen wäre? Ganz gleich, ob sie Porträts, ob sie Landschaftsbilder oder Stilleben malte, etwas dürfte sie sich nicht leisten, den Geschmack der Allgemeinheit vor den Kopf zu stoßen. Salonmalerei war hier gefragt. Jeanne feixte. Vielleicht könnte ihr Paula doch einmal erklären, warum sie meistens Köpfe zeichnete, Skizzen von Bahnwärtern, Zeichnungen von Bauarbeitern. Wußte Paula es wirklich nicht? Ich denke manchmal, ich werde dazu getrieben, sagte sie. Jeanne Bauck strich ihr leicht übers Haar.

Am kommenden Sonntagvormittag treffen wir uns mit Arons und Gottheiners im Kunstsalon Schulte. Tante Paula nickte der Nichte aus Bremen zu, was soviel bedeutete, daß sie selbstverständlich mitgehen mußte. Paula interessierte sich im Augenblick zwar mehr für die Sammlung bei Fritz Gurlitt, und sie wäre lieber an diesem Sonntag noch einmal in die Leipziger Straße 131 gegangen. Auch, wenn dort im ersten Stockwerk die Räume schlechter beleuchtet waren, aber die Bilder des Ungarn Rippli-Ronai hatten es ihr angetan, sie sollten ähnlich gemalt sein wie die eines gewissen Gauguin aus Frankreich. Doch sie konnte die Einladung nicht ablehnen, die vom Bankier Bartholomäus Aron ausging, bei dem Paula vor einer Woche eingeführt wurde. Und Familie Baurat Gottheiner, befreundet mit Vater Woldemar aus Dresdener Tagen, bot ihr manchmal an, mit ihnen zu Mittag zu essen.

Sie trafen sich um elf Uhr beim Palais Reder am Pariser Platz. In den großen Räumen im Erdgeschoß hatte Eduard Schulte seinen Kunstsalon. Natürlich bestaunten die Damen der Berliner Gesellschaft mehr die eigenen kunstvollen Hüte und Garderoben als die Kunst an den Wänden, und natürlich wurde der neueste Klatsch in der Kunstszene kolportiert. Paula betrachtete gerade ein Bild von Manet, als sie die Episode hörte, die kürzlich im Salon von Félicie Bernstein passierte. Adolph Menzel, der alte Mann der Berliner Kunstszene, der Maler von Themen aus der preußisch-friderizianischen Zeit, weltberühmt durch seine Bilder „Die Tafelrunde", „Das Flötenkonzert", hatte sich Bernsteins neue Sammlung angesehen. „Haben Sie wirklich Geld für den Dreck ausgegeben?" hatte er ausgerufen, als man ihm Manets „Weißer Flieder", Degas „Champ de coquelicots" zeigte.

Bei einer Gruppe, die Max Liebermann umstand, hörte Paula von dem großen Eklat bei der Ausstellung im Architektenhaus. Ein Mitglied der Kunstkommission, ein Norweger, hatte angeregt, Edvard Munchs Bilder in der Rotunde des Ehrensaals auszustellen. Das soll Kunst sein, fragte man empört. Das wäre ja ganz anders, als sie es machten, schrien die alten Maler, das wäre fremd, abstoßend, häßlich, gemein. Eine Generalversammlung wurde improvisiert, die Ausstellung mußte geschlossen werden. Eine Kluft war plötzlich entstanden zwischen den Malern der alten und jungen Generation, und Edvard Munch war über Nacht in Deutschland bekannt geworden. Daß Paulas Kunst mit ähnlichen Worten abgeurteilt werden sollte, ahnte sie an dem Sonntag nicht, als sie heimlich lachend zu den Bildern von Pissaro weiterging. Edvard Munchs Bilder hatten ihr sehr gefallen.

In jenen Tagen wurde Woldemar Becker vorzeitig, mit vierundfünfzig Jahren, in Pension geschickt. Es geschah, was früher oder später geschehen mußte, was die Familie Becker schon seit langem befürchtete, der Vater wurde depressiv. Wie erstarrt saß er stundenlang hinter seinem Schreibtisch. Grübelte, brütete vor sich hin, strahlte eine düstere Stimmung aus, die sich lähmend auf das sonst so lebendige Haus legte. Für den Lebensunterhalt stand weniger Geld zur Verfügung, und die Zwillinge Herma und Henner waren noch schulpflichtige Kinder.

Sonst pflegte der Vater die Frühstücksrunde am Sonntagmorgen so lang und ausgiebig zu genießen, bis die Briefe der abwesenden Kinder gelesen, besprochen und die Antworten dazu ausgedacht waren. Abends am Kupfertisch wurden die Bücher vorgestellt, die einem in die Hände gefallen waren, Probleme erörtert, die gerade beschäftigten.

Nach dem schwarzen Tag schien er plötzlich das Bedürfnis zu haben, das Gegenteil zu tun. Er redete niemanden mehr an.

Man merkte, daß er den Leuten auf der Straße nicht mehr begegnen wollte. Er wich ihnen aus. Und eines Tages war er abgereist.

Sicher, der Staat mußte einsparen. Unrentable Betriebe wie der Eisenbahnbetrieb Bremen wurden stillgelegt. Überflüssig fortan die preußische Eisenbahnverwaltung im Bremer Staatsgebiet. Beamte mußten vorzeitig in Pension gehen. Woldemar Becker hatte das als persönliche Schmach empfunden.

Wie sollte er mit seiner Beamtenpension die achtköpfige Familie standesgemäß ernähren! Er, Woldemar Becker, war ein Versager. Er mußte von Bremen fort. Paula entsann sich der Kämpfe, welche die Mutter ausfocht, um ihren großen Freundeskreis nicht verlassen zu müssen.

Die ersten Briefe des Vaters kamen aus Leipzig. Es mußten doch neue Verdienstmöglichkeiten geben bei den Eisenbahnbaustellen in Sachsen für einen Ingenieur wie ihn. Ja, er wohnte bei seinem Bruder Paul, obschon er ein zurückhaltendes Verhältnis zu dem dreiundzwanzig Jahre jüngeren hatte.

Am liebsten wollte der Vater nach Dresden zurück. Wenigstens in die ländliche Umgebung dort. In Dresden hatte Paula ihre Kinderzeit verbracht. Onkel Arthur, Vaters Bruder, und seine Frau Grete wohnten immer noch dort. Überall, wo die Beckers ihre Zelte aufschlugen, saßen auch Verwandte. Weitverstreut waren die familiären Stützpunkte. Man konnte nicht aus dem Kreis ausbrechen, ohne daß ein ganzer Clan stillschweigend oder lauthals Rechenschaft darüber verlangte.

„Was soll aus Paula werden?" schrieb er aus Leipzig. Von Paulas Malvorhaben hielt er ja absolut nichts. „Sie ist und bleibt unselbständig und hat nicht die Energie, aus sich selbst etwas zu schaffen und sich selbständig zu machen. Wird sie mit ihrer Malerei etwas Tüchtiges leisten, daß sie ihren Unterhalt davon verdienen könnte. Ich bezweifle es. Paula ist nicht aus demselben Holz geschnitzt wie Milly. Sie leistet wenig, wenig! Sie kann vielleicht ganz hübsch die Blumen verteilen und Zimmer schmücken, aber damit kann man keine Existenz gründen."

Bis dahin hatte Frau Becker ihren Mann die finanziellen Angelegenheiten der Familie regeln lassen. Diese Ratlosigkeit scheuchte sie auf. Ohne ihn zu fragen, handelte sie. Vermutlich hatte sie die Hilflosigkeit ihrer Tochter gerührt. Da konnten die Kinder etwas von ihrer Mutter lernen. Kein berufsmäßiger Organisator hätte besser vorgehen können wie Mutter Mathilde. Wie sie ihrem Bruder Wulf klarmachte, daß er jetzt an der Reihe wäre, Zimmer und Beköstigung für die Nichte bereitzustellen in seiner Villa am Schlachtensee, wie es ihr gelang, Schulgeldermäßigung zu erwirken, schließlich kannte man Professor Dettmann. Wie sie sich selbst Beschränkungen auferlegte. Nachdem sie die Wohnung vermessen und festgestellt hatte, daß man zusammenrücken konnte, wurden zwei Zimmer vermietet. Und es war gekonnt, wie sie die Kleiderfrage löste. Tante Coras Kleiderschrank wurde auf Brauchbares durchgesehen. Tante Cora, die immer nur die besten Tuche kaufte, deren braunes Cheviot-Kleid von drei Nichten nachgetragen wurde, hatte wieder Passendes dabei. Ach ja, sagte Mutter Mathilde, einen Rock könnte sich die Tochter selbst nähen, aber kauf dir einen strapazierfähigen Stoff. Der einzige, der von diesen Aktionen nichts erfuhr, war der Vater, der sich in Leipzig vergeblich um eine neue Arbeit bemühte. Erst als die Mutter alle Zusagen hatte, wurde er benachrichtigt. Er wies sie streng zurecht, viel zu eigenmächtig gehandelt zu haben, denn er glaubte, es sei verlorenes Geld, verlorene Zeit. Von Paulas Malen hielt er nicht viel. Die Mutter aber glaubte fest an den Erfolg ihrer Tochter. Paula durfte den Malkurs fortsetzen.

Was soll aus Paula werden? Sie wollte es dem Vater zeigen. Sie wußte, daß sie ihm ähnelte, sich schnell einschüchtern ließ. Sie wollte sich durchsetzen wie ihre Mutter. „Ich hoffe, daß du von dem Geschenk rechten Nutzen haben wirst. Wenn du recht fleißig bist und dir nach Kräften Mühe gibst, wird hoffentlich deine Begabung ausreichen, über dem Durchschnitt etwas zu leisten", wünschte der Vater.

Leistung erbringen wurde bei Paula Zwangsvorstellung.

„Ich lebe ganz mit den Augen, auch, wenn ich nicht im Unterricht bin, denke ich, wie ich dieses oder jenes Gesicht zeichnen würde. – Ich zeichne täglich, soviel wie möglich. Wenn ich kein Modell habe, gehe ich in den Garten. – Meine ganze Woche besteht eigentlich nur aus Arbeit und Gefühl. Ich arbeite mit einer Leidenschaft, die alles andere ausschließt. Ich komme mir oft vor wie ein Hohlzylinder, in welchem der Dampfkolben mit rasender Schnelligkeit auf und ab geht. – Wenn man schafft, daß die Funken stieben, so kann man so viel mehr auf sich selbst halten!" Sätze wie diese schrieb sie damals in ihr Tagebuch. Hundertunddreißig große Studienblätter füllten ihre Mappen. Skizzen, Aquarellzeichnungen lagen zuhauf. Sie wollte die Mühen ihrer Eltern durch unermüdliche Arbeit rechtfertigen.

Kusine Ella hatte eine andere Lebensauffassung. Ihrer Meinung nach war ein Tag verloren, an dem sie kein Rendezvous hatte. Ella Rabe vorm Spiegel, geübte Handgriffe, Wimpern bürsten, Augenbrauen zupfen, lächeln. Kusine Ella hüpfte aus dem Haus, warf eine Kußhand zu Paula hinauf, die oben hinterm Fenster stand, und hakte sich rechts und links bei ihren jungen Herren ein. Leichthin Worte wechseln, plaudern, unbeschwert sein, Paula konnte es nicht. Schon damals in England hatte sie die Kochelevinnen deswegen beneidet.

Paula besuchte die Parizots, Mutters Schwester Herma. In der ganzen Wohnung eine Atmosphäre der Ruhe. Kusine Mathilde, das Maidli, spielte Klavier, sah Paula freundlich an. Oh, dieses Mädchen, immer die sanften Bewegungen, die gleichmäßig ruhige Stimme, wunderschön. Paula wurde unruhiger, knetete ihre Hände, als sie mit der Bahn in die Perlebergerstraße zurückfuhr. Vor einem Jahr hätte sie diesen Satz noch nicht ins Tagebuch geschrieben: „Ich komme mir vor wie ein biederer Tölpel." An diesem Abend lief sie ein zweites Mal schon auf die Straße hinunter und wollte die Bemerkungen aus ihrem Kopf schütteln, die schwarz auf weiß in ihres Vaters Briefen standen. Das war nicht leicht. Prüderie sollte Paula ablegen, ihre zimperliche Schüchternheit. „Und wenn wir Dich scherzweise auch als Tante Friedchen verhöhnen, so weißt Du doch, daß Du niemanden hast, der mit Dir so fühlt wie wir." Niemals würde diese Tochter sich verheiraten, klagte der Vater, „weil sie für andre kritischer ist als für sich selbst und von ihnen mehr verlangt, als sie zu verlangen berechtigt ist." Paula lief in der

Stadt herum, fühlte sich ausgegrenzt wie Tante Friedchen, die Verschrobene, Belächelte, zur Einzelgängerin war sie verurteilt, weil sie keinen Mann bekam.

Zu dieser Zeit sagten die Tanten in Berlin von Paula, daß das Mädchen viel umgänglicher geworden sei, Woldemar täte nicht recht, wenn er die Tochter immer so kritisierte. Wir müssen Paula wieder einmal einladen, sagte Tante Herma. Die Parizots hatten Theaterkarten besorgt. „Die versunkene Glocke" des jungen Dichters Gerhart Hauptmann wurde gegeben. Paula war fasziniert von dem Stück, von der Figur des Glockengießers Heinrich, vom Rautendelein, der Nixe, die der Glockengießer liebt und die ihm in seiner Kunst beistehen will. Ich gehe wie im Traum neben den beiden her, dachte sie, und ich wiederhole die Worte, die der Glockengießer sagt: Ich bin Ich. Ich gehe mit ihm von daheim weg, um ganz der Kunst zu leben. Sie vergaß dieses Theaterstück nie mehr.

Auch das gehörte zu Paulas Berliner Akademiezeit: Mittagstisch abwechselnd bei verschiedenen Verwandten und Bekannten, eine Theateraufführung bei Freunden der Familie, bei der Paula unbedingt eine Rolle übernehmen mußte. Ich muß pünktlich sein. Ich muß höflich sein, lächeln, auch wenn mir der Assessor widerlich ist, den ich im zweiten Akt küssen soll. Die Zeit verrinnt mir zwischen den Fingern, dachte sie. Ich müßte mich mehr um meine Arbeit kümmern. Wünsche, Hoffnungen. Auf welche Weise macht man schneller Fortschritte?

Jetzt fährst du als Abordnung der Bremer Beckers zu Onkel Pauls Hochzeit nach Leipzig. Das ist von Berlin aus günstig, kürzere Fahrtstrecke, niedriger Fahrpreis. Lili Stamman hat dich zu ihrer Hochzeit nach Wien eingeladen. Mit dieser Verwandten hattest du doch in Dresden große Freundschaft geschlossen. Nettes Mädchen, das Fahrgeld schickte sie gleich mit. Paula auf Reisen. Unterbrechungen müssen sein, vor allem, wenn man dabei Kunst kennenlernt. Den berühmten Bildhauer Max Klinger in Leipzig zum Beispiel und seine Werke. Das barocke Wien! Die großartigen Museen dort. Rubens, Dürer, Lukas Cranach im Original! Gut ging es der Tochter, sagten die Eltern. Dabei reiste die Mutter selbst. Nur der Vater nicht mehr, die vorzeitige Pensionierung hatte ihn gedemütigt, und nun wollte er sich keine Freude mehr gönnen. Vielleicht hatte sich seine Schwester Marie Hill sein Schicksal zu Herzen genommen. Sie, die nun in Stuttgart eine Pension für ausländische Gäste betrieb, lud ihn zu einer Reise nach München und Hindelang ein unter dem Vorwand, seine Tochter Paula begleiten zu müssen. Wieder Kunstgenüsse! Die Pinakothek in München.

Das war ein Sommer! Was hältst du von einer Lachsfangreise nach Norwegen, hatte Onkel Wulf Paula gefragt. Natürlich sagte sie ja. Und es war wunderschön mit ihm während der vier Wochen Einsamkeit in dem norwegischen Bauerngehöft. Der grasbewachsene Hof, die Stallungen in Holz, rot gestrichen, die Vorratshäuser auf Pfählen, Onkel Wulf im Fluß mit der Angel. Die vielen Geschichten über den Lachs, der seine eigenen Wege ging und nicht an die Angel wollte. Vielleicht sollten wir ihn in Ruhe lassen, hatte Paula zaghaft gefragt. Der Onkel blickte sie mißtrauisch an. Das machte doch keinen Sinn. Tags drauf, als er einen guten Fang tat, vergaß er Paulas Bemerkung. Du wirst es nicht glauben, aber früher habe ich das Doppelte hier geangelt. Abends saßen sie beisammen, und jeder las. Paula störte den Onkel nicht. Dafür durfte sie allein zu ihrer Klippe gehen und sich vorstellen, so leicht wie der Wind zu sein, der übers Wasser wehte.

Sie atmete wohltuenden Harzgeruch von Fichtenstämmen, spürte unter ihren Händen die rauhen Moose und Flechten und sah der Bachstelze zu, die wippte vor ihr auf einem Stein.

Ihren Augen entging nichts. Ihre Augen leuchteten, als sie die alte Frau im Liegestuhl sah auf der Schiffsüberfahrt nach Christiania. Sie mußte sie immerfort anschauen, etwas wurde in Paula wach, rief sie an, eine Lust, diese Frau zu malen, stieg in ihr hoch, ohne daß sie etwas dazu tat, ohne daß sie dagegen ankonnte. Und als sie den Stift nahm und den Block, war die Freude, das Bild malen zu können, tiefer und größer als alle Erlebnisse in der Natur. Mit diesen Geschichten und mit der Erkenntnis: „Wenn ich überhaupt Begabung zur Malerei habe, wird im Porträt doch immer mein Schwerpunkt liegen", kam sie aus Norwegen zurück. Tusen takk, Onkel Wulf, vielen Dank!

Reisen, Theaterbesuche, alles gut und schön, bis es Paula überfiel, eigentlich solltest du die Zeit nutzen und malen, und sie machte ihr unglücklichstes Gesicht. Die Verwandten verstanden die plötzliche Lustlosigkeit nicht. Warum erklärte Paula nichts? Was hätte sie darum gegeben, wenn sie's allen recht machen konnte. Den Beckers. Den Bültzingslöwen. Dankbar mußte man den vielen Verwandten sein! Die Beckers und Bültzingslöwen waren nun mal eine Großfamilie. Einer half dem andern.

Arthur Becker aus Dresden wollte seinem Bruder Woldemar ein bißchen unter die Arme greifen, verpflichtete sich, zwei Jahre lang Ausbildungshilfe für Paula zu geben, monatlich fünfzig Mark. Onkel Arthur, Tante Grete, die lieben, sie hatten für Paulas Malereien nicht viel Verständnis aufgebracht, obwohl der Eifer, mit dem die Nichte daranging, die beiden rührte. Besuchte Paula sie in Dresden in der Tieckstraße, war es immer, als wäre sie daheim, als wäre sie Kind im Haus der Verwandten, die selbst keine Kinder hatten. Komm, sagten sie, froh, daß Jugend da war, wir machen uns ein paar vergnügte Tage.

Paula war ein Glücksmädel, noch ein wichtiges Ereignis in diesem Jahr, beinah wie Lotteriegewinn! Großtante Pauline Falcke, Schwester von Vaters Mutter, vermachte ihrem Patenkind Paula testamentarisch sechshundert Mark! „So kannst Du, wenn Du willst, noch ein Jahr Deinen Studien widmen." Und der Vater, gut gelaunt, neckte mit einem Anflug von Ironie: „Über Nacht bist Du zur guten Partie geworden. Schade, daß ich nicht noch mehr ähnliche Tanten habe. L'appetit vient en mangeant. Aber schade, es gibt nichts mehr zu beißen."

Paula hatte es eilig, in die Akademie zu kommen. Natürlich wollte sie mit dem Geld weiterstudieren. Sie hatte es immer eilig jetzt. Das Wetter war schön in diesem Frühjahr. Sie atmete einmal tief durch, aber Zeit zum Schlendern kannte sie nicht, keine Zeit, um sich auf eine Bank im Tiergarten zu setzen, dem Treiben dort zuzuschauen. Jeanne Bauck wollte heute Korrektur machen, und Paula hatte Geburtstag.

Die Art, wie Jeanne malte, – darüber berichtete eine englische Kunstzeitschrift ausführlich, – hatte sie von ihren Studien aus Paris mitgebracht. Kannten die Schülerinnen Millet, Rousseau, Corot, kannten sie die „Schule von Barbizon", wo diese Maler eine Künstlerkolonie aufgemacht hatten? Jeanne biß in ihr Butterbrot. Es war große Mittagspause. Beckerchen, Sie kennen doch bestimmt Worpswede, die Künstlerkolonie im Norden Deutschlands? Was, so nahe bei Bremen, ein Sonntagnachmittagsausflug bis dahin, und Paula Becker war noch nie in dem Atelier von Mackensen gewesen, nicht in dem von Modersohn?

Ach, unser Beckerchen reist lieber in die große Welt. London, Berlin, München, Wien. Dort war sie in sämtlichen Museen zu Hause. Eine Schülerin trug gerade das Tablett mit dem Geburtstagskuchen herein, eine andere einen Strauß aus Weidenkätzchen und Anemonen, und je nach Wunsch verteilte sie Blumen und Kätzchen, die sich die anderen Schülerinnen ins Haar steckten. Den Kuchen stellten sie auf zusammengerückte Staffeleien, einundzwanzig Kerzen wurden angezündet. Geburtstagsfeier. Fantastisch, aber wann lädst du uns zu deinem Hochzeitsfest ein? Treulich geführt! Sie hakten sich unter und zogen an den Staffeleien vorbei. Ihr seid mir ein Völkchen, meinte Jeanne Bauck! Dann ging der Unterricht weiter. Merkwürdig, Ursprung dieser Heiterkeit war die Frage gewesen, Beckerchen, kennen Sie Worpswede? Ich bin tatsächlich noch nicht dagewesen, sagte Paula, aber die Ausstellung in der Bremer Kunsthalle 1895 habe ich gesehen.

Sie war mit ihrem Vater hingegangen. Als sie den Ausstellungssaal betrat, fielen ihr sofort drei Bilder auf, Heidelandschaften und Moorkanäle. Gemälde von Otto Modersohn. Und während ihr Vater schon zu der Wand mit Mackensens Bildern ging, blieb sie vor diesen drei stehen. Der Maler hatte genau die Stimmung getroffen, die Paula ansprach. „Riesig, eigenartig, wunderschön." Der Maler interessierte sie. Sie war zum ersten Mal Otto Modersohn begegnet.

Mit der „Heidepredigt" von Fritz Mackensen kam sie nicht klar. Die Gemeinde draußen in der Heide, der Pastor davor auf dem Kastenwagen. Diese Perspektive! Komisch. Und dafür hatte der Maler in München eine Goldmedaille erhalten. Oho, der Vater kannte seine kritische Tochter. Paula war noch einmal zu den Modersohnschen Bildern gegangen.

Ich glaube, wir haben unser Beckerchen zum Träumen angeregt, sagte Jeanne Bauck. Wie sie dasitzt. Und dabei ist sie sonst so wild aufs Schaffen. Worpswede, sagte sie zu Paula, als sie später hinausgingen. Sie müssen das unbedingt nachholen!

Wir haben heute nachmittag Kaffeebesuch. Mutter Becker war ja eine gesellige Person und lud gern ein. Wie du meinst, sagte Vater Becker. Paula war nicht sehr begeistert. Seit sie von der Akademie zurückgekommen war, mußte sie ihre Bilder herzeigen, und dieses Vorführen war ihr äußerst unangenehm. Sie wartete darauf, sich zurückziehen zu können. Unseren Gast wirst du gern zeichnen wollen, nicht wahr? Warum antwortete Paula nicht. Porträtieren ging ihr doch über alles. Dann zeichnete Paula. Was Jeanne Bauck wohl dazu sagen würde! Sie reichte das Blatt der Mutter. Was sollte denn das sein? Als Ergebnis lag ein Porträt vor, das den Eltern nicht gefiel und demjenigen nicht, für den es gemalt wurde. Wozu hatte man die Tochter ausbilden lassen! Das verstörte Gesicht der Mutter. Wofür hatte sie Opfer gebracht, ihre Anstrengungen wollte sie belohnt sehen. Paula schwieg.

Paula hatte den Tisch abgeräumt. Sie hatte wieder diesen leichten ziehenden Schmerz in den Schläfen. Sie wollte sich mit der Mutter nicht streiten, wollte die Sache mit Ironie nehmen, wie sie es vom Vater kannte. Sie erzählte, wie in Berlin einmal ein Bahnwärter neben ihr stehenblieb, als sie Birken zeichnete, und ausrief: „Kinners, Kinners, dat is Kunst!" aber erst, nachdem er sich vorsichtig erkundigt hatte, ob das, was sie malte, auch Birken seien.

Komisch, was?

Es war nicht komisch. „Daß du eine gottbegnadete Künstlerin ersten Ranges werden wirst, glaube ich nicht." Paula tat es weh, wenn der Vater so etwas sagte.

Einmal schrieb sie ihm: „Fühlst Du nicht, mit welcher Riesenliebe wir Kinder alle an Dir hängen? Weiter tun wir fürs erste zwar noch nichts. Aber ist das nicht eine ganz kleine Entschädigung für all die Sorge, die wir Dir machen?" Diese Nachmittage machten Paula bewußt, wie abhängig sie war.

6

Fünfundzwanzig Kilometer lag das Moordorf Worpswede von Bremen entfernt, war nicht nur Ausflugsziel der Bremer, sondern auch eine bekannte Künstlerkolonie, und es war unbegreiflich, weshalb Paula dort noch nie gewesen war. Sie versuchte sich vorzustellen, wie ihr Leben verlaufen wäre, wenn die Eltern den Ausklang ihrer Silberhochzeit nicht in Worpswede gefeiert hätten.

Das Dorf, die Umgebung sprachen sie sofort an. Der Vater in froher Festtagslaune stimmte zu, als Paula den Wunsch äußerte, eine Zeitlang hier malen zu dürfen. An solch einem Tag verweigerte er kein harmloses Ferienvergnügen.

Es war im Juni 1897, ein sonniger Tag. Die Gäste aus Bremen lächelten sich zu. Schön warm war es, der Wind trug den Geruch von blühendem Gras vor Welzels Hotel. Die Gäste gingen paarweise an den Gärten entlang, die Erbsen blühten weiß, hier und da stand eine Vogelscheuche in den Beeten. Sie kamen an einem ehemaligen Backhaus vorbei, der Weg stieg sanft an, führte unter Buchen her zum Weyerberg. Paula schien es eilig zu haben. Sie hob den Kopf, hielt die Nase gegen den Wind, lief allen voraus. Hier bleiben dürfen. Sie verstand die Künstler. Worpswede war Liebe auf den ersten Blick.

Die Gesellschaft reiste im Dämmerlicht nach Bremen zurück. Abendgeräusche. Ein Aufgackern aus den Gänseställen, dann der kurze Schrei eines Pfaues, der aus dem Schlaf schreckte. Nahe bei einem Gehöft der Ruf des Käuzchens. Schatten waren in der Luft, Fledermäuse, die an den Kutschen vorbeihuschten.

Paula saß ganz still, in die Ecke der Kutsche gedrückt. Ob das jemand begriff, was sie hier arbeiten würde? Der Vater, der ihr Michelangelos Kupferstiche als Vorbilder hinstellte, die

Mutter, die für Liebermann schwärmte, sie würden die Tochter nicht begreifen. Aber noch hatte sie ihre Worpsweder Menschen nicht gemalt. Noch genossen alle in Einmütigkeit die schöne stille Heimfahrt.

„Von Zeit zu Zeit zogen auf der Hamme ernste schwarze Segel mit ihrem unbeweglichen Steuermann vorüber", schrieb sie in ihr Tagebuch.

Im Dorf, in Welzels Hotel „Stadt Bremen" hatte sie ab übermorgen ein preisgünstiges Quartier und ihren Mittagstisch.

Natürlich war Paula auf die Maler neugierig, war froh, daß sie bald Heinrich Vogeler traf, den Bremer, einen Altersgenossen ihres Bruders Kurt. Unbekümmert wie er war, lud er sie sofort ein in sein Atelier. Kinderaugen strahlten in seinem bartlosen Gesicht.

Kennen Sie den? Vogeler zeigte auf den hochgewachsenen Mann, der ins Moor hinausging. Paula schaute durchs Fenster. Eben schlenderte Fritz Mackensen vorbei, schneidig, was? Wissen Sie übrigens, wo er sein berühmtes Bild malte, die Predigt in der Heide? Die Ausmaße des Bildes waren so groß, daß er die Leinwand draußen an einer Rückseite der Worpsweder Kirchenwand verankerte. Vogeler rümpfte die Brauen. Was regte ihn an Mackensen auf? Ach, dessen Flirterei mit allen jungen Frauen, einheimischen oder zugereisten, immer suchte er nach einer guten Partie.

Mackensen war dauernd in Geldsorgen. Wenn Paula von Geldnot hörte, dachte sie sofort an ihren Vater. „Mangel an Geld schmiedet uns fest an die Erde, man bekommt die Flügel beschnitten, man merkt es nicht. Das Große, Unbefangene, die Urkraft die geht verloren." Machte man deswegen Zugeständnisse an den Geschmack der Allgemeinheit, wie Mackensen das jetzt häufiger tat? Keine Experimente mehr, kein Bemühen, etwas Neues zu lernen, Paula konnte hart urteilen. Was sagte sie zu Mackensens „Heidepredigt"? Vogeler wartete ihre Antwort nicht ab.

Mit Fritz Overbeck kam man schlecht ins Gespräch. Vogeler stellte Paula den gedrungenen, breitschultrigen Maler vor. Sein borstiger Haarschopf fiel auf, ansonsten war er sehr schweigsam, der Maler der berühmten „Overbeckschen Wolken", die mit Goldmedaillen prämiert wurden.

Am besten gefiele ihm Modersohn, sagte Vogeler, er mochte ihn als Mensch und als Künstler. Seine Bilder sprachen ihn an. In der Kunstszene glaubte man, Modersohn wäre gut, aber er, Vogeler, wußte es besser, Modersohn war genial. „Wie er die Landschaft hier erfaßt, vor allem die Lüfte, das sommerliche Ziehen der weißen Wolken über das Land, den grauen Sturm, der die Bäume peitscht und die eigentümliche Kraft der Farbe, wenn sich die Luft in dem dunklen Schwarz der Torfgräben und Moorsümpfe spiegelt." Paula hätte Modersohns Bilder genauso beschrieben. In ihr Tagebuch trug sie ein: „Ich möchte ihn kennenlernen, diesen Modersohn."

Mit allen Malern hier war sie nun bekannt geworden. Nur, wo war Otto Modersohn, wie sah der aus? Sie war neugierig. Die Maler und Malerinnen beim Mittagstisch konnte sie doch nicht fragen. Beim Malen im Moor war ihr kein Unbekannter begegnet. Einmal tauchte er dann auf in der Nähe der Apotheke an der Findorffstraße. Guten Tag, Herr Modersohn! grüßte die alte Frau Segelken. Paula drehte sich um, spontan. Das also war Otto Modersohn! Er war mindestens fünfzehn Zentimeter größer als sie und hatte rotblondes Haar. Paula Becker und der große Meister gingen aneinander vorbei. „Ich habe ihn nur dieses eine Mal gesehen", schrieb sie ins Tagebuch, „etwas Langes in braunem Anzug mit rötlichem Bart. Er hatte so etwas Weiches, Sympathisches in den Augen." Otto Modersohn war auf dem Weg zu seiner Braut Helene.

„Göttertage" nannte Paula diese Sommerwochen in Worpswede. Tag für Tag neue Erlebnisse. Paula begann, das Moor zu durchstreifen, Bauerngehöfte aufzusuchen, entschlossen, die Leute kennenzulernen. Und plötzlich dieser innere Drang, unwiderstehlich, diesen Bauern, dieses kleine Mädchen zu zeichnen.

Aus diesem ersten achtwöchigen Aufenthalt in Worpswede 1897 brachte sie Bilder mit, die schon in ihrer ganz eigenen Art gemalt waren. Eine Art, die sich nicht anpaßt, nichts Herkömmliches hat. Ihre Bilder trugen Merkmale einer Weltsicht, die radikal abgelehnt wird oder neue Sehweisen eröffnet. Warum zeigte sie nach diesen Sommerferien ihren Professoren in Berlin nur jenes vor, das die kleine Rieke Gefken darstellte, nett und wirkungsvoll mit roten Lilien? Ahnte sie, daß ihre Bilder nicht verstanden werden würden?

Knapp zwei Monate hatte der Aufenthalt gedauert. Entschlossen, wenigstens solange hier arbeiten zu können, bis sie größere Fertigkeit erlangt hätte, bat sie den Vater im Sommer drauf, statt in Berlin in Worpswede weiterarbeiten zu dürfen.

Geh nur, sagte der Vater. Du bist majorenn, du hast etwas eigenes Geld. Der Vater wußte: Paula würde ihren Willen sowieso durchsetzen.

Damals hatte die Mutter noch viel von Paula erwartet, irgendwann müßte die Malweise doch gefälliger werden. Jedenfalls wollte sie jetzt kein Risiko eingehen und die Tochter ohne Anleitung lassen. Was sie sich vorgenommen hatte, erreichte sie. Mathilde hatte ihre Freundin Aline von Kapff eingespannt, die war eine großherzige Gönnerin der Worpsweder Künstler, und Mackensen konnte sich selbstverständlich den Bitten einer Mäzenin nicht verschließen. Er würde hin und wieder bei Paula Korrektur machen. Wunderbar, sagte Mutter Becker, welch ein Glück für dich, mein Kind, bei diesem Maler zeichnen zu dürfen. Arbeiten bei Mackensen, das war Absage an Paulas unverständliche Malweise. Eigentlich mußte nun alles gut gehn. So viele Möglichkeiten, die der Tochter geboten wurden! Sie mußte sie nur wahrnehmen. Auch Kosten würden nicht entstehen. Mackensen betrachtete seine Aufgabe als Freundschaftsdienst.

War es verkehrt, daß sie 1898 wieder nach Worpswede ging? Dieser Aufenthalt 1898/99 endete mit einem Fiasko.

7

Gott sei Dank, dachte Paula, daß ihr niemand begegnete, als sie die Jacke überm Arm, den grünen Handarbeitsbeutel auf dem Rücken über Gräben sprang, Abhänge hinuntertollte und die „Allmacht“ von Schubert schmetterte.

Sie war dann gleich ins Armenhaus marschiert. Sie mochte die Leute. Die Armenhäusler besuchte sie nicht nur, wenn sie ein Modell brauchte, sondern manchmal auch, um einfach dazusitzen und zuzuhören. Sie kam immer vor dem vereinbarten Termin, um mit ihnen, vor allem mit der Dreebeen einen Schwatz zu halten. Die Tische im großen grauen Saal des Armenhauses waren meistens schon abgedeckt, und die Alten drumherum gaben sich keine Mühe, ihre behagliche Müdigkeit nach dem Essen zu verstecken. Lauthals gähnten sie, rülpsten. Was gab's denn heute? Bratkartoffeln mit Spiegelei und hinterher dicke Milch.

Jeder hatte hier seinen bestimmten Platz, und nie durfte diese Sitzordnung geändert werden. Anna Dreebeen saß neben der Adelheid, die Olheit gerufen wurde, eine abgearbeitete Frau in den Siebzigern, früher mal Dienstmädchen in Bremen. „Dann harr se sick verheirot. Irgendwo mutt se jo doch bliven. Nur dat hei nu dot is." Ja, irgendwo mußten sie doch alle bleiben. Der alte von Bredow, Kuhhirte im Armenhaus, erzählte, er hätte einmal studiert. Dann wäre er Totengräber gewesen 1892 bei der Choleraepidemie in Hamburg, jahrelang dann als Matrose um die Welt gefahren. Ja, ja, die andern nickten, die Blinde in der Ecke räusperte sich. Millionär wäre der. Die alten Leute waren ganz von dieser Idee durchdrungen, wollten Paula unbedingt einweihen: „Oh, de is reich!! De hett hu-u-unnert Mark!" Am unteren Tischende saßen die beiden Schwestern, eine zehn, die andre neun, zwei Kinder, die schon acht Jahre hier lebten. Dann kam die kleine Meta Viol hereinspaziert, die von ihrer Mutter fast totgeprügelt worden war und nun hier in Obhut lebte. Sie schwenkte wie meistens in der Hand die Gerte, mit der sie die Gänse aus den Gemüsebeeten trieb und sang mit Inbrunst, freut euch des Lebens!

Verlassen und doch solche Lieder, wahrscheinlich verstand die Kleine gar nicht, was sie sang. Paula folgte den Bewegungen des Kindes, mit denen es ernst und gewissenhaft die Gerte in eine bestimmte Ecke legte und sich auf den Stuhl hinaufhangelte. Sie betrachtete das Gesicht, den kleinen Bogen an der Nasenöffnung, dachte, wie zierlich, zog ihn in Gedanken mit dem Stift nach. Das Kind wußte nichts von seiner natürlichen Schönheit, die Paula zum Malen inspirierte. Sie war bestürzt, so war es immer, aber sie konnte nicht allzu lange über die Probleme des Lebens nachdenken, hinter ihrer Stirn begann es zu vibrieren, sie mußte zeichnen!

Sie wandte den Kopf, sah in die Gesichter. Ich beobachte und sehe und zeichne, dachte sie. Worpsweder Hängebäuche! Calibanen! Schimpfworte, mit denen die Eltern ihre Zeichnungen bedachten. Sie sah, wie die alte Olheit sich trotz der Hitze im Saal die neue Mütze aufsetzte, rote Flecke jetzt im runzligen Gesicht. Dic kannte nichts von den Shakespeareschen grobschlächtigen Calibanen, wußte nicht, daß es daneben auch die schöne Miranda gab. Was schrieb Fontane dazu kürzlich in der Vossischen Zeitung? „Wer mutig nach neuen Inseln sucht, muß auf beides gefaßt sein, ebensogut Caliban wie Miranda zu finden. Bloß Miranda zu finden, ist ihm nicht versprochen; er muß es nehmen, wie's fällt." Paula dachte oft viel zu kompliziert, beim Malen im Armenhaus erfuhr sie, daß es auch einfacher ging. Diese Leute lasen keine Zeitung, lasen keine Bücher, sie gingen nicht ins Theater, in kein Konzert, sie verreisten nicht, sie lebten jahraus, jahrein in derselben Umgebung. Ihre Unterhaltung bestand darin, ausschließlich von kreatürlichsten Dingen zu erzählen, von Geburt, Heirat und Tod. Ihre Vergnügungen waren die Schützenfeste, das Erntefest, wenn sie der Musik der Blaskapelle lauschten. Hest du mi Tobak mitbrocht? Jan Köster fragte wie immer. Wen sie denn heute malen wollte? Die Olheit war schon aufgestanden, hätte sich doch extra fein gemacht. Die Leute waren gern Modell. Es gab zwar nur eine kleine Vergütung, aber eigenes Geld zu besitzen, bedeutete ihnen viel. Paula bekam nie eine Absage, wenn sie nach einem Bereitwilligen fragte. Sie sprach mit den Leuten Dialekt.

Das tut sie doch nur, um sich anzubiedern, sagte Ottilie Reyländer, als sie Paula so zu den Leuten reden hörte. Konnte Ottilie sich nicht vorstellen, daß Paula gern Dialekt sprach? Wenn sie wüßte, wie oft sie im Zug aufpaßte, genau hinhörte, um die Mitreisenden an ihrem Dialekt zu erkennen. Paula liebte die verschiedenen Mundarten, und wenn sie verstand, was gesprochen wurde, fühlte sie sich den Menschen und der Landschaft verbunden. Welchen Spaß hatte sie im Armenhaus, als Jan Köster ihr drastisch an den Kopf warf, was er von seiner Tätigkeit als Modell hielt. „So, dat Sitten is 'ne Lust. Min Arsch is ganz blind! No mutt ick erst pessen gan." „Man bekommt hier draußen eine lutherische Sprache, die eine Sache klipp und klar beim Namen nennt", hatte Paula den Eltern geschrieben.

Heute wollte sie die kleine Meta Viol bitten, zu ihr ins Atelier zu kommen. Die faßte gleich nach ihrer Hand und hüpfte neben ihr her, sang, freut euch des Lebens.

Aber was nun? Alle Überredungskünste nutzten nichts. Meta Viol stand in Paulas Atelier, preßte die Arme um den kleinen mageren Körper, hob den Kopf, stampfte mit dem Fuß auf: „Nee, dat do ick nich!" Sie war nicht dazu zu bewegen, sich auszuziehen. Nun mußten beide ihre Scham überwinden. Das Kind und Paula auch, weil sie es überzeugen mußte, daß Maler den Körper abtasten wie es die Luft tut oder die Sonne. Noch unter dem Eindruck eines nicht ganz sauberen Handels – erst mit einer Mark Bestechungsgeld gelang es, die Kleine umzustimmen – malte Paula sie als Akt. Sie schämte sich. Es war nicht einfach für Malerin und Modell. „Weet ick wohl, weet ick wohl!" Paula sprach selbstverständlich Dialekt.

Sie haben eine einfühlsame Seele, sagte Vogeler, als Paula ihm von den Schwierigkeiten berichtete. Sie sprechen von Mensch zu Mensch. Wenigen Malern trauten die Leute. Wäre Carl Stolte nicht gewesen, die Künstlerkolonie gäbe es wahrscheinlich nicht. Wieso? Paula war neugierig geworden. Morgen, wenn sie ihn begleiten wollte, könnte sie die Geschichte erfahren, und zwar aus erster Hand.

Geschnitzte Deckenbalken, Eichenschränke, Truhen, Porzellan und Zinngeschirr, kleines feingelegtes Steinmuster auf dem Fußboden um den Kamin herum, Paula saß im Flett, der Diele des Hauses von Kaufmann und Gemeindevorsteher Carl Ferdinand Stolte. Vogeler im Nebenzimmer, Geschäfte mit dem angesehenen Kaufmann. Paula ganz Ohr, was Mimi erzählte, Carl Ferdinands Tochter. Älteres Mädchen, auf die Vierzig zugehend, voll von Geschichten und Dorfklatsch. Der Anfang der Künstlerkolonie war Teil ihres eigenen Lebens. Erste Liebe. Tod des Verlobten. Der Kummer. Die Ablenkung. Aufenthalt bei der Tante in Düsseldorf. Mithilfe beim Mittagstisch für die Kunststudenten. Einer gefiel ihr, der Fritz, und sie ihm. Vater Stolte lud ein für den Sommer ins prächtige Haus. Fritz Mackensen kam, Bäckerssohn aus Holzminden, achtzehnjährig. Kam im nächsten Jahr wieder, ein drittes Mal 1889, da mit den Freunden Otto Modersohn, Hans am Ende. Hausten bei Segelkens. Drei Betten in kleinster Bude, Eingang durchs Fenster, die Malskizzen unter die Balkendecke geheftet, die Kleider draußen im Birnbaum aufgehängt, geteertes Segeltuch darüber. Modersohn sprach das Wort, „wie wäre es, wenn wir überhaupt hier bleiben." Ohne Rückhalt von Vater Stolte wäre das Experiment gescheitert. Diese Maler! Verrückt! Starrten ins Moorwasser, waren entzückt von nutzlosen Baumstümpfen, rannten den Weyerberg rauf und runter. Skepsis der Bauern, Abwehrhaltung zuerst. Dann gutmütige Duldung. Geld kam ins Dorf. Leerstehende Kammern und Häuser konnten vermietet werden. Abwechslung kam ins verschlafene Nest, Aufregung. Mimi grinste, längst war es nicht mehr langweilig hier. Und wie ging's weiter mit Mimi und Mackensen? Ach, der Fritz! Mimi lachte. Geschichten. Eine Künstlerkolonie war gegründet.

Unterwegs beim alten Backhaus traf Paula auf die beiden verwaisten Schwestern. Sie führten die blinde Alte aus dem Armenhaus an der Hand, sie zogen und zerrten. Lauft nur, sie würde die Frau schon heimbringen. Paula reichte der Blinden den Arm. Was ich noch sagen wollte, Vogeler hatte sie eingeholt, unmöglich benähmen sich manchmal die Zugereisten. Kamen vor einiger Zeit doch Maler aus München, rein in die Moorkaten, Staffelei in den Lehmboden gebohrt, begannen zu malen, ohne zu fragen, ohne zu bitten. Dachten wohl, hätten es mit einer niederen Art von Menschen zu tun. Paula durchzuckte es. Heiß lief es ihr den Nacken hinunter, genauso hatte sie gedacht, anfangs, als sie die Leute im Armenhaus reden hörte. Großes Unrecht war das von ihr, sie hatte es eingesehen, schämte sich lange deswegen.

Die Moorbauern wären nicht dumm, fuhr Vogeler fort, sie wußten schon, sich zu wehren. Da rannte manch einer der Maler fluchend aus der Kate hinaus, tränenwischend und hustend. Den ungebetenen Gästen passierte es eben, daß die Hausfrau ein Stück Weißtorf nach dem andern ins offene Feuer warf, bis die Hütte voll war von Rauch. Weißtorf schwelte nämlich.

Beeindruckend diese Moorbewohner, fand Paula, nahmen ihr Los hin, unerschütterlich, hatten nur die Gewißheit, zum Dorf zu gehören, und daß auf gemeinsamem Friedhof kein Unterschied war zwischen ihnen und den reichen Großbauern.

Und wenn die Großbauern und die Städter und wir, die Malerinnen und Maler geringschätzig von diesen Leuten sprachen, die ihre Ziegen melken, die sonntags in der Sonne vor ihren Katen sitzen, die Frauen mit Strickstrumpf und Kindern, die Männer mit Pfeife und manchmal Schnitzarbeiten, dann war da vielleicht ein bißchen Neid drin, weil die nichts von dem brauchten, dem wir immerfort nachjagten und häufig vergeblich. Aber selbst diese Moorbewohner und Armenhäusler – warum zankte die Olheit, wenn die Dreebeen öfter als sie Modellgeld bekam? Ja, ja der Neid.

Mutterschaft und Tod nannte Paula ihre Religion, weil sie beides nicht fassen könnte. Der Tod, auch ich werde sterben, dachte sie, aber vorher möchte ich noch etwas erreichen in meiner Kunst. Sollte es mir nicht gelingen, dann möchte ich wenigstens erfahren, was andere Künstler aus ihren Fähigkeiten gemacht haben.

In diesen Tagen probierte sie ein neues Farbmaterial aus, Öltempera. Pastenartig waren die Farben. Anders als in Öl wirkte das Bild, wenn Schicht um Schicht aufgetragen wurde. Es war ihr schon bei Kohle und Rötelzeichnungen passiert, daß sie hart schraffierte, schroffe Stellen ins Bild setzte. Nun mit dem neuen Material wurde die Malart von vorneherein gröber, griffiger. Warum sprachen diese Farben sie an? Entsprachen sie ihrem Temperament?

Hart konnte man so die Person oder das Ding gegen die Umgebung abgrenzen. Man konnte mit dem Pinselstiel scharfe Linien einkratzen, als ob er ein Werkzeug wäre, mit dem man Zeichen, Runen in Felsblöcke ritzte. Oft sprach sie von ihrer Runenschrift. So wie Paula malte in Worpswede keiner. Und wenn sie mit Spachtel und Pinselstiel durch die feuchten Farbpasten hindurchfuhr, war es, als renne sie aller Malweise davon, die um die Zeit in Deutschland üblich war.

Die Person darstellen, so wie sie ist, ohne Pose, wollte sie erreichen. Sie malte Armut und Kranksein, versteckte das Elend nicht hinter schönen Gesten. „Wie gut habe ich es dagegen", schrieb sie nach Haus und brachte den Leuten in den Moorkaten Kleidungsstücke, bat auch die Mutter um welche. Man sagt, Hilfsbereitschaft fängt da an, wenn man tief betroffen ist.

8

Sie saßen auf den rotgestrichenen Binsenstühlen, zwischen ihnen der Tisch mit der blauweiß bestickten Leinendecke. Paula hob mit beiden Händen ihre Tasse hoch, und während sie das Blütenmuster auf dem Porzellan mit den Augen nachzog, lächelte sie und sagte, ich beneide Sie, es muß wunderbar sein, in Paris zu arbeiten. Finden Sie? Ich denke auch, daß ich bei Rodin eine Menge lernen werde. Der Unterricht hier in Worpswede hat mir allerdings nicht schlecht gefallen, als Lehrer war Mackensen in Ordnung. Das behaupteten viele seiner Schülerinnen, Clara Westhoff war nicht die einzige. Paula drohte ihrem Gegenüber lachend mit dem Finger. Clara lehnte sich zurück. Sie war eine kräftige junge Frau, und nur, wenn sie saß, war sie nicht größer als Paula. Sie machte den Eindruck eines strebsamen, forschen Menschen, der schon ein bißchen durchgemacht hat, aber der sich seine muntere Art bewahrte. Mackensen! rief Clara und warf ihre schwarzen Kringellocken mit einem Ruck zurück, der wäre nicht anders als die meisten Männer, ein Schürzenjäger halt. Finden Sie das gut? Paula fragte und sah die Freundin zweifelnd an.

Es knisterte und prasselte hinter der Feuerklappe des eisernen Ofens in der niedrigen Bauernstube. Mir paßt vieles nicht, sagte Clara, mir gefällt zum Beispiel nicht, unter welchen Bedingungen wir Frauen arbeiten müssen. Im Grunde geht es uns schlechter. Paula schenkte Tee ein, und nachdem sie die Kanne auf die Ofenplatte zurückgestellt hatte, erfuhr sie die Geschichte der Clara Westhoff, Kaufmannstochter aus Bremen.

Claras Vater, künstlerisch interessierter als man es gemeinhin von einem Bremer Kaufmann erwartete, ließ die siebzehnjährige Tochter nach München gehen auf die Malakademie. Die Ungerechtigkeit, die Clara empörte, war, daß die Männer an öffentlichen Akademien studieren konnten, die Frauen dagegen nur auf privaten. Die Betreiber solcher Akademien legten natürlich die Gebührensätze je nach Gutdünken fest, so daß die Frauen der Willkür dieser Herren ausgeliefert waren. Nur wer zahlte, der malte. Noch etwas machte Clara rasend, und in ihrem ersten Brief nach Haus klangen schon Töne einer beginnenden Aufmüpfigkeit durch: „Da existiert eine sogenannte Anatomie, wo täglich Vorträge für Ärzte stattfinden. Einmal in der Woche auch für Künstler, aber nur für Herren. Das muß anders werden und soll mich nicht wundern, wenn wir's durchsetzen."

Was Paula dann hörte, verschlug ihr die Sprache. Clara hatte schweigend auf den Ofen gestarrt, sie verschränkte die Arme hinterm Kopf, sagte, ich habe mich beschwert. Wie bitte? Paula fuhr von ihrem Stuhl hoch. Jawohl, sie hatte sich öffentlich beschwert. Es war unglaublich! Clara Westhoff aus Bremen wagte den Gang durch die Behörden. Da war eine Bildhauerin, der man nicht ansah, daß sie auf anderes noch ihre Energie verwandte als aufs Modellieren. Paula schaute hingerissen. Nun, Clara hatte ihre Vorwürfe formuliert, trug sie ihren Mitstudentinnen vor, dann ihren Akademielehrern. Die Studentinnen hatten schweigend dazu genickt. Die Akademielehrer hatten sie ausgelacht. Dann war sie vorgeprescht zum Akademiedirektor. Man wollte Claras Ärger beschwichtigen, dann drohte man ihr, sie würde es jetzt in der Akademie sehr schwer haben. Meinen Sie, das stehen Sie durch? Man wollte die Westhoff verunsichern. Bei solchen Aktionen lernt man die fiesesten und miesesten Typen kennen, Clara lachte verächtlich. Plötzlich wurde von Verantwortung gesprochen, Verantwortung den Damen gegenüber. Die Herren verschanzten sich hinter ihr moralisches Gewissen. Reihenweise würden die weiblichen Wesen umfallen beim Anblick der Leichen. Und? hatte Clara gefragt, traut man den Frauen nicht zu, für sich selbst die Verantwortung tragen zu können. Clara gab damals nicht auf. Ließ sich beim zuständigen Minister im Kultusministerium anmelden.

Der Herr Minister war entsetzt. Was forderte die Dame? Studentinnen sollten auf öffentlichen Akademien zugelassen werden? Das ginge nicht, das bedeutete eine Kostenlawine für den öffentlichen Haushalt. Weshalb? Nun, man müßte ja extra Akademien für Damen einrichten. Clara hatte sich nicht beherrschen können, war respektlos aufgesprungen trotz der würdevollen Atmosphäre, die in so einem Amtszimmer herrschte. „Wenn der Staat sich verpflichtet fühlt, für die männlichen Künstler ganz ungeheure Unterstützungen zu leisten, warum tut er es nicht für die weiblichen?" Clara war aufs äußerste empört gewesen. Die Herren Studenten hätten gelästert. Malweiber, hatte man geschimpft, es gebe zwei Arten von Malweibern, die einen möchten heiraten, und die andern haben auch kein Talent! Clara lachte Paula an, wissen Sie, ich halte mich für ein „emanzipiertes Fin-de-Siècle-Weib."

Paula legte ein weiteres Reiser auf, die plötzliche Stichflamme erhellte das Gesicht der Freundin. Claras Gesuch wurde abgelehnt, es sei kein Platz da, hieß es lakonisch in der Begründung. Von den andern Malstudentinnen hatte sie keine Rückendeckung erhalten.

Das Problem kannte Paula. Sie stand kleinlaut auf, ging ans Bücherbord, schob Bücher hin und her. Frauen blockierten gegenseitig ihre Wege und Ziele. Jeanne Bauck war entlassen worden. Die Direktorin an der Berliner Akademie wußte, daß Jeannes Unterricht besser war als der ihre. Sie konnte es nicht mit ansehen, daß jene solchen Zulauf an Schülerinnen bekam. Paula erlebte die Reaktion der Mitstudentinnen, kannte ihre eigene. Es war beschämend, sie hatte sich nicht offen für die geliebte Lehrerin eingesetzt.

Clara war auch aufgestanden, hängte sich leicht bei Paula ein. So kam sie nach Worpswede der finanziellen Lage wegen. Hier kostete ihre Ausbildung den Vater weniger. Sie glaubte, in ein bis zwei Jahren genug gelernt zu haben, um selbständig zu sein. Sie wüßte nur gern, unter welchen Bedingungen die Frauen etwas leisten könnten.

Noch eine Tasse Tee, fragte Paula. Auch das war heute eine Neuigkeit für sie, daß jemand glaubte, in absehbarer Zeit auf dem Höhepunkt seiner Kunst zu stehen. Da müßte Clara aber eine ungeheure Menge an Arbeit bewältigen, meinte sie. Das soll uns nicht hindern, morgen eine Schlittenpartie zu machen, lachte diese, tanzte über die Dielen, auf denen der Widerschein des Feuers zuckte. Können Sie Gitarre spielen? Ein bißchen, wehrte Paula ab. Probieren Sie's mal wieder, rief Clara, reichte das Instrument an, das in der Ecke gestanden hatte.

Es klopfte an der Tür. Marie Bock war eingetreten, abgespannt wie oft. Ja, ihr Töchterchen schliefe. Von ihrem Mann kam heute eine Karte. Er war mit seinem Schiff wieder auf hoher See.

Marie Bock nahm eine Tasse Tee, sie hätte heute ein bißchen aquarelliert, leider mit wenig Erfolg. Dann betrachtete sie das Skelett an der Wand, das Paula für Anatomiestudien benutzte. Skizzen von Armen und Beinen hingen daneben. Paula zeichnete sehr viel, trotzdem sah sie kein Ende, denn nach dem Zeichnen würde sie mit dem Malen beginnen und wieder Anfängerin sein. Man mußte schon viel Ausdauer mitbringen, um seinen Weg zu finden. Sie wollte wirklich hart arbeiten, um selbständig für sich sorgen zu können, aber sie wollte auch Mensch bleiben. Selbstverständlich würde morgen eine Schlittenpartie gemacht. Es war nun der zweite Winter in Worpswede, den Paula erlebte, seit sie im Sommer 1898 zum Malen wieder nach dorthin gekommen war.

Hermine Overbeck, die sie am nächsten Tag vorm Kolonialwarengeschäft trafen, weigerte sich, die Schlittenpartie mitzumachen. Fritz Overbeck, ihr Mann, schüttelte den Kopf, meinte, Paula und Clara hielten ihn zum besten. Er lehnte selbstverständlich ab, als sie ihm und seiner Frau den Schlitten für eine Fahrt leihen wollten. Aber ihre Einkaufstasche durften sie darauf transportieren. Ich bin heute nachmittag bei Helene Modersohn gewesen, sagte Hermine Overbeck. Sie kümmerte sich sehr um die Kranke. Wie ging es ihr? Nicht gut. Wissen Sie, daß sie letzte Woche Blut gehustet hat? Sie kann sich kaum um ihr Kind kümmern. Das war jetzt drei Monate alt, gerade so alt wie Overbecks kleiner Sohn.

Daß man jemals krank werden könnte, bedächte man gar nicht, wenn man verliebt sei. Modersohn litt mit seiner Frau, seit sie verlobt waren. Glücklich sah er eigentlich nicht aus. Erstaunlich, das tiefe Mitgefühl, das alle zeigten, wenn Modersohn erwähnt wurde.

Hermine war gelernte Krankenschwester. Ihr Vater, der Lederfabrikant Rohte aus Walsrode hatte ihr erst eine solide Ausbildung abverlangt, ehe sie Kunst studieren durfte. Von Marie Bock hatte Paula gehört, daß Hermine früher sogar eine vorzügliche Fotografin gewesen war, die alle Techniken beherrschte, entwickeln konnte, vergrößern. Ausgelacht hatte man sie, als sie mit den riesigen Apparaten durch die Landschaft zog, um zu fotografieren. Paula wußte, daß Hermine eine Freundin von Marie Bock war, daß die beiden in München auf der Glaspalast-Ausstellung zum ersten Mal Fritz Overbeck in seinen Bildern begegnet waren. Daß Hermine daraufhin dem Maler schrieb, ihn bat, sie als Schülerin anzunehmen, erfuhr sie jetzt. Sie erfuhr, Hermine entwarf Möbel, Stickereien, Tapetenmuster.

Haben Sie die Wände im Overbeckschen Haus gesehen? Paula stutzte, mußte verneinen. Die hat Hermine selbst bemalt. Toll, was die alles kann. Ottilie Reyländer verzog anerkennend den Mund. Sie war zu Clara und Paula hinzugekommen, als die sich vor der Overbeckschen Haustür von Hermine und ihrem Mann verabschiedet hatten.

Ottilie Reyländer aus Itzehoe. Paula fand immer, die Kleine, vielleicht sechzehn oder erst fünfzehn Jahre alt, wäre nett. Heinrich Vogeler meinte, die Reyländer sei ganz helle und außerdem eine künstlerische Begabung. Huh, rief sie jetzt, kalt ist's in Deutschland. Ich möchte wohl in die Tropen, in die Urwälder, vielleicht nach Mexiko. Sieh einer an. Die kleine Reyländer war richtig umtriebig. In den Tropen oder im Urwald mochte Paula nicht leben, aber von hier müßte sie schon wegkönnen, von Zeit zu Zeit sehen, was außerhalb von Worpswede gemalt würde. Paula wäre wohl ein weiblicher Antäus. Ein Antäus? Nun, das war der griechische Gott, der immer wieder vom Himmel auf die Erde hüpfen mußte, um von dort Kraft zu bekommen.

Paula hielt ihren Pelzmuff vors Gesicht, pustete Wolke um Wolke Atem dagegen, der sich schnell als Reif festsetzte. Ich hätte nicht gedacht, daß Hermine Overbeck eine von diesen Frauen ist, die nichts aus sich machen, sagte Clara. Sie gehört eigentlich nicht zu denen, die nur aus Lust und Laune zeichnen lernen, etwas malen, genug, um später eine nette Beschäftigung zu haben, um ihr Haus mit kleinen Landschaftsbildern und Stilleben zu schmücken. Wer sich so eingesetzt hatte, schon ein Können gezeigt wie Hermine, dem mußte es ernster um die Kunst zu tun sein. Hermine hatte wohl die eigenen Wünsche nach der Heirat zurückgedrängt. Was hielt Paula davon? Nichts. „Denn daß ich mich verheirate, soll kein Grund sein, daß ich nichts werde." Dieses Bekenntnis gab sie später schriftlich.

9

Paula war froh, daß Clara nach Worpswede gekommen war. Sie bewunderte ihren Willen, ihre Ausdauer. Clara hatte Paula modelliert, heute wollte sie Marie Bock und Ottilie Reyländer die Porträtbüste zeigen. Paula wartete bereits in Claras Atelier.

Woran denken Sie jetzt, fragte sie, als Clara die Büste aus Ton mit einem Tuch verdecken wollte. An meinen ersten Abend bei Klinger, antwortete die Freundin und nahm das Tuch wieder auf, das ihr aus der Hand gefallen war. Clara Westhoff beim Bildhauer Max Klinger in Leipzig. Bitte erst den Befähigungsnachweis! Clara eingesperrt in einem Nebenraum mit einem Stück Marmor, dem schweren Steinmetzzeug und dem

Gipsabdruck einer Hand. So, das meißeln Sie mir mal aus! Am Abend auf dem Boden vor Hunger und Erschöpfung eingeschlafen. Ach, du liebe Zeit, an diese Probandin hatte Klinger nun wirklich nicht mehr gedacht. Die Frauen werden einfach übersehen, sagte Paula ärgerlich, vielleicht haben die Männer Angst vor ihnen. Vielleicht meinen sie, daß wir sie übertreffen könnten. Paulas Stimme klang spöttisch. Doch auf einmal lachte sie. Das paßte besser zu ihr als Spott. Es war dies Lachen, das Clara an der Freundin so liebte. Alle unguten Gefühle wurden hinweggefegt.

Clara hatte bei Klinger die Marmorhand ausgemeißelt, bestens. Erfolg! Große Belobigung vom Meister! Große Anerkennung als Bildhauerin!

Paula sagte, so muß es sein, Hindernisse darf man überhaupt nicht sehen. Immer weiter mit Schwung, sogar über Gräben hinweg, auch wenn die Eisfläche vor einem auseinanderbricht, nicht wahr? Clara wußte es noch. Letzten Winter beim Schlittschuhlaufen im Bocksland, Paula allen voran. Und dann auf einmal das Klirren, dieser unheimliche Klang von reißendem Eis. Und Paula über den Riß hinweg, allein auf der gegenüberliegenden Seite, Bogen um Bogen ziehend, abgetrennt von den andern, die wie gelähmt dastanden und zu ihr hinüberstarrten. Sie war eine vorzügliche Eisläuferin, das mußte man anerkennen und loben.

Ich bin glücklich, daß wir Freundinnen wurden, dachte Paula. Sehr viel lag auch Clara an der Freundschaft. Sie stürzte sich sofort auf Paulas Bücher, staunte über die Auswahl, nahm eins nach dem andern heraus, freute sich unbändig. Konnte sie doch endlich wieder lesen.

Nun war es Herbst, und jetzt betraten Marie Bock und Ottilie Reyländer Claras Atelier. Schweigend enthüllte Clara Paulas Porträtbüste, fast ohne Ausdruck in ihrem Gesicht, weil sie wußte, daß jedes Mienenspiel die Betrachter stören konnte.

Ah, Marie Bock klatschte in die Hände. Das war Paula Becker wie sie leibte und lebte! Der Kopf vorgestreckt, etwas angehoben die feingeschwungene Nase, aber nicht zu übermäßig, die Augen groß und weit, die schmalen Lippen leicht geöffnet, als müßte Paula mit allen Sinnen aufnehmen, was vor ihr geschah, ein frohes Gesicht, auch wenn ein Schatten von Wehmut in den Augenwinkeln saß. Zierlich wirkte es durch das Gewicht des schweren Haares, die Haarrollen schwungvoll über gebogenem Hals. Marie Bock schritt ganz langsam um Paulas Porträtbüste herum, an ein Fohlen würde sie erinnert, das die Nüstern gegen den Wind streckt.

Doch dann konnte sich Ottilie Reyländer nicht mehr halten. Ganz sicher wußte sie, daß sie Paulas Wesen anders empfand als Marie Bock. Dynamisch ja, gerade so wild und üppig wie Paulas Blumen in den glasierten Töpfen, Sumpfdotterblumen, die über die Ränder herausquollen. Unruhig schien sie ihr und dennoch weich wie ihre tiefbraunen Augen. Fremdartig waren die in der Form, breit waren die Lider, der äußere Augenwinkel lag tiefer als der innere. Augen, Nase, Ohren schienen groß im Verhältnis zum kleinen Kopf, ließen ihn kräftiger erscheinen, stark. Widerspruch auch in Körperbau und Bewegungen. Bei aller Derbheit von Hand- und Fußgelenken war Grazie im Gang, in der aufrechten Haltung. Wie vor einem Berg hatte sich Ottilie gefühlt, anfangs nicht erwartet, daß Paulas ernstes Gesicht von innen her so strahlen konnte. Man muß das Gespräch auf Kunst bringen, um bei Paula diese Veränderung zu bewirken, sagte sie.

Die junge Malerin aus Itzehoe bewegte sich rasch und behend her zwischen dem Tisch und den Stühlen und dem Sockel mit der Büste. Sie ahmte Paulas Gehen nach, raffte das Kleid, musterte sie ungeniert von oben bis unten. Respektlos, was? Ottilie strich einmal leicht über das Tonmodell, und nun werden wir demnächst Paulas Kopf in Bronze sehen.

Die vier nahmen auf Stühlen und Hockern Platz. Während sie zur Feier des Tages Tee tranken, verglich Ottilie diesen weißgekalkten schlichten Raum mit Paulas Atelier, ihrem Bauernstübchen bei Brünjes, die unteren Wandhälften waren ultramarinblau, die oberen zitronengelb gestrichen. Liebte Paula es, wenn Farben sich gegenseitig steigerten?

Farbenrausch. Merkwürdig. Wie genau die Reyländer beobachtete. Kraftvoll, gewalttätig, wild. Wenn Ottilie gewußt hätte, wie Paula sich dagegen mühte. Sie wollte sich verändern, sichtbar. Sie hatte gerade Goethes „Wahlverwandtschaften" gelesen. Und jeden Satz, der von der „Anmut" handelte, nahm sie auf wie eine Offenbarung. Ein anmutiger Mensch war ein liebenswürdiger Mensch. Sofort begann sie sich zu beobachten. „Selbst im Hause ist Paula nur ein muffiges Wesen." Dieser Satz sollte seine Gültigkeit verlieren. Nichts von ihrer Fahrigkeit, ihren unbeholfenen Bewegungen, ihrer unbeherrschten Heftigkeit sollte an ihr bleiben. Sie zwang sich, gesammelt vorm Spiegel zu stehen, ihr „Gegenüber" ruhig und angstfrei anzuschauen. Sie übte gleichmäßiges Gehen, lockere Gesten. Leichter und unverkrampfter wollte sie sprechen und lachen. Paula bemühte sich sehr um eine andere Persönlichkeit. „Ich arbeite an mir", schrieb sie in ihr Tagebuch, „ich arbeite mich um, halb wissentlich, halb unwissentlich." Ihrer Kleidung schenkte sie mehr Aufmerksamkeit, schmückte sich mit Ketten, steckte Broschen an, neue Kämme ins Haar. Dann aber, meistens beim Baden, wenn sie die Äußerlichkeiten abgestreift hatte, lachte sie über sich. Diese Gefallsucht! Eitel wollte sie nicht werden! Frei davon sein. In Einfachheit leben, „und darin bade ich meine kleine runde Seele, von der ich das Gefühl habe, daß sie aussieht wie mein Akt", schrieb sie. Einfach werden, geöffnet bleiben, Sinne entwickeln, innere Haltung. Und doch. Es war schwer, nicht eitel zu sein. Claras Werke wurden bewundert. Paulas Arbeiten bekamen selten ein Lob und nie ohne Einschränkung. Die Malerinnen am Mittagstisch bei Welzel konnten anziehen, was sie wollten, sie wurden immer bemerkt und machten kein Hehl daraus, das auch herausgefordert zu haben.

10

Man muß auf die Menschen zugehen. Ich muß Antrittsbesuche in Worpswede machen, hatte sich Paula gesagt, es gebot die Höflichkeit, daß ein Maler den andern in seinem Atelier aufsuchte. Sie war auch zu Modersohn gegangen, sie hatte einmal eine Einladung seiner Frau angenommen.

Ende 1899 gehörte sie zum Kreis der Worpsweder und wurde zum Künstlerfest eingeladen. Man saß an kleinen Tischen in Modersohns Atelier. Carl Vinnen und Heinrich Vogeler hatten es mit Papierlaternen ausgeschmückt. Paula kam gerade richtig, um die letzte aufhängen zu helfen. Wie Vogeler liebte sie schöne Raumdekorationen. Die leichten bunten Lampen schaukelten im Halbdunkel wie Kirmesleuchten. Die Wände waren nicht weiter gestaltet. Modersohns Bilder sollten die eigentliche Stimmung vermitteln mit ihren Moorkaten, Birken, Kanälen. Carl Vinnen hatte eingeladen, der Reederssohn aus Bremen, dessen Bilder längst in den Salons der befreundeten Patrizierfamilien hingen. Modersohn hatte ihm, der in Ostendorf bei Bremerhaven wohnte, sein Atelier zur Verfügung gestellt. Es waren dieselben Leute, die Paula auch sonst bei Heinrich Vogeler aus- und eingehen sah. Alfred Heymel aus Bremen, der die Zeitschrift die „Insel" herausgab. Von ihm hieß es, er würde demnächst einen Verlag gründen, seinen „Insel" Verlag. Er hatte unwahrscheinliches Glück, wurde adoptiert und konnte sich als Millionär bezeichnen. Vogeler sollte ihm in Kürze sein Haus in München neu einrichten. Im Moment hatte er dazu keine Zeit, er mußte erst den Sitzungssaal des Bremer Senats, die Güldenkammer, neu gestalten. Fritz Mackensen war da. Clara Westhoff. Ottilie Reyländer. Heymel stand eine Weile neben seinem Vetter Rudolf Alexander Schröder, der ein Dichter war und lyrische Verse schrieb. Dann setzte er sich zu Paula und Clara an den Tisch.

Es gab an solchen Abenden immer mehrere Arten von Unterhaltung, heute drehte sich eine um das Tagesgespräch, das die Gemüter erhitzte, der Verein der Worpsweder Künstler war nun endgültig aufgelöst. Jeder müßte nach seiner façon selig werden, sagte Modersohn. Sich einem Verein anzuschließen, bedeutete, daß er sich Zwängen unterwerfen sollte, meinte Vogeler und lehnte eine weitere Mitarbeit ab. Mackensen, der gegen die Auflösung war, kam mit seinem Widerspruch nicht durch. Er hatte eine Angewohnheit, die Heymel und Vinnen auf die Nerven ging. Immer wieder brachte er das Gespräch auf die Finanzlage der Künstler. Wie teuer hatte Modersohn sein Bild „Herbstmorgen am Kanal" verkauft? Für vierhundert Mark? Hatte er nicht tausend verlangt? Vogeler war überall gefragt. Auch Bücher mit seinen Illustrationen verkauften sich gut. Was das Geschäftsgebaren einiger Maler beträfe, so wäre viel Neid mit im Spiel, flüsterte Heymel Paula ins Ohr. Sie nickte, lachte, je bekannter der Maler, je höher der Preis fürs Bild. Vinnen reichte Gläser mit Grog herum und Rotwein. Vogeler nahm seine Gitarre, stimmte das Instrument. Heymel legte den Arm um Paula, und rasch und sicher tanzte er mit ihr zwischen den anderen her. Schauen Sie sich mal an, wie Clara den Heinrich Vogeler herumschwingt, hörte sie ihn sagen. Paula sah sich um, sie wußte, welch leidenschaftliche Tänzerin ihre Freundin war, genauso wie sie. Sie schloß für einen Moment die Augen, dachte an Claras Tanzen neulich und lachte. Es war dieses Lachen, das alle an ihr liebten und Heymel aufhorchen ließ. Warum lachen Sie? Ach nur so. Sie war fröhlich. Sie trug ihr neues grünes Samtkleid. Sie hatte das kastanienrote Haar über die Ohren gekämmt und hinten zu schweren Rollen zusammengebunden. Sie war so unbeschwert, als hätte sie nie Probleme gekannt. Carl Vinnen hatte ihr versprochen, sich am nächsten Tag ihre Bilder anzuschauen.

An diesem Abend war Carl Vinnen sehr schnell. Mit einer Fackel in der Hand stürmte er den andern voraus zum Berg, kletterte das Findorf-Denkmal hoch. Und richtig, tatsächlich, Paula rannte hinterher, war ihm immer auf den Fersen, schwenkte auch eine Fackel, und von oben herab schrieen die beiden wie Eroberer.

Es war schade, daß nach solch ausgelassenen Abenden eine Katerstimmung aufkam. Heinrich Vogeler war plötzlich sehr davon betroffen. Ihm gelang keine Arbeit mehr, er wollte verzweifeln und sah keinen andern Ausweg, als sich an Paula zu wenden. Vor ihm her war sie in die Diele des Barkenhoffs gegangen. Sie hatte ihm gesagt, daß es immer Tage gäbe, wo man zu müde war, sich gegen Traurigkeiten zu wehren, die von allen Seiten her eindrangen, Tage, wo man mit sich im Hader lag, ob die Arbeit in Ordnung war, wo man merkte, daß die Zahl derer immer kleiner wurde, mit denen man darüber sprechen konnte.

Dann unter keinen Umständen den Mut verlieren, hatte sie geraten. Von sich selbst wegdenken, den Nebenmann beobachten, sich freuen über dessen Erfolg. Das gäbe den Mut, selbst wieder anzufangen. Vor allen Dingen: einfach werden, kindergläubig. Fromm werden nenne sie das, offenwerden für die Welt.

Paula war wichtig geworden. Sie spielte auf der Worpsweder Bühne eine Rolle. Heinrich Vogeler brauchte ihren Rat. Carl Vinnen besuchte sie in ihrem Atelier. Das tat gut, sie streckte sich vorm Spiegel. Sie schüttelte den Kopf über sich selbst. Ich muß noch viel an mir arbeiten, dachte sie. Ihr war tatsächlich schon der Kamm geschwollen.

Bei solchen Gelegenheiten sprach sie seit Kindertagen Vers 12 aus Psalm 51, der sollte sie wieder auf den Boden zurückholen. „Schaffe in mir Gott ein reines Herz und gib mir einen gewissen Geist, verwirf mich nicht von deinem Angesicht und nimm deinen heiligen Geist nicht von mir."

Anders werden und weiterwollen. „Ich bin atemlos. Ich will immer weiter. Ich kann die Zeit nicht abwarten, daß ich etwas kann." Tagebuchnotizen aus diesen Tagen. Weiterwollen, immer weiter. Dieses Lebensprogramm mußte Gründe haben. Sie sah sich im Wohnzimmer stehen, ihre Skizzen lagen auf dem ovalen Tisch. Sie reichte sie der Mutter, eine nach der anderen, Mutter Mathilde gab sie dem Vater. Sätze fielen. „Zeichne! Aber besser als der Durchschnitt! – Ich glaube nicht, daß aus Dir etwas wird." Sätze wie Schläge. Sätze, die sie vorantrieben. Der Vater sprang auf. Er lief im Zimmer umher wie in einem Käfig. Was soll aus Paula werden? Wann wird sie Geld verdienen, selbst für ihren Lebensunterhalt aufkommen? Paula zeichnete intensiver, sie mußte schneller weiterkommen, sie mußte sich beeilen.

Paula erteilte andern Ratschläge. Sich selbst erteilte sie den denkbar ungünstigsten. Mit Marie Bock stellte sie im Dezember 1899 in der Bremer Kunsthalle einige Bilder aus.

11

Dezember 1899. Vater Becker am Fenster der neuen Wohnung in der Wachtstraße 43 blickte auf die zugefrorene Weser, sah auch verfroren aus trotz des geheizten Zimmers. Die Mittagsausgabe der „Weser-Zeitung" von diesem 20.12., die er jeden Tag in Ruhe durchlas, hatte er auf den Tisch geknallt.

Die Kritik! Dieser Reinfall! Ausgerechnet die Kunsthalle!

In dieser Halle hatte Paula ausgestellt. In einem kleinen Kabinett ein paar Aktzeichnungen und die beiden Landschaftsstudien „Abend" und „Weiher". Zum erstenmal in ihrem Leben war Paula mit ihren Bildern an die Öffentlichkeit getreten, und der Auftritt war ihr gründlich mißlungen. Rechtzeitig verbieten sollen hätte man das Experiment. Ja, unsere Paula hat sich gründlich blamiert. Und nun wollte Vater Becker wissen, ob sie sich nicht in Grund und Boden schämte. Sein Gesicht wurde hart. Paula senkte den Kopf. Mutter Becker ging auf sie zu, jetzt würde die Familie zum Gespött in ganz Bremen, die Damen des Künstlervereins waren auf Tradition bedacht. Was habe ich nur getan, dachte Paula, warum werde ich so bestraft. Sie schaute auf die Zeitung, hörte den Vater die abschätzigen Worte wiederholen, mit denen Arthur Fitger, der Kulturkritiker, seinen Bericht gespickt hatte: „Frechheit", „grober Unfug", „Ekel".

„Unsere heutigen Notizen müssen wir leider beginnen mit dem Ausdruck tiefen Bedauerns darüber, daß es so unqualifizierbaren Leistungen wie den sogenannten Studien von Marie Bock und Paula Becker gelungen ist, den Weg in die Ausstellungsräume unserer Kunsthalle zu finden. Daß so etwas hat möglich sein können, ist sehr zu beklagen. Für die Arbeiten der beiden Damen reicht der Wörterschatz einer reinlichen Sprache nicht aus, und die unreinliche wollen wir nicht gebrauchen. Wir können unsere schärfste Abweisung nicht ersparen. In diesem Augenblicke ist uns der Gedanke an unsere Kunsthalle so widerwärtig geworden, daß die Stimmung, uns mit den Bildern von Hans Thoma zu beschäftigen, gründlich verdorben ist, wenn sich Wand an Wand elende Unfähigkeit breit machen darf."

Paula, wir müssen mit dir reden. Hatte die Mutter nicht immer wieder gemahnt, nagele dich fest, zwinge dich zu pedantischer Genauigkeit in Händen, Augen, Nase! Die Mutter rechtfertigte sich. Der Vater machte sich Vorwürfe. Es war das Verkehrteste gewesen, daß seine Tochter nach Worpswede ging und schlimm, daß er damit einverstanden war.

Die Eltern reagierten mit Verbitterung. Herma und Henner strichen ängstlich und stumm an Paula vorbei.

Es war eine wahnwitzige Idee, die Tochter nach Worpswede gehen zu lassen. Vater Becker nahm die Last der Verantwortung auf sich, wollte sie mit niemandem teilen. Er hätte seine Zustimmung damals verweigern müssen, denn er kannte die Maler.

Er hatte die Herren einmal persönlich kennengelernt, als man sie vom Künstlerverein in den Ratskeller einlud. Er war entsetzt gewesen über ihre Ansichten. „Über Kunst sprechen sie, wie sie sagten, höchst selten." Das mußte man sich einmal vorstellen! Leute von ihrer Art konnte der Vater nicht leiden, obgleich sie von andern hochgelobt wurden. Diese Maler standen sich alle im Weg. Nahmen sie die Frauen ernst, die bei ihnen lernen wollten? Der Vater konnte und wollte es nicht mehr glauben.

Wer von diesen Herren hatte sich jemals mit Interesse Paulas Bilder angeschaut? „Carl Vinnen lobte das Malerische, Tonige und war mit vielem zufrieden!" Was bedeutete das schon! Was sollte der Vater daraus entnehmen, wenn der Herr Modersohn sich nur ein einziges Mal in ihrem Atelier sehen ließ und etwas „Liebes" über ihre Sachen sagte! „Modersohn ist eine Kinderseele, die sich bei jedem Witzchen, und sei es noch so unschuldig, krümmt und unter den Tisch verschwindet!"

Hatte Paula keine Ahnung, warum der Vater so empört war? Begriff sie denn immer noch nicht, daß es nicht nur die Eltern waren, die ihre Malweise ablehnten? Es gab auch andere, die Paulas Worpsweder Porträts nicht leiden mochten, ihre Worpsweder Hängebäuche.

„Mackensen sprach neulich beim Ansehen deiner Studien von einem lieblosen Ohr, das sagte er nicht humoristisch, sondern ernst wie ein Totenrichter. Dann zeigte er mir, daß es auf der ganzen Welt kein solch konventionell liebloses Ohr gäbe, sondern daß die Ohren der Menschen ebenso individuell verschieden seien wie ihre Augen und Herzen." Mackensens Urteil war für Mutter Mathilde ein unumstößlicher Richterspruch. Fritz Mackensen, der einzige Worpsweder Künstler, dem die Eltern Urteilsvermögen zutrauten.

Paula schwieg. Sie dachte an einen Nachmittag in ihrem Worpsweder Atelier. Die kleine Meta Gefken stand Modell, streckte das Bäuchlein vor, verschränkte die Arme. Mackensen trat ein, gefolgt von Ottilie Reyländer. Mackensen schaute auf Paulas angefangene Aktstudie, winkte mit der einen Hand Ottilie, mit der anderen Paula heran. Was hatte diese Linie zu bedeuten, warum stand diese Schraffierung hier? Sagen Sie mal, und er blickte Paula durchdringend an, sehen Sie das, was Sie da malen, tatsächlich so in der Natur?

Paula kannte diese Situation, dieses Unvermögen, ihre Bilder zu erklären. Ihre Antwort fiel immer so aus: zuerst ein schnelles Ja, dann ein zögerndes Nein.

Sie hatte ihren Kopf abgewandt, sie hatte aus dem Fenster hinaus über die Wiesen geschaut. Über dem Moordamm waren Nebelschwaden rübergewallt. Zwei Frauen aus den Moorkaten tauchten schemenhaft darin auf. Ich kann Menschen malen und das Wichtigste verschweigen. Ich kann aber auch versuchen, das, was diesen Menschen ausmacht, darzustellen, auch, wenn es nicht unserer Schönheitsnorm entspricht, hatte Paula gedacht. Die Frauen waren jetzt deutlicher zu sehen. Das Wesentliche an diesen jungen Frauen waren ihre sehnigen Beine, die Füße, verwundbare Werkzeuge, die beim Stampfen des feuchten Backtorfs im Moor bis über die Schmerzgrenze hinaus belastet wurden. Wesentlich war die eingefallene Brust, sie war das äußere Zeichen für dunkle stickige Behausungen, wo Mensch, Vieh und der Rauch der Feuerstelle durch dieselbe Tür hinausziehen mußten.

Und während diese Gedanken hinter Paulas Stirn pochten, hörte sie Mackensen, wie er seiner Schülerin Ottilie Reyländer und ihr, Paula Becker, seinen Leitsatz einhämmerte: Dürer als Führer! Auch wenn es richtig war, daß viele Menschen krank und elend waren, die ganze Menschheit war nicht morbid und häßlich, und Aufgabe der Kunst war es, auch das Schreckliche gemildert darzustellen.

Paula nähte einen Flicken nach dem andern in ihren Malkittel. Sie ging in diesen Wintertagen kaum aus. Alles Interesse an der weihnachtlich geschmückten Stadt war weg. Hatte sie ein schlechtes Gewissen? Sie mochte diese Gespräche im Elternhaus ganz und gar nicht. Betrog sie sich selbst, wenn sie an ihrem Willen, auf ihre Art weiter malen zu wollen, in dieser Sturheit festhielt? Ihre Art zu malen, fand der Vater primitiv. Ob sie sich nicht hoffnungslos verrannt hatte? Die Stimmung in der Familie war auf dem Tiefpunkt.

Denkst du nie daran, wie du in Zukunft weiterleben willst? Du lieber Gott, du mußt doch einmal auf eigenen Füßen stehen können. Die Last, seine Kinder nicht versorgt zu haben, drückte schwer auf Vater Becker.

Eine Geldheirat, um im gleichen Stand bleiben zu können oder gar in einen höheren aufzusteigen, war für die Tochter ausgeschlossen. Vater Becker konnte keine verlockenden Reichtümer vorweisen, er hatte nur seine Beamtenpension. Als er sagte, daß Paula auch keine Versorgungsheirat erwarten durfte, nahm sie das als Vorwurf hin, bekam Schuldgefühle, weil sie genau wußte, daß sie auf dem Landgut in England die Ausbildung selbst abgebrochen hatte. Sie war keine junge Dame mit einer soliden Erziehung nach altbewährtem strengen Muster geworden, also auch keine gute Partie. Sie hatte einmal das Lehrerinnenseminar besucht und wollte nun keine Lehrerin sein. Was wollte diese Tochter eigentlich? Verbissen hielt sie an ihrem Vorsatz fest, Malerin zu werden. Dickkopf! Paula schlich ins Mädchenzimmer, setzte sich aufs Bett und dachte trotzig: „Ich darf nicht zurück. Ich sehe, daß meine Ziele sich mehr und mehr von den euren entfernen, daß ihr sie weniger und weniger billigen werdet. Und trotz allem muß ich ihnen folgen.“ Diese Nacht träumte sie wieder von dem Berg, sie stand wie angewurzelt, als er näherkam.

Ein paar Tage danach traf eine neue Zeitungssendung ein, es

war der „Bremer Courier", und Carl Vinnen hatte ihn geschickt zusammen mit einem Begleitbrief: „Verzeihen Sie gütigst, wenn mir taktische Erwägungen nicht gestatten, freundlicher über Ihre Bilder zu urteilen, auch kann ich sie nicht viel anders, als ich schrieb, bewerten. Machen Sie sich nichts draus."

In seinem Artikel hieß es: „Ach, es waren eigentlich nur zwei Worpsweder Schülerinnen, deren ganzes Verbrechen darin bestanden hatte, minderwertige und unreife Schülerarbeiten auszustellen und denen die Verwaltung der Kunsthalle chevaleresk eins der Seitengelasse zur Verfügung gestellt hatte. Die armen Worpsweder Damen!"

Paula dachte an die fröhlichen Abende in Worpswede. Das war lange her.

Nicht mehr an Worpswede denken. Wie ein Kind, das seine Augen schließt und glaubt, nun sei das Gespenst verschwunden, hörte auch die Mutter plötzlich auf, von Malerkolonien und Fitger-Kritiken zu sprechen. Sie wurde auf andere Art geschäftig. Wenn sie inzwischen auch die Bedenken ihres Mannes teilte, daß aus Paula keine besondere Malerin würde, mußte man der Tochter doch die Chance geben, sich von ihrer bisherigen Malweise lösen zu können. War es auch eine Schande, daß Paula ihnen immer Schwierigkeiten machte, man ließ sie nicht im Stich. Man mußte die äußeren Umstände verändern, dann würde sich auch die Tochter verändern. Du wolltest doch immer nach Paris, sagte sie eines Morgens zu ihr, als wäre es das Selbstverständlichste von der Welt. Paris! Paula mußte schnell über die Wälle rennen, sonst hätte sie die Freude zerrissen.

Das war der Ausweg. Sie sollte versuchen, mit ihrem ererbten Geld und der Ausbildungsbeihilfe der Verwandten hauszuhalten, dann würde sie eine Zeitlang studieren können, ohne daneben für den Unterhalt arbeiten zu müssen. Ja, Vater. Ja, Mutter. Clara Westhoff war bereits in Paris. Sie besorgte das Quartier. Paula konnte im Hotel de la Haute Loire, Boulevard Raspail 203, wohnen, im Zimmer Nr. 53, direkt neben ihr. Sie teilte mit, daß die Professoren an der Mal- und Zeichenschule unbesoldet wären, lehrten, um sich bekannt zu machen. Die Studierenden zahlten nur das Mietgeld fürs Atelier. Sie schrieb, daß an den Anatomiekursen Frauen teilnehmen durften. Die Anatomiekurse in der Ecole des Beaux Arts wurden pro Nachmittag abgerechnet. Crèmerien gäbe es, wo man preisgünstig etwas essen konnte. Ich brauche nicht viel zum Leben, sagte Paula.

Nimm die dicke rote Wolldecke mit, unsre „Abbruzzendekke". Nimm dir auch den kleinen kupfernen Wasserkessel. Milly leiht dir ihre Kaffeemaschine. Die Mutter war wieder in ihrem Element, legte auf den Tag, was sie der Tochter einpacken würde. Und der Vater ging auf den Umschwung ein. Er plante mit. Bitte Paula, nun iß ordentlich dort. Vater Woldemar, der die merkwürdige Ernährungsweise seiner Tochter kannte, wußte, daß die sich mit Brot und Kaffee begnügen konnte. „Laß dir nichts Notwendiges abgehen. Für alle Fälle schmiere dir das Weißbrot nicht zu mager, damit du den nötigen Feuerungsstoff in dir hast. Ein Stück Käse oder Rauchfleisch oder ein paar Eier können dir nicht schaden." Paula hatte sich Paris so sehr gewünscht, daß sie alles versprach, nickte dankbar und dachte, das Geld werde ich in Farben anlegen.

Woldemar Becker kannte die Stadt von früher, seine Cousine Mathilde Dörstling lebte dort als Sprachlehrerin, besuch sie mal! Er legte Paula seine Hand auf die Schulter. Es war ihr doch wohl klar, daß sie in ganz andere Lebensverhältnisse hereinkam. Sie sollte schauen und sich ein Urteil bilden, Hauptsache war, sie käme von den Worpswedern los. Ja, sagte Paula, und dann dauerte es natürlich nicht lange, und sie kamen auf Clara Westhoff zu sprechen.

Für den Anfang wäre es vielleicht ganz gut, wenn sie an Fräulein Westhoff eine sympathische Stubennachbarin hätte. Aber die Freundschaft brauche nicht weiter vertieft zu werden. „Du läßt dich von Clara als der stärkeren Natur beeinflussen, und das halte ich nicht für wünschenswert!" Warnungen, Mahnungen, Claras schlechter Einfluß, ihre einseitigen festgefahrenen Ansichten ohne vernünftigen Maßstab. Aufpassen und die „Worpsweder Bande" abwerfen, die Feinheit der französischen Malerei aufnehmen, ein Gefühl für die schöne Form entwickeln.

Die Umstände verändern, dann würde auch sie sich verändern. Es war ein Trugschluß. Man konnte Paula neue Formen aufdrücken wie die Siegel dem Wachs, aber in ihrem Wesen blieb sie dieselbe. Der Mutter sagte sie beim Abschied: „Sorge Dich nicht. Ich habe den festen Willen und Wunsch, etwas aus mir zu machen, was das Sonnenlicht nicht zu scheuen braucht."

Sie fuhr endlich nach Paris. Hals über Kopf war sie weg. Sie hatte sich von keinem der Worpsweder verabschieden können, aber zwei Tage vor der Abfahrt begegnete ihr plötzlich Otto Modersohn, der ihr schnell einen Aufsatz zu lesen gab, in dem zaghaft versucht wurde, die Worpsweder Damen zu rehabilitieren.

„Sylvester-Nacht um 1/2 2 Uhr trete ich die große Reise an", schrieb sie ihm, als sie den Text zurücksandte, „das wird ein lieblich Stündlein geben, wenn ich diesen Bremer Staub von den Füßen schütteln kann. Ich werde Corot, Rousseau, Millet sehen, von denen Sie mir, lieber Herr Modersohn, soviel schon erzählt haben. Hurrah! Im neuen Jahrhundert werde ich in diesem großen Sündenloch von Paris oft an Ihr liebes, stilles Häuslein denken. Fröhliches Neujahr!

Die Weser ist aufgebrochen. Man sieht wieder das lebendige Wasser und nicht mehr das tote Eis."

12

Als die Sonne wie eine blasse Scheibe hinter Nebeldunst aufstieg, kam die Schülerin Paula zum allererstenmal in ihrem Leben in Paris an. Es war ein kalter Januartag, der sie frösteln machte. Das Zimmerchen im Hotel garni de La Haute Loire wirkte ungemütlich. Hin und her hatte Paula überlegt, wie sie es sich ein bißchen privater einrichten könnte und war schnell, als sie von den kleinen Atelierwohnungen hörte, in die Rue Campagne-Première 9, gezogen, in eins dieser billigen „Schrankzimmer", wie man die kleinen Räumlichkeiten nannte. Möbelstücke wurden selbst angefertigt, Paula hatte Kisten mit Cretonne überzogen, kaufte eine hölzerne Schlafbank, einen Tisch, einen Stuhl, Besen, Wischeimer, Putzlappen.

Bis zu ihrer Arbeitsstätte, den Ateliers von Monsieur Colarossi, hatte sie es nicht weit. Sie brauchte nur zehn Minuten für den Weg über den Boulevard Montparnasse, um dann dritter Straße rechts in der Grande Chaumière die Akademiehäuser zu erreichen. „Kleine komische Baracken mit Treppenaufgängen von wildem Wein umrankt und einer Balustrade", so schrieb Paula den Eltern. Colarossis Akademie war Anlaufstelle, zumeist für Ausländer, hauptsächlich für Frauen. Schüler wie Schülerinnen konnten ohne Vorprüfung eintreten. Spätere Berühmtheiten fingen hier an, Camille Claudel, Käthe Kollwitz.

Dann der Akademiesaal selbst mit den Staffeleien, davor das Podest für die Modellstehenden, Stühle. Manchmal waren fünfzehn besetzt, manchmal zwanzig. Und die Studierenden kamen von überall her, vor allem aus England, Spanien, Amerika. Malerinnen mit abenteuerlichen Frisuren, jeden Tag überraschend neu aufgebaut, Maler in braunen Samtanzügen mit langen Haarmähnen, eine Toga über der Schulter.

Paula war am Pulsschlag der Kunst. Sie nahm ihre Chance wahr. Sie zeichnete und malte, saß brav mit Mittelscheitel und Haarrollen vor ihrer Staffelei, aber manchmal mit überraschenden Blitzen in ihren dunklen Augen. Sie zeichnete und paßte auf. Gesprächsfetzen, Lachen, mon chéri, ma petite, Augenaufschläge, gespielte Seufzer. Es wurde geflirtet und trotzdem tüchtig gearbeitet. Immer wieder Korrektur, Kritik, Hinweise wie, beachten Sie den Schatten am Hals, den Wulst auf dem Oberarm. Paula lernte besser sehen, besser zeichnen. Bei einem Malwettbewerb bekam sie eine Medaille. Der Geldpreis, den andere Akademien vergaben, wäre ihr lieber gewesen. „Mach aus mir etwas, Paris", war ihr täglicher Stoßseufzer.

Bis zu jenem denkwürdigen Tag in der Rue Lafitte, hatte Paula das linke Seineufer nicht verlassen, blieb sie vorwiegend im Bezirk des Montparnasse, wenn sie nicht die Museen des Louvre oder die Kirche Notre Dame besuchte. Wochenlang hatte sie sich zwischen den sechsstöckigen Häusern der Boulevards bewegt, hatte Stubenmädchen gesehen, die sich über die eisernen Gitterbalustraden lehnten, hoch oben auf den schmalen Balkons, war spazieren gegangen abends am Seineufer bei Notre Dame. Sie hatte in den Fluß geschaut, der in der Dunkelheit zum Leuchten gebracht wurde, violett, taubenblau, ochsenblutrot. 1900, Weltausstellungsjahr. Es war das Jahr des künstlichen Lichts. Huldigte Paris 1889 der Eisenkonstruktion seines Eiffelturmes, wurde 1900 zum Jahr der Huldigung an die Elektrizität. Boulevards erstrahlten in der Nacht. Scheinwerfer rotierten auf dem Champs de Mars. Paris war zur Ville Lumière erklärt, zur Lichterstadt. Die Studenten sprachen von Orgien in Volt und Ampère. Als Paula erstmals am Abend den monumentalen Eingang zur Weltausstellung sah, wich sie erschrokken zurück, elektrische Feuersäulen, tausende von Glühbirnen bildeten Spalier. Paula hielt die Augen offen. Glänzendes präsentierten die Modehäuser auf ihren Ständen. Couturiers zeigten Abendroben aus Goldlamé und Samt, bestickt mit Perlen, Edelsteinen, Metallfäden. Stoffe konnte man bewundern, edlen Schmuck und edlen Hausrat. Paula wandte sich ab, hier brauchte man Geld. Paris 1900: das siebenundzwanzigtausendste Café wurde eröffnet.

Der schroffe Gegensatz, wenn sie durch die Rue Mouffetard zur Sorbonne ging, eine dieser heruntergekommenen Straßen, an Häusern vorbei mit häßlichen düsteren Fassaden, die Elend zeigten, ungesund, unhygienisch, wo Hunde Müll bepinkelten unter den Vordächern der Verkaufsstände. Schlimmer noch war es, wenn Paula in die Morgue kam, in das Leichenschauhaus bei Notre Dame. Tagtäglich zog man Ertrunkene aus der Seine, Selbstmörder oder Opfer von denen, die raubten und mordeten.

„Im ganzen stimmt Paris mich ernst“, schrieb sie nach Haus. „Es gibt hier soviel Trauriges. In diesem lachenden Paris unter der bunten Oberfläche liegt vieles Schwarze, Furchtbare. Das will einem schier das Herz zerreißen.“

Weltausstellung. Ströme von Besuchern schoben sich durch die Ausstellungshallen. Sie drängte in den Pavillon d'Alma, den Auguste Rodin für seine Skulpturen errichten ließ. Paula sah Rodins Werke im Original. Sie stand vor seinem „L'Homme qui Marche“, dem Schreitenden. Sie sah die Marmorgruppe „Fugit Amor“, die Liebe flieht, Körper, die sich zwanghaft umarmen wollen und doch auseinanderstreben. „Der Rodin, der ist ein Titane, wie der die Form fühlt und die Bewegung in jedem Gliede. Ja man ist glücklich, so etwas schauen zu dürfen.“ Paula schwärmte. Sie betrachtete in den Museen die Bildwerke der Modernen, Skulpturen von Aristide Maillol, die farbintensiven Gemälde von Gauguin. Gauguin entsprach ihrer Vorstellung mehr als Degas. Viel erzählte sie den Eltern. Doch das meiste Clara, wenn sie zusammen Kunst erlebten.

Das Ständchen mit der Panflöte vor Paulas Kammertür lockte auch die andern Mitbewohner auf den schmalen dunklen Flur des Atelierhauses. Paula hatte Geburtstag. Bon anniversaire! Clara Westhoff gratulierte mit einer Hyazinthenzwiebel im Glas, mit einer Apfelsine und Veilchen. Geburtstagsbriefe von Eltern und Geschwistern auf dem Tisch, ein Glückwunsch von Otto Modersohn lag dabei: „Schreiben Sie mir bitte, was für Bilder von Rembrandt im Louvre sind, sehen Sie sich alles ruhig an und erzählen Sie mir von allem, dann habe ich auch etwas davon. Möchten Sie wachsen an Erkenntnis dessen, was Ihnen not tut. In Worpswede ist es doch schön!“

Müßte Clara heute keine Marmorblöcke zerschlagen im Institut Rodin? Morgen wieder, sagte diese und ließ durchblikken, daß es schwerfalle, eine Korrektur des großen Meisters zu bekommen, der viel unterwegs war. Man munkelte, es wäre nicht nur die Arbeit an seinem Werk, die ihn für Tage verschwinden ließ mit seinem neuen weiblichen Modell. Ja die Liebe hat bunte Flügel, sang Paula. Sie hatte auf der Straße die jungen Leute gesehen, die sich in die Arme fielen, sich küßten, sich umschlungen hielten, eng aneinandergeschmiegt. War Liebe etwas so Leichtes? „Welches ist das Leben, das wahre?“ Fragen in Paulas Tagebuch.

Clara stellte ihre Kaffeetasse wieder hin. Weißbrot gab es, verschiedene Käsesorten. Sollen wir uns heute abend eine Flasche Champagner gönnen? Sie stießen sich an, lachten. Und heute nachmittag pünktlich im Luxembourg. Mit offenen Augen wird Clara neben Paula durch die Säle des Museums gehen, wird zuhören, wie die Freundin erklärt, beschreibt, vergleicht.

Paula Becker hatte große Kenntnisse, hatte schon viel gesehen, viel gelesen. Man konnte staunen.

Vollkommen recht hatte Jeanne Bauck, als sie ihnen in Berlin sagte, Paris werde eine Euphorie auslösen, die fesselte und zugleich provozierte. Euphorie, Hochstimmung beim Schauen, Hochstimmung beim Schaffen. Weiter, immer weiterwollen. Paula zeichnete, malte mit einer Unermüdlichkeit, die einem jener Wettläufer angestanden hätte, der unermüdlich für die zweiten Olympischen Spiele trainierte. Auch das bot Paris 1900, die zweite Olympiade. Im Mai wurde sie von Baron Coubertin eröffnet.

Es war Samstagmittag, durchs Treppenhaus zogen die Gerüche von brutzelndem Fett, von Kaffee, Tee und Terpentin. Paula war die vier Treppen hochgestiegen, betrat ihr kleines Atelier, drehte das Bild um, das sie heute morgen fertig gemalt hatte und stellte es so, daß sie es von ihrem Stuhl an der Tür gut betrachten konnte: Blick aus dem Atelierfenster. Sehr anstrengend war Paulas Leben in Paris, und wenn man über längere Zeit so wenig aß, um die Unterhaltsmittel zu strecken, dann war es nicht verwunderlich, wenn der Magen rebellierte, wenn das Herz unregelmäßig raste. In solcher Verfassung hatte sie das Bild beendet. Paula öffnete das Fenster, sah hinaus. Der Hof lag tief unten. Jenseits der Häuserfronten wieder Häuserfronten und fernere noch, bis sie im Dunst verschwanden.

Hier war etwas, das eine Sogwirkung ausübte, der sich Paula nicht so leicht entziehen konnte. Wenn ich erst malen könnte! seufzte sie. Sie hing an einer Bergwand, sah keinen Gipfel über sich und hatte den Boden unter den Füßen verloren. Mutete sie sich zuviel zu? „Für all das wundervolle Leben hier will ich mich gerne schinden und plagen." Hatte sie das nicht immer wieder gesagt! Kam jetzt die Reaktion auf ihr intensives Studium? Eine innere Unruhe flatterte auf. Ließen die vielen Eindrücke in dieser Stadt nicht zu, „ein Gefühl ordentlich auszufühlen? Bin ich zu langsam, zu ungeschickt im Verarbeiten der einzelnen Eindrücke?"

Wir müssen endlich einmal aufs Land. An allen Wochenenden benutzte Paula die freie Zeit zu Museumsbesuchen und

Skizzieren. Heute aber war sie entschlossen. Es war Sonntag, und an diesem Tag malte und zeichnete sie nie. Clara kam, um sie abzuholen. Sie würden zuerst eine Schiffsfahrt machen mit den Bateaux Parisiens. Sie würden die Seine hinunterfahren an Notre Dame vorbei, an den Museen des Louvre, unterm Eiffelturm her und dann mit dem Wagen weiter nach Versailles.

„Als wir nach Versailles kamen, war es schon fast Abend", schrieb Clara an Otto Modersohn nach Worpswede, „und in grauer, warmer, regnerischer Dämmerung fuhren wir in die breiten, feierlichen Alleen hinein, die uns ganz andächtig machten im Gedanken an all die großartige märchenhafte und grauenvolle Vergangenheit. Die ganzen Anlagen, die ganze Raumverteilung hat mir sehr imponiert, wie feierlich die Gebäude dalagen, wie feierlich die beschnittenen Bäume standen und dann im Anschluß daran die einfache, wilde, natürliche Natur, üppig und reich und fast berauschend in ihrer Üppigkeit. Und auch hier fanden wir wieder die verwunschenen Gärten mit den grauen Mauern, über die der Efeu herunterrieselt, so reich und mit so feinen blauschwarzen Früchten."

Paula gestand sich später ein, daß sie Clara einen so poetischen Stil gar nicht zugetraut hatte. Paris war großartig.

Sie traf sich mit Clara trotz der Mahnung des Vaters. Wenn sie auch ihre Studien an den verschiedensten Akademien betrieben, in ihrer Freizeit waren sie oft beisammen. Gehn wir heute abend ins Bullier? fragten die Maler. Das war ein Tanzlokal im Quartier Latin, und Studenten, Künstler, Nähmädchen und Büglerinnen vergnügten sich dort bis nachts um ein Uhr. Paula hob den Kopf, die Luft war mild, sie schnupperte, Ja, sagte sie. Diese vielen Möglichkeiten, die Paris bot, die sie wahrnehmen wollte. Sie war frei, niemand machte ihr Vorschriften. Sie fühlte sich vogelfrei auf eine bestimmte herrliche Art, von jeder Ablenkung ließ sie sich gefangennehmen.

Paula und Clara hatten sich einer kleinen Gruppe deutscher Maler und Bildhauer angeschlossen, die plötzlich in den Akademien Colarossi und Julian aufgetaucht waren. Der eine, Emil Hansen aus Norddeutschland, war mit seiner Freundin Emmi Walther zur Weltausstellung nach Paris gereist, und er konnte sich wie Clara einen Studiengang in der teueren Akademie bei Julian leisten. Er traf sich oft mit seinen Freunden, dem Bildhauer Karl Albiker und Thomann, den man den Kuhmaler nannte.

Paula beobachtete diesen Hansen mit Interesse. Einmal feierten sie bei Albiker und Thomann ein Atelierfest. Im größten Zimmer, das die beiden Künstler ihren Salon nannten, wurde getanzt. Vor Wänden, mit weißem Papier bedeckt und von den Malern mit Zentaurbildern geschmückt, diesen Fabelwesen mit menschlichem Oberkörper und Pferdeleib, drehten sich sechs Paare zur Musik eines Gitarren- und eines Mandolinenspielers. Teller mit Bergen von Butterbroten, etliche Topfkuchen, zwei große Schüsseln mit Pudding waren auf Kisten aufgebaut. In den zwölf Wandleuchtern, aus Drähten hergestellt, verbreiteten Kerzen ein gedämpftes Licht. Darf ich mir die Karten auch einmal ansehen? Paula war ins kleine Zimmer gekommen und wollte wissen, warum am Tisch in der Ecke so schallend gelacht wurde. Gerne. Emil Hansen breitete seine Bildpostkarten wieder aus, die er gerade zusammengelegt hatte. Berge mit Knollennasen sah man da, Berge mit Mündern und Augen. Personifizierte Natur: das Matterhorn, Jungfrau, Mönch und Eiger als Gnome und Geister. Dieser Maler hatte sie gezeichnet, Emil Hansen aus Nolde, einem Ort an der dänischen Grenze. Paula betrachtete die Zeichnungen sehr interessiert. Zugegeben, sie war zuerst mehr belustigt, als daß sie sofort den Wert der Idee begriff. Solche Bergpostkarten hatte der Maler in der Schweiz gezeichnet und, Paula konnte es fast nicht glauben, eine Unmenge Geld damit verdient. Jetzt konnte er sich ganz seiner eigentlichen Kunst widmen. Klug von diesem Emil Hansen, der sich später Emil Nolde nannte. Finden Sie nicht, daß dies ein tolles Fest ist? Das war ein tolles Fest. Auf ihrem Nachhauseweg kam Paula ein junger Franzose entgegen, lachte sie an und überreichte ihr ein Veilchensträußchen. La voilà la jolie fleure! Er sang den Schlager dieser Weltausstellung. Sie hatten bis in den Morgen getanzt. Paris war weit. Hier traf sich alle Welt.

Paula, ein Augenmensch, war unersättlich im Schauen und Anschauen. Was haben Sie dort für Bilder? fragte sie eines Tages, als sie beim Kunsthändler Vollard Stapel bemalter Leinwand sah, die umgedreht an einer Wand lehnten. Paula war an diesem Tag über den Platz de la Concorde, an der Opéra vorbei in die Rue Lafitte gegangen. Sie hatte den Laden von Ambroise Vollard betreten, der von seinen Kunden sagte: „Wenn man hört, daß jemand in die Rue Lafitte Nr. 6 kommt, weiß man sofort, man hat es mit einem Kunstexperten zu tun." Berühmt waren Vollards Kellerdiners, die er für Künstler wie Henri Matisse und Georges Rouault gab, den Paula sehr mochte. An diesem Tag standen bei Vollard Bilder von einem unbekannten französischen Maler, Bilder von Paul Cézanne. Als sie die Bilder umdrehte, durchzuckte es sie wie ein Blitzschlag, im hellen Licht des Ladens erblickte sie Farben und Formen, die sie ansprachen wie Bekannte. Dies war ihre Kunst. Immer erregter nahm sie ein Bild nach dem andern vor. Die Ladentür wurde geöffnet, geschlossen, Kunden gingen durch die Räume. Paula nahm sie wie durch Nebel wahr. Sie schaute. Sie dachte, es ist so, als spreche ich mit jemandem, der mich versteht. Wonach sie unbewußt in allen Museen und Ausstellungen bisher gesucht hatte, das fand sie an diesem Nachmittag bei Vollard. Es war ein Tag, den sie nicht vergessen würde. „Mir war es sonderbar, klar ausgesprochen zu sehen, was noch unklar und unentwickelt in mir ruhte." Das hatte sie vor einem Jahr ins Tagebuch geschrieben, als sie Nietzsches „Zarathustra" las, dasselbe konnte sie jetzt vor den Bildern von Paul Cézanne sagen. Cézanne war ihr großer Bruder!

Frühjahr 1900. Es war die Zeit, in der sie glücklich durch die Stadt schlenderte. Sie sagte sich, ich werde etwas, ich werde arbeiten und warten.

Es war die Zeit, als sie einmal mit Clara auf den Steinstufen einer Kirche saß und die Matthäuspassion hörte. Sie hatte der Freundin gerade den Brief gezeigt, den Otto Modersohn aus Worpswede geschrieben hatte. Wie oft hatten die beiden jungen Frauen während des letzten Monats gehofft, die Worpsweder würden sich die große internationale Kunstausstellung anschauen. Das müßten die Worpsweder sehen und das und dies noch und jenes. Wir müssen Modersohn die Bedeutung dieser Ausstellung noch einmal klarmachen.

Den beiden, die sich freuten, weil so ein schöner Nachmittag vor ihnen lag, wurde anders zumute, als sie den Brief von Otto Modersohn noch einmal durchlasen, in dem er seine Reise absagte. Darin stand etwas Eigenartiges. Paula war am tiefsten erschrocken.

„Ich befürchte die Beunruhigung und eventuelle Beeinflussung. Ich glaube, man muß darin etwas vorsichtig sein. Die Modernen sehen im allgemeinen überhaupt zu viel." Hatte sie Otto Modersohn bisher falsch verstanden? Sie überlas die Zeilen von neuem, immer wieder. „Das ist ja schließlich der Reiz unseres Lebens in der ländlichen Stille, daß nicht alle modernen Strömungen uns in ihre Bahnen ziehen. Nein, ich will hier bleiben, ich will immer innerlicher werden, und das, was mich bewegt, in meiner Weise sagen." Innerlicher werden, gut, diese Aussage erleichterte Paula. Das war auch ihr Anliegen.

Aber dann kam Otto Modersohn doch nach Paris. Und es kamen Hermine und Fritz Overbeck. Sie standen in den Hallen. Paula war übermütig, in ihren Augen blitzte es, es drängte sie, all das zu zeigen, zu erklären, was Paris ihr bereits auf dieser Weltausstellung gegeben hatte. Mit weit ausholenden Handbewegungen verschaffte sie sich gleichsam Luft. Sehen Sie sich das an! Sie zog mit ihnen durch Paris, und Otto Modersohn begeisterte sich an ihrer Begeisterung. Verschlug ihnen Paris die Sprache?

Von ihrer Neuentdeckung im Kunstsalon Vollard, von Cézanne, erzählte Paula nichts.

Am 10. Juni waren die Worpsweder eingetroffen. Am 15. Juni fand Paula, als sie die Truppe wieder ins Hotel geleitete, ein Telegramm vor. Sie riß es auf. Sie wandte den Kopf zur Seite, als sie es Otto Modersohn reichte, an den das Telegramm gerichtet war. Helene, Ottos Frau, war tot: „Helene an Blutsturz plötzlich gestorben."

Wenn Paula später, Jahre nach ihrer Heirat mit Modersohn diesen Moment erinnerte, konnte sie nicht glauben, daß ihr gemeinsames Leben in dem Augenblick begann. Es waren die Glocken zu Sylvester, die Paula vom Balkon der Bremer Wohnung als letztes in Deutschland gehört hatte. Fünf Monate danach war es das Totenglöcklein, das sie in Worpswede empfing.

Paula machte keine Rundgänge mehr durch die Museen. Sie stürzte sich noch einmal mit blindem Eifer in ihre Arbeit. Sie schlief wenig. Fühlte sie sich tagsüber abgeschlagen, übersah sie das absichtlich, trank ihren Kaffee dagegen. Ein plötzliches Fieber beachtete sie genausowenig wie Schmerzen in Kopf und Schulter. Alpträume kehrten wieder in den wenigen Stunden, in denen sie in einen unruhigen Schlaf fiel. Sie kroch, nach Atem ringend, aus Sandgruben, es wurde schwarz um sie herum. Hochgeschleudert wurde sie, stand plötzlich auf einer Plattform von Notre Dame, winkte von oben herab den Worpswedern, die zu ihr raufschauten. Sie zeigte ihnen die Schlangenlinien der Seine, den Eiffelturm, während die grotesken Figuren der Wasserspeier näher und näher auf sie eindrangen. Schreien wollte sie, ihr Atem stockte, sie wurde in die Tiefe gestoßen.

War sie es denn gewesen mit ihren begeisternden Schilderungen von Paris, daß sich die Worpsweder auf den Weg gemacht hatten, daß Otto vom Krankenbett seiner Frau weg zur Weltausstellung fuhr? Seit die Worpsweder mit dem nächsten Zug nach Deutschland zurückgereist waren, fragte sie sich, was sie hätte anders machen sollen. „Das Leben, das Leben! Es kam ein Schnitter, der hieß Tod."

Erschüttert, krank vor seelischer und körperlicher Erschöpfung kehrte Paula nach Bremen zurück. Den Parisaufenthalt hatte sie abrupt abgebrochen. Ihre Kisten, ihre Möbel hatte sie bei der Concièrge untergestellt.

13

Hals über Kopf war Paula nach Deutschland zurückgereist. Schwächezustände. Liegekuren. Die Mutter voller Angst, wies auf Hermine Overbeck, die ins Sanatorium mußte, weil sie sich gewiß bei Helene Modersohn infiziert hatte. Paula durfte sich in Worpswede erholen.

Tage in ihrem Atelierstübchen am Moor, Visiten von Dr. Wulf, Besuche der besorgten Eltern, Besuche von Otto Modersohn, erst zweimal wöchentlich, dann dreimal, dann täglich. Der abendliche Gang zu Paula Becker war ihm zur Gewohnheit geworden. Vorleseabende. Gespräche, die sich selbstverständlich um Kunst drehten.

Allmählich fühlte sich Paula kräftiger, Besuche aus Bremen konnten eingeschränkt werden. Sie nahm wieder ihre Staffelei und ging malen. Weil ich am Pulsschlag der Kunst sein wollte, mußte ich nach Paris, sagte sie sich und dachte an Cézanne. Was hatte sie gelernt? Sie hatte kein einziges Mal im Jardin du Luxembourg unter kundiger Anleitung ein Landschaftbild gemalt. Mußte sie wieder ein schlechtes Gewissen haben, weil sie die Erwartungen von Eltern und Verwandten nicht erfüllte? Sie mußte weiterkommen auf ihre Art.

Die Malerfreunde trafen sich. Sie saßen auf der Terrasse vorm Barkenhoff. Wie viele Jahre sind Sie schon dabei? fragte Ottilie Reyländer und schaute Modersohn an. Warten Sie. Modersohn stopfte seine Pfeife. Elf Jahre bin ich in Worpswede. Sie haben mich falsch verstanden, sagte Ottilie, ich meinte doch, seit wieviel Jahren malen Sie? Modersohn zündete sich die Pfeife an. Mein Gott, das begann doch schon in Soest, als er noch ein Schuljunge war. Paula saß ihm schräg gegenüber. Alles geschah, wie sie es sich wünschte, sie erfuhr etwas über den Menschen Otto Modersohn. Über sein Leben wußte sie eigentlich wenig. Sie wußte, daß sie ihn zum erstenmal als Künstler in seinen Bildern erkannt hatte, daß seine Kunst sie anrührte. Sie war ein bißchen verlegen geworden bei der direkten Art von Ottilie, die sich jetzt einen Stuhl heranzog, sich neben Modersohn setzte. Und wann zogen Sie von Soest nach Münster? Modersohn wurde von der Kleinen von oben bis unten ungeniert gemustert. Ottilie fragte weiter, und ihre Fragen waren so unbefangen und geschickt, daß der Maler antwortete. Erstaunlich, daß dieser ernste verschlossene Mann so heiter sein konnte, Paula lächelte. Selten war ihr Otto Modersohn so gesprächig vorgekommen wie an diesem Nachmittag. Es sei Modersohn eine Last von den Schultern genommen, sagte Vogeler am nächsten Tag.

Als Otto neun Jahre alt war, siedelten die Modersohns nach Münster über, wo sein Vater als Bautechniker eine neue Anstellung bekam. Es war merkwürdig. Hier vorm Barkenhoff saßen zwei Menschen, ein Mann und eine Frau, der Mann schon ein Meister seines Fachs, die Frau offensichtlich noch Schülerin, beide wollten künstlerisch arbeiten, beide mit dem Anspruch, das Große einfach und stark in Form und Farbe darzustellen. Punkte in ihrer Lebensgeschichte berührten sich. Auch Paula mußte in jungen Jahren ihren Geburtsort verlassen, auch ihr Vater erlernte einen technischen Beruf.

Und wer war im Februar geboren? Das Fragespiel machte Ottilie zweifelsohne großen Spaß. Paula hatte am achten des Monats, Otto am zweiundzwanzigsten Geburtstag. Aha, die empfindsame Wasserjungfer und der Fisch.

Paula hörte Modersohn erzählen von seiner Jugend in Münster, wie er mit seinem jüngeren Bruder Ernst jeden schulfreien Nachmittag dienstags und donnerstags draußen vor der Stadt verbrachte, wie die beiden, wie es sich für Gymnasiasten des altehrwürdigen Paulinums schickte, mit Kragen, Krawatte, Hut und langen Hosen Käfer sammelten, Schmetterlinge, Wanzen, Fliegen, wie sie Feldgrillen fingen, diese zu Hause in Kästen hielten und ihr Verhalten beobachteten. Wenn man Otto Modersohns Atelier in Worpswede betrat, fielen einem sofort die ausgestopften Tiere ins Auge, der Schwarzstorch, die Bekassinen, Birkhühner, Brachvögel. Eine Insektensammlung gab es, mehrere Herbarien mit getrockneten und gepreßten Pflanzen.

Eine Spinne, rief Marie Bock plötzlich und sprang auf, rückte mit ihrem Stuhl zur Seite. Sie mögen keine Spinnen? Spinnen wären doch nette Tierchen. Modersohn hatte schon mit Spinnen experimentiert. Er erzählte das gern. Ein paar Wochen später wird Rilke, dem die Geschichte auch vorgetragen wurde, aufschreiben: „Es ist so schwer, Tieren eine Freude zu machen", begann Modersohn. „Bei Spinnen mach ich das so: Ich nehme einer laufenden Spinne den Eiersack weg, mit dem sie sich schleppt. Da beginnt sie, ganz erregt und immer erregter hin und her zu laufen. Leise lege ich ihr den Sack wieder in den Weg. Sie stutzt, hält, denkt: Da bin ich doch nie gewesen; dann aber, zitternd vor Freude, nimmt sie ihn auf, schultert ihn und läuft lächelnd davon."

Modersohn begleitete Paula zurück zum Brünjes Hof. Vor der Einfahrt blieb er stehen, wies auf die Wasserlache, in der ein Stein lag. Das Moos darauf, das gestern noch ganz hart und grau war, sah jetzt frisch aus nach dem Regen. Was sehen Sie? fragte er. Moospflänzchen, die sich voll Wasser gesaugt haben, antwortete Paula. Sie hatten oft darüber gesprochen, das Kleinste, das Unscheinbarste wahrnehmen und darin Schönheit entdecken. Durch Anschauen tief in die Dinge eindringen, intim werden, nannten sie das. Sie stimmten in vielen Ansichten überein. Haben Sie wieder eins Ihrer kleinen Bilder gemalt? Paula liebte seine spontan aus dem Gedächtnis gezeichneten Skizzen. Modersohn nahm ihre Hand, er hätte Paula neulich gesehen, wie sie im Garten stand und einen Strauß gelber Ringelblumen hoch in die Luft hielt, ein Sinnbild der Lebensfreude.

Er drückte ihre Hand. Liebes Fräulein Paula, sagte er und schaute ihr direkt in die Augen. Zum erstenmal machte sie seine Nähe beklommen. Der Maler war ihr in Paris ein guter Partner gewesen. Sie hatte wohl bemerkt, wie sie ihn mit ihrem Wissen, ihrem Charme beeindruckt hatte. Seit einigen Wochen aber fühlte sie sich verunsichert. Warum eigentlich? Auch gestern hatte er ihre Hand länger gehalten als sonst, und eben hatte er ihr sacht über die Wange gestrichen.

Otto Modersohn kam weiter jeden Abend in ihr Atelier, und ihr Herz schlug schneller, wenn sie an seinem Haus vorbeimußte. Das Schwierige war, die eigenen Gefühle zu verstehen.

In jenen Tagen malte Paula wieder einmal den Moorkanal. Breit legte sie ihn ins Bild, ließ ihn die dunkelgrünen Ufer beiseitestemmen und den Himmel auch, so daß nur ein verschwindend schmaler Streif davon übrigblieb. Trotzdem war er mächtig vorhanden. Aquamarin, tiefvilolett und mit einem Hauch von Rotgelb spiegelte er sich im Wasser. Wuchtig lagen darin die drei Torfkähne, dunkel, nahmen das dunkelste Violett des Wassers auf, steigerten es ins Schwarze, wirkten wie verkohlte Baumstämme, die aus der Tiefe des Moores geborgen wurden, wie urzeitliche Einbäume. Waren es vielleicht Totenschiffe oder Opfergaben, die man einmal ins Moor versenkte? Düster lagerten sie im hellen Wasser.

Paula fragte sich an diesem Nachmittag im Moor, wovor sie sich fürchtete. Fürchtete sie sich vor der Liebe? Immer häufiger sah sie im Traum den Schnitter im blauen Blusenhemd, der alles abmähte. An diesem Tag brauchte sie nur die Augen zu schließen, dann kam er wieder. Sie fand sich zurück in ihrer Kindheit, rief, aber ich bin doch immer noch nicht fertig, ich muß doch noch malen lernen!

An diesem Abend, es war der 26. Juli 1900, schrieb sie in ihr Tagebuch: „Mir kamen heute beim Malen die Gedanken her und hin. Ich weiß, ich werde nicht sehr lange leben. Aber ist das denn traurig? Ist ein Fest schöner, weil es länger ist? Und mein Leben ist ein Fest, ein kurzes intensives Fest. Meine Sinneswahrnehmungen werden feiner, als ob ich in den wenigen Jahren, die mir geboten sein werden, alles, alles noch aufnehmen sollte. Und wenn nun die Liebe mir noch blüht vordem ich scheide und wenn ich drei gute Bilder gemalt habe, dann will ich gern scheiden mit Blumen in den Händen und im Haar". Sie schaute lange in die Dunkelheit hinaus. Aber was willst du, Paula, wollte sie sich beruhigen, du hast doch noch soviel Zeit vor dir! Sie drängte das Bild vom Schnitter zurück.

Wieder ein Sommertag. Marie Bock war ins Atelier gekommen. Sie brachte Webarbeiten mit. Sie hatte eine Weißnäherin aus ihrem elterlichen Betrieb zur Weberin ausbilden lassen und wollte eine Handweberei gründen. Paula sollte Entwürfe zeichnen. Waren die beiden Wandbehänge nicht gut gelungen? Das „Mädchen mit Schafen" und das „Schneeballbäumchen auf blauem Grund." Die Entwürfe hatte Paula gezeichnet. Ein Kunstgewerbe ausüben? Schon der Gedanke daran war ihr unerträglich, Paula wollte Malerin werden. Längst hätte sie eine Erzieherinnenstelle antreten sollen. Briefe aus Bremen mahnten. Denkt Paula nie daran, wovon sie in den nächsten Jahren leben will? „Aus Deinen Reden glaube ich entnehmen zu können, daß Du zum Herbst wieder nach Paris reisen möchtest", schrieb der Vater, „doch sehe ich durchaus keine Möglichkeit dazu. Ich kann Dir natürlich nicht raten, Geld aufzunehmen, denn ich glaube nicht, daß Du in der Lage sein wirst, das Geld zurückzuzahlen, und Du wirst Dich lange mit einer Schuld schleppen, die Dich moralisch und physisch erdrücken wird." Paula bündelte die Briefe und legte sie weg. Ihr Gesicht verzog sich. Konnten die Eltern ihr nicht Mut machen? Paula brauchte doch moralische Rückendeckung bei dem, was sie tun mußte, was sie als ihren Weg ansah, ihre Bestimmung. Jetzt mußte sie sich selbst Mut machen. Abends wanderte sie lange in ihrem Atelier umher, aufgeregt. Da war etwas in ihr aufgebrochen, das sie für unmöglich gehalten hatte. Gleichermaßen wie die Sorgen um ihre Arbeit beunruhigte sie die Gegenwart des Mannes Modersohn. Manchmal wünschte sie ihn sich ganz nahe, manchmal erschrak sie davor.

Otto Modersohn war an diesem Abend wie immer dagewesen. „Ich habe in Paris soviel von ihm gehabt", schrieb sie auf, dann schloß sie das Tagebuch, blieb am Fenster stehen, dachte an das Weiche in Modersohns Augen, das sie verwirrte. Liebes Fräulein Paula, sagte er vorhin beim Abschied, hielt ihre Hände in den seinen.

Lange konnte sie nicht einschlafen in dieser Nacht.

Am nächsten Morgen war Paula in Otto Modersohns Atelier gekommen. Sie setzte sich auf einen Hocker und sah zu, wie der Maler Farbe anrieb. Sie war zu erschöpft, um große Reden zu halten. Was arbeiten Sie jetzt? fragte sie für gewöhnlich und schob einen Riegel zwischen dem, was sie fühlte und ihrer beider Spannung. Vielleicht wartete sie heute auf irgendetwas Besonderes. Sie wußte nur, daß in ihr eine große Unruhe entstanden war. Auch Modersohn schien nicht bei der Sache zu sein, er arbeitete nicht mit der gleichen Konzentration wie sonst, legte bald die Palette zur Seite. Als er aus dem Nebenraum zurückkam, hatte er bereits den Malkittel wieder ausgezogen. Jetzt rückte er eine Leinwand zur Seite. Er hatte schlimme Jahre hinter sich. Einmal abends, als er Paula besuchte, hatte er durchblicken lassen, daß er beinah schwermütig geworden wäre in der Zeit seiner Ehe. Daß er sich immer bedrückt fühlte von dem Leiden seiner Frau und allen Schwung verloren hatte, den er für seine Malerei brauchte. Er ging hin und her in seinem Atelier. Lieber Otto Modersohn, ich mag Sie, dachte Paula. Warum schauen Sie heute wieder so traurig.

Gleich würde sie von hier fortgehen. Otto Modersohn drehte sich um. Plötzlich streichelte er langsam ihren Kopf. Mit einem Mal war alles, was sie in diesen Wochen verwirrt und geängstigt hatte, vergessen. „Dann ist da noch der Modersohn", hatte sie vor drei Jahren am 24. Juli 1897 ins Tagebuch geschrieben, „ich habe ihn nur einmal gesehen und da leider wenig gesehen und gar nicht gefühlt." Dieser Mann hielt sie nun in seinen Armen.

14

Der August 1900 wurde ein Monat der stürmischen heimlichen Verliebtheit. Unauffällig mußten Paula und Otto Blickkontakt herstellen, Botschaften übermitteln. Wie zufällig mußten sie sich begegnen, so, als wäre alles wie immer. Otto war in Trauer.

Wenn der Ehemann stirbt, dauert die tiefe Trauer der Witwe ein Jahr. Es werden nur ganz schwarze Kleider getragen, nur unaufschiebbare Besuche gemacht. Sechs Monate gewöhnliche Trauer folgen, man kann zwar häufiger ausgehen, jedoch nicht zu Belustigungen. Wenn die Ehefrau stirbt, dauert die tiefe Trauer des Witwers nur sechs Monate. Ob er noch länger trauern soll, muß ihm sein eigenes Herz sagen. Das sind Lebens- und Anstandsfragen, liebe Paula, belehrte Tante Marie und trauerte auch äußerlich erkennbar mit schwarzer Witwenkleidung tief um Onkel Charles.

Erst im Oktober gestand Paula der Tante Marie: „Ja, ich sitze im Glück." Und im Brief an ihren Onkel Arthur und ihre Tante Grete hieß es: „Eigentlich wohnt ja das Glück schon so lange bei mir, so lange ich mich der Kunst widme."

Alle Arbeit fällt leichter, wenn man sich gut fühlt, und Paula malte und zeichnete wie im Rausch. Es wunderte sie selbst, daß sie das Tempo durchhielt. Ende August hatte sie soviel gezeichnet, gemalt, so viele Bücher gelesen, daß Clara sie nur aus dem Atelier locken konnte, weil Paula versprochen hatte, eine Bauernhochzeit mitzufeiern. Paula hätte es nicht für möglich gehalten, daß sie so intensiv an jemanden denken konnte und daß sie gleichzeitig soviel schaffte. Ich muß etwas aus mir machen.

Bauernhochzeit in Worpswede. Mitten in der Deele die lange Tafel aus Brettern und Wagenleitern, die Braut mit Brautkranz am oberen Ende, links neben ihr Geiger und Blasmusikanten, rechts ein paar Kühe im offenen Stall. Und dann, wenn Teller und Gläser abgeräumt, wenn mit dem Handrücken das Fett vom Kinn und der Bierschaum vom Mund geputzt war, die Tafelbretter zur Seite. Tanz op de Deel! Tanzen! Austoben, während die Kühe den Kopf an den Holzständern scheuern. Paula tanzte mit dem Brautvater, Runde um Runde. Erhitzte Gesichter. „Wir beede könnens fein." Ja, nickte sie zu ihm hinauf.

Ich bin verliebt, dachte sie. Wir gehören zusammen, aber wir dürfen es niemandem zeigen. Wenn ich Unruhe empfinde, dann bei dem Gedanken, wie soll ich mich ihm gegenüber verhalten, wenn er jetzt hier in die Diele träte. In diesem Moment schritt Otto Modersohn tatsächlich an der offenen Tür vorbei, ernst, geradeausblickend und mit dem Trauerflor am Ärmel.

Morgen nachmittag die Engelsköpfe schrie Clara der Freundin ins Ohr, als sie bei der Quadrille nebeneinander herhüpften. Paula müßte sich ihren Entwurf ansehen, und Paula, ausgelassen, übermütig, winkte lebhaft Zustimmung.

Daß am Ende dieses Nachmittags, an dem man Zeichnungen studierte, eine unglaubliche Tat stehen würde, welche die Worpsweder zu Paulas Lebzeiten in die Annalen aufnahmen, die Tagesgespräch wurde, ahnte in dem Moment niemand. „Weest ok, weer dat don har?" „Nee." „Fräulein Westhoff und Fräulein Becker!" Weibsleute! Empörung in den Wirtsstuben. Warum dürfen Mädchen das nicht? Kinderfragen in der Schulstube.

Auf der Anklagebank Clara und Paula. Behauptungen. Wollten nur in der Kirche die Emporebögen ansehen, wohin Claras Bilderschmuck käme, Engelsköpfe, Putten, Auftragsarbeit der Worpsweder Zionskirchengemeinde. Ein harmloser Vorgang, wenn die Kirchentür offen gewesen, aber die Turmtür, die war nicht verschlossen. Zum Glockenstuhl hoch. Überlegungen stellten Clara und Paula nicht an. Warum nicht? Schulterzukken. Steil war die Treppe. Wohin der Übermut führte, wußten die beiden nicht. Es mußte fantastisch sein, die Glockenstränge zu schwingen, die vor ihnen herabhingen. Diesen Schwung auskosten, Clara flog in die Luft mit der großen Glocke, dann Paula mit der kleinen. Aber die Wirkung hatten sie nicht vorausgesehen. Wie die Feuerwehrleute, alarmiert, den Feuerwehrwagen aus dem Spritzenhaus zogen, die Pferde einspannten, wie das ganze Dorf unterm Klang der Notglocke zusammenlief, um zu hören, wo's brannte. Wehe den beiden, die man nach ihrer Flucht stellte! Sakrileg! schleuderte ihnen der Pastor an den Kopf. Eines Tages würden die Frauen auch noch die Orgel in der Kirche spielen wollen! In der Kirche hat der Mann das Sagen! Wehe, wenn sie nicht große Reue zeigten vor den gestrengen Herren des Presbyteriums! Wirklich große Reue zeigten die beiden, gelobten tätige Buße. Über den Geldbetrag, den sie zahlten, schwiegen sie sich aus. Clara modellierte die acht gleichen Puttenköpfe aus Gips unentgeltlich für die Emporebögen, und Paula malte Blumen darunter. Um einen der Bögen gelbe Tulpen, um einen anderen weiße Seerosen, am auffälligsten wirkten die Sonnenblumen über dem linken Seiteneingang. Trotzdem, der Ärger blieb. Mit ihrem Glockenläuten brachten sie keinen der Maler zum Lachen. Mit ihrem „Scheer di um nix" kam Paula bei Modersohn nicht an. Weitermalen, mein lieber Rother, und den Zwischenfall vergessen. Weiter, immer weiterwollen. „Wir wollen diese Woche beide arbeiten", teilte sie ihrem Liebsten mit und steckte den Brief wie üblich unter den Stein, „wir haben uns ja die Hände gereicht, um mit vereinten Kräften feiner zu werden, denn wir sind ja noch lange nicht auf unserem Höhepunkt, ich noch lange nicht und Du auch noch nicht." Wenn es um Kunst ging, dann hatte Paula keine Hemmungen, selbst ihren Geliebten zu kritisieren. Sie hatte sich sein neuestes Bild angesehen. Tatsächlich, Otto stutzte. Paula hatte recht. Er mußte das und das ändern. Diese Deern! Otto zog sie an den Haaren. Paula lachte übermütig.

15

In diesem Sommer 1900, als Elsbeth gerade die ersten unbeholfenen Schritte tat, kam Rainer Maria Rilke zum ersten Mal nach Worpswede. Den Eindruck, den die Landschaft auf ihn machte, beschrieb er später so: „Wenn man auf dem kleinen Sandberg von Worpswede steht, kann man das Land ringsum ausgebreitet sehen, ähnlich jenen Bauerntüchern, die auf dunklem Grund Ecken tief leuchtender Blumen zeigen. Flach liegt es da, fast ohne Falte, und die Wege und Wasserläufe führen weit in den Horizont hinein."

In jenem Sommer, eine Woche nach dem Glockenläuten, gab Martin Brünjes seiner Mieterin Fräulein Becker einen Brief, den Tante Henny vom Barkenhoff hereingereicht hatte. Rainer Maria Rilke lud zu einem Festabend ein in den Weißen Saal.

Bei Heinrich Vogeler war also wieder Besuch. Paula hatte erst kürzlich in Vogelers Werkraum Kupferplatten mit einem Ätzgrund aus Wachs, Harz und Ruß versehen, um da hinein ihre Zeichnungen zu ritzen. Ihre Malschürzen trugen jetzt noch Flecke und Löcher der Salpetersäure, mit der das Bild tiefer in die Platte geätzt wurde. Wenn Sie erst die Technik des Radierens beherrschen, können Sie Plakate und Buchillustrationen entwerfen, sagte Vogeler. Zeigen Sie mal her. Nun, die Entwürfe „Sitzende Alte" und „Bäuerin" waren ganz ordentlich, aber ob man die einem Verlag als Buchschmuck anbieten konnte? Paula hatte gern diese Bilder entworfen. Trotzdem malte sie lieber in ihrer Öltemperatechnik.

Paula glaubte Martin Brünjes nicht, der Vogelers neuen Gast schon gesehen hatte. Sie war sicher, daß es die übliche Übertreibung der Dörfler war. In der Wirtsstube bei Kuck im Moor war es gewesen, und denn dieser Mensch in der Tür, grüner Kittel, Tatarenstiefel, großes Kreuz um den Hals. Und Qualm wegwedeln, husten und denn zum Tisch zu den Malersleuten hin. Geredet hätte er rein gar nichts. Schmächtiges Kerlchen, ein unglücklicher Mensch. Soll geradewegs aus Rußland kommen.

Alle Maler schienen in dieser Septemberwoche 1900 Besuch zu haben. Bei Modersohn hatte Brünjes auch einen gesehen.

Unter diesen Umständen käme der Herr Modersohn heute abend wohl nicht? Martin Brünjes forschte in ihrem Gesicht. Waren Otto und sie bereits Anlaß für den nächsten Dorfklatsch? Man mußte vorsichtig sein. Den Bauersleuten Brünjes, den alten wie den jungen, konnte sie vertrauen, die ließen nichts über ihr Fräulein verlauten. Selbst Milly war noch ahnungslos, die von Bremen hergeschickt wurde, um mit Paula wegen des Glockenläutens zu reden. Paulas Gefühle waren zwiespältig, einerseits wollte sie nichts ausplaudern, andererseits hätte sie die Schwester gern in ihr Geheimnis eingeweiht.

Zum festlichen Abend wurde eingeladen. Das bedeutete, die weißen Musselinkleider anziehen. Paula nahm den Korallengürtel dazu, Milly das schwarze Samtband. Die Schwestern kämmten sich, blickten in den Spiegel, fanden, daß ihre Augen ähnlich waren, obwohl Millys weit offene etwas Verschleiertes hatten. Die Zeit war knapp, trotzdem suchten sie in aller Ruhe nach passenden Schmuckstücken. Es machte ihnen Spaß, Ketten auszuprobieren, Broschen, sie genossen das, weil es zur Vorfreude auf einen festlichen Abend gehörte.

Wenn Paula von Brünjes Hof oben auf die Landstraße trat, sah sie rechterhand schon bald das rote Dach des Barkenhoffs unter den überragenden Kastanienbäumen, aber erst, wenn sie bis zur Mitte des Birkenwäldchens gekommen war, das den Besitz Heinrich Vogelers zur Straße abschirmte, sprang ihr der weiße Giebel ins Auge. Ich habe gesehen, Milly, wie Vogeler die Giebelform in Originalgröße in den Sand zeichnete und die Zimmerleute sie auf dem Boden aus Holz nachbauten. Ich habe miterlebt, wie die Handwerker das Gerüst hochhievten und den Giebel ausmauerten.

Jetzt war dieser Teil des Hauses längst fertig, und der Giebel schwang zu beiden Seiten in großen Bögen aus, und diese Bögen bildeten an ihren Enden Halterungen für eine Urne. Im selben Schwung hatte Vogeler die Terrassenmauer auslaufen lassen, rechts und links an der Treppe entlang, die in den Garten hineinführte.

Paula war immer wieder überwältigt von Heinrich Vogelers Arbeitsprogramm. Baupläne zeichnete er fürs eigene Haus, für das seiner Freunde und Auftraggeber, Entwürfe für Einfamilienhäuser, Arbeitersiedlungen. Jetzt trug er sich mit Plänen für einen Verschönerungsverein von Worpswede, einen Partner hatte er schon gefunden, den Maler Karl Krummacher. Eine Post sollte gebaut werden, ein Verein zur Brauchtumspflege gegründet. Vogeler versuchte, überall zu verbessern, zu verschönen. Er entwarf Tafelsilber, Wandspiegel, Garderobengarnituren, Gläser, Glasfenster. Im allgemeinen sei Heinrich Vogeler ein Glückspilz, sagte Paula, manchmal nenne sie ihn „sunny boy".

Paula und Milly betraten die Diele, Heinrich Vogeler hatte geöffnet, ging die Treppe voran nach oben in den Weißen Saal. Der Raum lag in grünlichem Dämmerlicht, ein Fenster stand offen, warme Sommerluft strömte herein. Wie Vogeler seine Bücher illustrierte, hatte er auch diesen Raum mit Bildern dekoriert. Rosenranken fielen zu beiden Seiten der weißen Türen hinab, eine stilisierte Vase war oben über die Tür gemalt. Gartenszenen verzierten die Wände. Das Kostbare, Elegante unterstrichen die zwölf silbernen Leuchter, die Empirestühle und der Flügel, an dem heute abend musiziert werden sollte. Für jemanden, der Vogelers Kunst liebte, war der Saal eine Augenweide.

Heinrich Vogeler war ein geselliger Typ. Er hatte gern neue Gesichter um sich, Menschen mit neuen Anregungen. Das Haus ist geräumig, schrieb er an Freunde und Bekannte. Die Gastzimmer sind abseits gelegen. Wir werden gut miteinander leben können und doch so, als wäre jeder in seiner eigenen Welt. Hatte er Logierbesuch, so konnte er tagelang verschwinden, überließ dem Gast das Haus, ließ ihn Hausherrn spielen, Feste arrangieren.

Ich freue mich sehr, daß Sie gekommen sind! Die beiden, Paula und Milly, schauten sich um. Viele Gäste waren da. Marie Bock, Clara Westhoff, Martha Schröder, ihr Bruder Martin mit seiner Geige, Otto Modersohn, Franz Vogeler. Der Herr in hellem englischen etwas verblichenen Mantel, den er in der Eile noch nicht abgelegt hatte, war Carl Hauptmann, Dichter und Modersohns Freund. Wegen des Gedränges, das sich sofort um ihn bildete, konnte Paula zuerst nur sein scharfes Profil erkennen. Mit seinem Bruder Gerhart, den sie in Berlin gesehen hatte, schien er nicht viel Ähnlichkeit zu haben.

Verstohlen hatte sie Martha Schröder betrachtet, Vogeler war immer in ihrer Nähe, er litt nicht, wenn sie sich von ihm auch nur ein paar Schritt entfernte. Sie war in dieses dekorative Paradies hineingelockt worden als besonderes Dekorstück. Und wie man hörte, hatte Vogeler tatsächlich an ihr seine Idee ausprobiert, ein unverbildetes Mädchen zur zukünftigen Ehefrau selbst heranzuziehen. Er schickte die junge Halbwaise Martha nach Dresden zu einer befreundeten und begüterten Dame, und das Mädchen wurde in ihrem Hause ausgebildet nach einem Programm, das Heinrich Vogeler ausgearbeitet hatte. Französisch mußte Martha lernen und italienisch, klassische Musik hören. Sie hatte weben und sticken gelernt und stickte die schönsten Muster, die Vogeler für sie entwarf.

In diesem Moment ging der Hausherrr auf einen jungen Mann zu, der ganz hinten im Saal am Fenster im Dämmerlicht stand. Er kam langsam hinter Vogeler her auf die Gruppe zu. Der Mann wirkte schüchtern, hatte eine auffallend hohe Stirn, ein weiches abwesendes Gesicht. Das war Paulas erster Eindruck. Sie fragte sich, paßt dieser Mann hierher? Er wirkte fremd in seinem roten Gewand, seinen roten Schuhen. Er wird noch eine wichtige Rolle in ihrem Leben spielen.

Unser berühmter Gast, der Dichter Rainer Maria Rilke. Wir freuen uns alle, und heute lädt er ein. Rilke verbeugte sich leicht, zündete die Kerzen an in den hohen Silberleuchtern.

Soeben hatte Tante Henny, Vogelers guter Hausgeist, Biskuits mit Schokolade gebracht, Mandelknappgebäck und ihren berühmten Norderneyer Butterkuchen. Eh sie wieder nach unten verschwand, warf sie einen scheuen Blick auf Rilke, den seltsamen Gast, der ihr Angst einflößte, der sie am Treppengeländer horchen machte, wenn er oben in der Stube umherwanderte und Verse deklamierte. „Er betet schon wieder", flüsterte sie dann, „er betet den ganzen Tag!" Paula aß ihre Biskuits, trank ihren Tee, setzte Teller und Tasse wieder auf die Kredenz. Sie hatte sich vorgestellt, wie sie neben Otto sitzen konnte. Dieser Rilke aber hatte die Sitzordnung so bestimmt, daß ihr Platz zwischen Carl Hauptmann und Vogeler war, Otto gegenüber. Sie schaute interessiert zu, wie Rilke fast ohne Worte mit sanften Bewegungen seiner feingliedrigen Hände die Gäste dirigierte. Wie schön, daß Sie alle gekommen sind, bedankte er sich, und seine Stimme klang voll und wohltönend, so wie man es gar nicht vermutete.

Stimmt es, daß er gerade aus Rußland zurück ist? Ja, und er wird uns von seinen Reiseeindrücken berichten, wird Ikonen zeigen und von Tolstoi lesen, den er dort besucht hat. Morgen wird Clara schreiben: „Mich beunruhigen die mystischen Gefühle der slawischen Menschen." In sechs Monaten wird Rilke ihr Ehemann sein. Clara trug heute ganz Empire, ein weißes Kleid, das unter der Brust hochgebunden war und vorn in losen Falten herunterfiel. Ihre schwarzen Locken hatte sie so gekämmt, daß die sich an den Schläfen ringelten. Rilke bot ihr den Ehrenplatz an, den großen Ledersessel neben dem Flügel.

Nun reichte Vogeler ein Lyrikbändchen herum, das im vergangenen Jahr herausgekommen war und „Mir zur Feier" hieß. Er hatte die Buchgestaltung übernommen, die Gedichte stammten von Rilke, Rainer Maria Rilke aus Prag. Vogeler hatte ihn 1899 in Florenz kennengelernt. Das Weihnachtsfest feierten sie dann zusammen in Bremen. Paula und Clara mußten doch den Haussegen gelesen haben, den Rilke ihm gedichtet und der nun auf dem Türbalken an der Fachwerkgiebelseite zu lesen war: „Licht sei dein Loos, ist der Herr nur das Herz und die Hand des Bau's, mit den Linden im Land wird auch sein Haus schattig und groß."

Paula überließ sich ihren Träumen. Sie schloß die Augen. Den ganzen Tag, als sie malte und dann mit Milly spazierenging, hatte sie große Lust gespürt, Otto zu besuchen. Wenn es überhaupt möglich war, ihm einmal kurz über die Hand zu streichen, so unter dem Vorwand, Rilkes Buch noch einmal betrachten zu dürfen, jetzt, da es bei Otto angelangt war. Darf ich das Buch noch einmal sehen?

Hatte die Frage Rilke auf Paula aufmerksam gemacht? Sie schrieb es der Freude zu, daß jemand besonderes Interesse an seinem Werk zeigte, denn er schaute von da ab unentwegt zu ihr herüber. Paula aber, die nichts so sehr liebte wie den Gesang ihrer Schwester, wenn sie Schubert vortrug, begann, ihre Gedanken, ihre Augen auf Otto zu richten. Ihre Wangen glühten, ihre Augen leuchteten. Sie hatte gestern ein gutes Bild gemalt und saß heute in schönem Kleid und in schöner Umgebung unter netten Menschen. Sie saß da wie jemand, der Glück verstrahlen will und selbst wie durch Wattewände hört.

Milly rüttelte sie sacht an der Schulter. Jetzt wurde Paula sich bewußt, wie merkwürdig sie sich verhielt und war ganz aufmerksam. Auf einmal erhoben sich alle und wandelten mit Teetassen in den Händen durch den Saal. Als man sich endlich wieder setzen wollte, kam Rilke zurück. Paula traute ihren Augen kaum. Er hatte sich inzwischen umgezogen. Er trug jetzt ein anderes russisches Hemd und seine „kasanschen Stiefel", wie er sie nannte. Er lehnte sich an den Flügel und sprach ein paar Verse in der Sprache seines verehrten Tolstoi. Ah, russische Verse, den Klang hatten Paula und Milly gut im Ohr. Ihren Vater hatten sie russische Verse deklamieren hören, und Tolstoi war ein Dichter, den Paula bewunderte.

„Aber die Liebe"! ertönte plötzlich Carl Hauptmanns Stimme laut und herausfordernd. Jetzt wollen wir Gedichte von Richard Dehmel hören: „Schöne wilde Welt!" Und ob Vogeler Wein im Keller hätte?

Rilke war unterbrochen worden. Zitternd erhob er sich, ging nach unten. Sie fanden ihn schließlich in der Diele, ein Glas Wasser in der Hand, die Gedichte, die er noch vortragen wollte, lagen auf der Truhe. Weinseligkeit, wie er die haßte! Das war ja entsetzlich, er ließ sich in einen Sessel am Kamin fallen. Paula schämte sich wegen des Auftritts von Hauptmann. Sie ging besorgt auf Rilke zu. Nein, nein, abwehrende Gesten, sagen sollte sie bitte nichts. Oder doch? Das sollte man eigentlich auch gar nicht gehört haben. Paulas Spruch. Man mußte weitermachen, weiterwollen, wenn's um die Lebensarbeit ging. Der Dichter erhob sich mit einem Seufzer der Erleichterung und folgte Paula auf dem Weg nach oben. Es wurde dann einer dieser Abende, um den die nicht zu diesem Kreis gehörenden Maler den Barkenhoff beneideten. Paula hörte Gedichte, diskutierte, als hätte sie nichts anderes in den letzten Jahren getan. Sie war übermütig, sie hätte aufstehen können und vor der kleinen Gesellschaft tanzen. Wie selbstverständlich nahm sie die Verse an, die Rilke schrieb:

„Die roten Rosen waren nie so rot
als an dem Abend, der umregnet war.
Ich dachte lange an dein sanftes Haar …
Die roten Rosen waren nie so rot."

Ein wunderschöner Abend, wird sie in ein paar Monaten in Berlin sagen, wenn sie und Clara bei Rilke zu Gast sind und die Stunden im Weißen Saal heraufbeschwören. Das wäre doch was! Die drei jungen Menschen machten sich den Spaß und luden Vogeler und die andern zu Paulas Geburtstagsfeier in Rilkes Wohnung nach Berlin ein, fabrizierten dazu das Gedicht: „Mir ist: es wanderte der Weiße Saal und als müßte er auch einmal in meinem roten Zimmer sein. Wir sprachen und dachten: vielleicht am achten, wenn sich alle entschließen, in Winterwinden zu dem Stück Worpswede zu kommen, das Berlin in die Hand genommen. – Rainer Maria, Clara Westhoff, Paula Becker."

Wir müssen uns verabschieden, sagten Paula und Milly jetzt in der Diele des Barkenhoffs, und Paula lächelte Rilke zu, irgendwie war er rührend. Morgen früh mußte Milly zeitig aufstehen, die Postkutsche fuhr um 5 Uhr ab.

16

„Ja, es ist ein seltsames Land", schrieb Rilke in seinem Buch über Worpswede, „jetzt schon fühle ich, wie mit jedem Tag die Einsamkeit wächst, wie dieses Land von Farben und Schatten verlassen ist und immer größer wird, immer breiter und immer mehr Hintergrund für bewegte Bäume und Sturm." Septemberabend, Rainer Maria Rilke war wieder bei Paula zum Tee.

Rilke war ein guter Erzähler und äußerst empfänglich für kultivierte Lebensführung. Als sie ihm neulich die Tür öffnete und er zum erstenmal ihr Atelier betrat, war er gleich auf den

Wandbehang zugegangen mit den eingewebten Lilien. Sofort zeigte er seine Begeisterung über den schön eingerichteten Raum, fand gleich einen Namen, „Lilienatelier". Er äußerte sich erstaunt über die zahlreichen und ausgewählten Bücher auf den Regalen. Irgend etwas lenkte seinen Blick auf die Dantemaske an der Wand. Es schien, als habe er auf eine Gelegenheit gewartet, seine vielen Sprachkenntnisse zu zeigen. Dantes Verse vom Höllentor hatte er neulich ins Deutsche übertragen.

Dann hatte er einen Band nach dem andern aus dem Regal genommen, Walther von der Vogelweide, Gottfried Keller, Friedrich Nietzsche. Er zitierte aus den Werken, die er in den Händen hielt und stellte fest, daß er und Paula in vielem übereinstimmten. Dieses Lilienatelier sei so recht ein Ort, um sich wohlzufühlen, meinte er, denn hier fände er sogar seinen Lieblingsdichter, Jens Peter Jacobsen, und dessen Buch „Niels Lynhe" war auch hier sehr zerlesen. „Es wächst unser Wesen mit unserm Wissen. Wird darin geklärt und gesammelt. Es ist ebenso schön zu lernen wie zu leben."

Schließlich hatte Rilke eigene Verse zitiert, eigene Gedanken formuliert. Rilke sprach am liebsten von sich selbst. „Vielleicht ist das alle Gemeinsamkeit, in Begegnungen zu wachsen." Und Paula dachte daran, wie sehr sie sich gegenseitig fördern würden, sie und Otto Modersohn. Wissen Sie, woran ich jetzt denken mußte, sagte Rilke und rückte spielerisch den Erikenstrauß zurecht, an getrocknete Blätter und ausgestopfte Tiere! Was? rief Paula. Sollte das heißen, daß Rilke in Modersohns Atelier war? Heute nachmittag, sagte Rilke, hätte er ihn besucht und gesehen, wie genau Modersohn die Natur studierte, um sie malen zu können. Blätter hatte er getrocknet, um an ihnen die verschiedenen Tonwerte der Farben zu untersuchen. Am besten hatten Rilke Zeichnungen in Rötel und Kreide gefallen, mit denen Modersohn eine Diele in der Dämmerung skizzierte, einen Abend auf dem Moor. Paula lachte. Sie kannte diese Zeichnungen auch. Es waren ihre Lieblingsbilder. Erzählen Sie weiter, bat sie Rilke, aber dessen Gedanken waren so intensiv mit den Stimmungen des Worpsweder Abendhimmels beschäftigt, daß er von nichts anderem mehr sprach.

Es waren schöne Wochen damals. Keine Erinnerungen an die Kämpfe zu Hause. Statt dessen Spaziergänge in der Heide mit Clara und Rilke. Drei junge, fast gleichaltrige Menschen im Gespräch über Kunst.

„Die Farbskizze ganz genau so machen, wie man einst etwas in der Natur empfunden hat", äußerte sich Paula. Aus sich herausgehen, erst das Wesen der Dinge empfinden, ehe man sie darstellt. „In der Kunst geht es wie in der Liebe, je mehr man sich gibt, je mehr man empfängt." Aber ein schwerer Weg war das, um den Dingen auf die Spur zu kommen, ein ständiges Ringen, und nie wurde man fertig.

Ringen, wiederholte Rilke, sich dem Bild annähern, sagte, Ringe ziehen auch um die eigene Person, damit man sich selbst auf die Spur kommt. Eines Tages werde ich Ihnen ein Gedicht dazu schreiben.

Rilke erhielt hier wichtige Anregungen für seine Arbeit, Clara begeisterte ihn für Rodin, Paula für Cézanne. Es war eine Zeit, die Paula nicht missen wollte, die Bewunderung nicht, die ihr der junge Rilke entgegenbrachte und die Liebe Otto Modersohns nicht, der sie sich sicher war. War es die schönste Zeit ihres Lebens?

„Ich muß wissen, wie viele aus dem lieben Worpswede kommen", telegrafierte Carl Hauptmann in jenem September 1900 an Otto Modersohn. „Ich vergaß ganz Rilke. Der ist doch auch noch da! Der muß mit. Und bitte, bitte, vermitteln Sie in Güte meine herzliche Einladung an die Familie Overbeck und an die Damen Becker, Westhoff. Auf welchem Platz sitzen Sie am liebsten? Ich möchte es so gern von allen (auch Mackensen, Vogeler) genau vorher wissen, daß es dann auch mit den Billets stimmt. Auf frohes Wiedersehen, denn erst wenn Sie da sind, ist mir froh – einstweilen ist mir elend. Ich habe die Proben gesehen."

Rilke und Paula hatten weit voneinander getrennte Sitzplätze, aber sie informierten sich komplizenhaft mit Handzeichen über ihre Meinung. Das Stück „Ephraims Breite" war unbedeutend. Es war die Tragik Carl Hauptmanns, daß er mit seinem Schauspiel nicht das Niveau seines Bruders Gerhart erreichen konnte. Ein Dramatiker wie Gerhart ist der Carl nicht, flüsterte Paula Rilke zu, als sie hinausgingen.

Zwei Tage zuvor die Fahrt mit der Postkutsche nach Bremen. Der übliche Aufenthalt in Lilienthal. Paula mit neuem Pariser Hut Rilke gegenüber. Später schrieb er ins Tagebuch: „In ihren frohen braunen Augen sah ich viel von dem bewegten wandernden Land, ich sah darin alles, was sie für dieses Land fühlte, was sie mit diesem Land verband. Gerade bei der blonden Malerin empfinde ich wieder, wie ihre Augen, deren dunkler Kern so glatt und hart war, sich entfalten. Ich möchte sie mit gefüllten Rosen vergleichen, die im Aufgehen weich und warm werden." Gespräche und Scherze. Modersohn und Vogeler waren gut gelaunt. Die Fahrt nach Bremen zum Hauptbahnhof, wo sie in den Zug nach Hamburg umsteigen wollten, dauerte nicht lang.

Tag für Tag, wenn's dämmerte, war Rilke in Brünjes Hof, in Paulas Atelier gekommen. Seine Tagebucheintragung: „Dann war ich im Lilienatelier bei der blonden Malerin. Tee erwartete mich. Es wurde wundersam Abend. Die Uhr schlug eine viel zu große Stunde und ging ganz laut zwischen unseren Gesprächen umher. Ihr Haar war von florentinischem Golde. Ihre Stimme hatte Falten wie Seide. Ich sah sie nie so zart und schlank in ihrer weißen Mädchenhaftigkeit."

Paulas Erinnerungen, Rilke, der manchmal barfuß aus der Heide kam, vom gesunden vegetarischen Leben erzählte, das er mit seiner Freundin Lou Andreas-Salomé geführt hatte, der Milch trank, Obst aß. Rilke, mit dem man über den Tod sprechen konnte und vom Sterbenkönnen. Der Paula und Clara als Schwestern betrachtete, die blonde und die dunkle, und ins Tagebuch schrieb, das er Paula zu lesen gab: „Wieviel lerne ich im Schauen dieser beiden Mädchen. Weil sie die Empfangendsten sind, kann ich der Gebendste sein. Langsam lege ich Wort für Wort auf die silberne, zarte Wage ihrer Seelen. Und immer strebe ich, mit meinen wechselnden Worten ihre Seelen leise zu wiegen." Rilke, der spätabends Clara heimbrachte und Paula „gütig" nannte, als er miterlebte, wie sie Ottilie Reyländer half, die nach Paris wollte. Und dann die Überlegungen, wie man am besten ein Bauernhaus kaufen könnte, er wollte für immer in Worpswede bleiben.

„So ein Haus mitten im Moor, ohne Nachbarschaft, abgesehen von einigen fremden Bauernhöfen, an keiner Straße gelegen und von keinem Menschen gefunden, eine gute Zuflucht, ein Ort, mit dem man in Zukunft und Erinnerung ruhig und voll Gleichgewicht leben kann."

In jenen Septembertagen lag viel in der Luft. Heimlichkeiten, Geheimverstecke. Paula freute sich wie ein Kind, als ihr die Idee kam, ihre Liebesbriefe an Otto Modersohn unter einem Stein in der Lehmkuhle abzulegen, eine kleine Privatpoststelle einzurichten. Paula war sich ziemlich sicher, daß sie alles tat, Ottos Beziehung zu ihr nicht öffentlich werden zu lassen.

Meist begegneten sie sich abends in der Gesellschaft der andern. Die wenigen Minuten, wenn sie dann unbefangen miteinander reden konnten, dienten dazu, einen neuen Brief anzukündigen. Ja, sagte sie, wie immer. Paula fiel so manches ein, was sie ihm mitteilen mußte.

„Wir wollen diese Woche beide malen. Dann komme ich am Sonnabend früh zu Dir. Leb wohl Lieber. Denke was Schönes und fühle was Schönes. Lieber? schlaf auch immer recht schön und viel und iß kräftig. Nicht? Du!"

Sie hatte inzwischen manch unruhige Nacht verbracht, wenn diese neuartigen Gefühle sie nicht schlafen ließen. Und weil Otto ihre erste Liebe war, war sie noch ziemlich befangen und schrieb: „Sieh, wir müssen erst ganz, ganz tief in uns gegenseitig hineinschauen, ehe wir uns die letzten Dinge geben sollen oder das Verlangen nach ihnen erwecken."

Ein andermal hatte sie einen Briefbogen mit Geigen bemalt, die unterm Himmel hingen und geschrieben: „Sei still geküßt und laß Dir den geliebten Kopf leise streicheln. Ich bin Dein, Du bist mein, des sollst Du gewiß sein. Auf Wiedersehn. Dein Ich!" Einmal abends war sie Otto Modersohn an ihrem Versteck begegnet, als er seinen Brief ablegen wollte. Ihre Umarmung war kurz. „Scheer di um nix"! sagte Paula. Sie hatte gut reden. Otto lebte im Trauerjahr.

Zum 12. September lud Vogeler zu einer Bootspartie ein.

17

Rilke wäre heute wirklich nicht am Platz gewesen, sagte Carl Hauptmann zu Mackensen, denn eben hatte die Kapelle wildeste Musik gespielt, und die erhitzten Tänzer tranken seit der letzten Runde schon das dritte Glas. Natürlich mußte auch noch Schottisch-Quadrille getanzt werden, wozu alle im Saal aufgefordert wurden. „Ich rieche das Bier und atme den Rauch und versteine." Rilkes Worte. Man konnte ihn schlecht zum Erntefest einladen.

Der Geiger und die drei Trompeter saßen auf einem hölzernen Podest. Schweiß lief ihnen vom Gesicht. Kürbisse, Äpfel und Kartoffeln in Kisten, die Kohlköpfe, die unten vor dem erhöhten Platz aufgebaut standen, waren schon begutachtet, und die Schilder mit den Namen der Gewinner lagen umgekippt auf den prämierten Früchten. Die Erntekrone, die vom Zeltdach in den Saal hineinhing, schwankte. Gestern nachmittag hatten die Bauerntöchter sie aus Getreide kunstvoll gebunden. Roggengarben, Birkenlaub, Eichenlaub und Kiefernzapfen schmückten die Zeltwände.

Dürfte sie vielleicht das Erntefest in Worpswede mitfeiern? hatte Herma die Eltern gefragt, als sie eine gute Note in Französisch nach Haus brachte und sich etwas wünschen durfte. Und nun kam sie gerade ganz außer Atem an den Tisch zurück. Die Leidenschaft fürs Tanzen war etwas, das im Leben der Bültzingslöwschen Frauen und Mädchen immer gleich geblieben war. Paula schloß für einen Moment die Augen, sah sich, die Mutter, Herma und Maidli zum Flötenspiel von Milly den neuen Ausdruckstanz von Isadora Duncan üben. Sie wußte, daß auch Otto Flöte spielen konnte. Würde er ihnen einmal zum Tanz aufspielen?

Wir warten noch die Schottisch-Quadrille ab, dann verschwinden wir, sagte Paula.

Bei diesem Tanz nahmen die beiden Heinrich Vogeler in die Mitte, ihnen gegenüber in der zweiten Reihe wurde Clara von Carl Hauptmann und Fritz Mackensen eingehakt. Die beiden Reihen schritten aufeinander zu, und die Dreiergruppen formierten sich neu, während die Paare miteinander tanzten.

Und wie geht so ein Fest weiter? fragte Herma auf dem Heimweg. Ich weiß nicht, worauf du hinauswillst, erwiderte Paula, man trinkt und tanzt und tanzt und trinkt. Paula schaute zurück. Rötliche Gesichter in der offenen Zelttür vor nachtblauem Himmel, jemand mit einer Laterne auf dem Weg, für einen Augenblick im Lichtkegel das wirre blonde Haar der üppigen Frau Meyer aus dem Rusch, der junge Bursche aus dem Nachbardorf daneben, der sich erhob. Ach, sie möchte so gerne erwachsen sein, seufzte Herma plötzlich, es wäre so langweilig, darauf zu warten. Nur keine Stufen überspringen! mahnte die große Schwester. Das wäre überhaupt gar nicht nötig im Leben. Einer, der einen weiten Weg vor sich hätte, liefe nicht. Und an Sachen sollte Herma denken, die für ihre Jahre paßten.

Am Nachmittag hatte Herma für Paula Modell gestanden, Herma war ein schönes Mädchen mit ihrem Blumenkranz im Haar. Paula freute sich sehr an dem Gesicht der kleinen Schwester. Sie meinte, das Kindliche darin und zugleich den leisen Anflug von Erwachsenwerden mit ihrem Pinsel erfaßt zu haben.

18

Heinrich Vogeler sah, wie Modersohns Blicke zu Paula hinübergingen, als sich die Freunde aufmachten zu ihrer Bootspartie, und er sah auch, wie beide sich bemühten, dies zu verheimlichen. Inzwischen waren Paula und Clara vorausgeeilt, und die drei Männer marschierten hinter ihnen her. Modersohn amüsierte sich wieder über die Art, wie Paula auf dem Weg vor ihm herschritt. Sie hatte einen besonderen Gang. Sie setzte die Zehenspitzen zuerst auf. „Mein Waller" nannte er sie.

Sie standen am Ufer. Vogeler hatte Flaschen mit Obstsäften und Tüten mit Gebäck ins Boot gelegt. September war und noch warmes sonniges Wetter.

Es war alles so einfach, dachte Paula, als sie über die Bordwand stieg, das Boot zum Schwanken brachte und sich gegen

Otto stützen mußte. Warum eigentlich nicht seine Hand festhalten? „Scheer di um nix"! dachte sie im stillen, ließ aber Ottos Hand wieder los.

Sie ruderten über das dunkle Wasser der Hamme. Ein Zug Enten stob aus dem Schilfgürtel, flog über die Wiesen davon. Paula erzählte von Starenschwärmen in Norwegen, von wilden Gänsen, die sie gern beobachtete.

Sie wanderten dann eine Zeitlang, aßen und tranken und ruderten zurück. Irgendwann hatte sich Paula an Ottos Schulter angelehnt. Sind Sie heute aber ungestüm, wollte Clara gerade sagen, als sie bemerkte, wie die beiden sich anblickten. Es war kein Blick, mit dem man einen Malerkollegen anschaut, er war zärtlich, und sie fragte sich, ob auch die andern das bemerkten. Aber es hatte wohl nichts zu bedeuten. Die Freundin war manchmal so voller Überschwang. Modersohn begleitete Paula ins Atelier nach Brünjes Hof.

Kühl war es im Raum. Ich werde ein Feuer anzünden, sagte sie. Otto setzte sich in den Lehnstuhl, ein schöner Platz, er blätterte in Kunstzeitschriften. Hier muß man ein Oberlichtfenster ins Strohdach einsetzen, sagte er und deutete nach oben.

Klopfen an der Tür. Heinrich Vogeler mit einem Präsentkorb, den er bei Tante Henny ausdrücklich für den heutigen Abend bestellt hatte. Er zwinkerte Modersohn zu. Wenn man Vogeler brauchte, war er immer da. Natürlich hätte er die Heimlichkeiten der beiden bemerkt. „Wir wollen mal Eure Verlobung feiern." Er schüttelte Paula und Otto die Hand, gestern hätte er sich diese Feier ausgedacht. Vogeler, der Planende, der für sein Leben gern Umstände und Zustände veränderte, ergriff die Initiative. Er war Modersohns Freund, und es konnte nur von Nutzen sein, wenn der Witwer sich wieder verheiratete, zumal, wenn so ein nettes Mädchen wie Paula als Frau ins Haus kam. Sie war einfühlsam, was für Otto wichtig war. Im Frühjahr, als Vogeler ihr nach Paris von der Misere in Modersohns Haus berichtete, hatte sie ihm so freundlich geraten: „Sprechen Sie einmal menschlich mit Modersohn. Der Mann kann es gebrauchen und ist es wert. Die Selbstüberwindung, mit der er seine Frau umgibt, ist, glaube ich, bei den Männern selten und bei uns

Frauen auch, eigentlich nur bei den altmodischen, wie bei meiner Schwester zu finden."

Paula hatte mittlerweile den Tisch hergerichtet, blauweiße Tischdecke, das Porzellan mit dem Blütenmuster, geschliffene Gläser, Zinnkrug mit Hagebuttenzweigen. Ah, diese lukullischen Genüsse! Otto staunte. Wein, Brot, Butter, Aal in Gelee, geräucherter Lachs, Pflaumen, frische Nüsse, Gebäck und Makronentorte. Und im Verlauf des kleinen Abendessens war Paula klargeworden, daß sie nun offiziell als Ottos Braut galt. Heinrich Vogeler stieß mit ihnen auf ihr Glück an! Es wurde allen ganz feierlich zumute, und in dem stillen Raum war nur das Prasseln des Feuers zu hören.

Man schrieb September. Vor Weihnachten durfte Otto nichts von dieser Verlobung bei seinen Eltern verlauten lassen. Seine Tagebuchnotiz lautete: „Paula ist ein reifes, reiches Mädchen mit hundert Interessen, wahren, wirklich höheren Bedürfnissen, mit frischem lebensfrohen Sinn. Wie oft ist mir bei ihr, als wüchsen mir Flügel, als würd ich erleichtert. Alles belebt sich bei mir, wird so leicht und fröhlich. Was ist das wert. Ich neige entschieden zum Schweren, Grüblerischen. Wie oft bin ich so, wenn ich allein bin. Da ist Paula ein wahres Labsal. Sie erheitert, erfrischt, belebt, verjüngt."

An einem der nächsten Tage kam die Nachricht vom Barkenhoff, daß Rainer Maria Rilke abgereist sei. Die beiden Seiten darüber hat Rilke später aus seinem Tagebuch herausgerissen. Aus der Wohnung seiner Freundin Lou Andreas-Salomé schrieb er, daß er in Berlin bleiben wollte, um sich ganz seinen russischen Studien zu widmen.

19

Auf dem Platz vor Welzels rotem Backsteingasthaus war es an diesem Herbstmorgen still, die Luft feucht, neblig. Für den Mittag aber hatte Vater Brünjes Sonne angesagt. Paula und die alte Frau Monsees gingen hintereinander her über die unebene

Straße zum Postwagen. Ich mag solche Nebelmorgen, sagte Paula, da merke ich so recht meine Vorfreude auf die kommenden schönen Tagesstunden.

Paula setzte sich in eine Ecke. Sie gähnte jetzt nicht mehr, sie strengte sich an, um oben auf der Anhöhe hinter Nebelschleiern den massigen Worpsweder Kirchturm zu erkennen, verstohlenes Zuzwinkern. In der Postkutsche nach Bremen waren sie und Frau Monsees, die sofort einnickte, die einzigen Fahrgäste. Sie stießen immer wieder aneinander, wenn es über besonders holprige Wegstrecken ging, Paula hatte Mühe, das Buch aus ihrem Rucksack zu holen. Und während sie nun an Wiesen, Feldern, Moorgräben vorbeirasselten, las Paula im neunten Kapitel des Niels Lynhe: „Wir Frauen können uns wohl für eine Zeitlang losreißen, wenn jemand in unser Leben getreten ist, der unsere Augen dem Freiheitsdrange, der in uns wohnt, geöffnet hat, aber wir halten nicht aus. Wir halten es nicht aus, im Kriege zu liegen mit dem, was von der Allgemeinheit einmal angenommen worden; im Innersten meinen wir doch, daß sie recht hat, weil sie es ist, die urteilt. Es liegt uns Frauen nun einmal nicht, Ausnahmen zu sein, es macht uns so seltsam, vielleicht interessanter, aber sonst."

Paula las und dachte nach. In Lilienthal auf dem kleinen Marktplatz wurden die Pferde gewechselt. Die beiden Frauen stiegen aus, um sich schnell die Beine zu vertreten. Eine Frau fiel nun mal nicht aus althergebrachter Rolle. Die Frau gehörte ins Haus. Die Frau kochte und wusch, versorgte Mann und Kinder. Sie durfte Klavier spielen, das Heim verschönern, sie durfte malen und basteln. Was die Allgemeinheit verstand, durfte sie tun. Paula hatte sich verlobt. Würde sie nun eine andere werden? „Ich will auch meine Kunst nicht an den Nagel hängen", hatte sie geschrieben. Bekenntnisse. Weiter wollen, immer weiterwollen. Wird sie ihre Pläne durchsetzen können?

Bestimmt. Sie strich ihren Rock glatt, als sie sich wieder hinsetzte. Daß sie gerade jetzt dies Kapitel aufschlagen mußte! Vor einem Jahr markierte sie die Stelle mit Rotstift. Sie mußte lachen. Und nun, nachdem sie die Pappel- und Birkenallee verließen und an den alten Gärten des Vororts Horn vorbeifuhren, fiel ihr ein, daß sie die Zeitungskritik des Herrn Fitger vergessen hatte. Und wenn ihr heute morgen seltsam zumute war, dann hatte das andere Gründe. Steigen wir aus, sagte Paula zu Frau Monsees. Der Postwagen war vor dem Bremer Hauptbahnhof angekommen.

Zu Hause empfing man sie erstaunt und bestürzt. Sie kam ohne Gepäck und hatte noch ein paar Wochen Aufenthalt Worpswede gut. Der Vater sah sie prüfend an, die Mutter sehr besorgt. Und dann brach eine Flut von Fragen über Paula herein, als sie hochroten Kopfes und lachend verkündete, Otto Modersohn und ich haben uns verlobt.

Was, rief Milly, und das hast du mir nicht erzählt! Sollte es möglich sein! Mutter Mathilde legte den Arm um die Tochter und zog sie an sich. Sie mußte ein bißchen weinen. Es interessierte die Eltern jetzt nichts so sehr wie die Aussicht, Paula in nächster Zeit versorgt zu wissen.

Sie hatten sich mit ihr in Vater Woldemars Zimmer zurückgezogen. Sie mußten jetzt mit Paula über alles mögliche reden. Paula erzählte von Otto. Nicht so schnell und scharfzüngig wie Mackensen wäre er, brillierte nicht im Gespräch. Aber sein Gemälde „Sturm im Teufelsmoor" war von der Pinakothek München angekauft worden, ohne daß die Kunstexperten vorher den Namen Modersohn gehört hatten, ohne daß sie von Worpswede wußten. Und die Kritiker schrieben: „Für den, der weiß, wie ein Künstler zu solchen Ehren sonst nur durch langjähriges Streben und gute Verbindungen kommen kann, ist das eine so fabelhafte Sache, daß er sie nicht glauben möchte, hätte er sie nicht selbst erlebt." Längst war Modersohn ein Begriff in der Kunstszene.

Ob sie eine große Verlobungsfeier wünschte? Ob die Eltern Modersohns informiert wären? Ob sie daran gedacht hätte, sofort eine kleine Tochter versorgen zu müssen? Ob Paula nun endlich mit der Malerei aufhören würde?

Auf alle Fragen hatte sie schnell und präzise geantwortet. Daß mit ihrer Verlobung keine Ausgaben verbunden waren, da konnte der Vater ganz beruhigt sein. Sie hatten bereits mit Heinrich Vogeler beim Wein gefeiert. Nun aber, bei der letzten Frage, stockte sie. Sie merkte plötzlich, wie still es im Zimmer war.

Mit der Malerei aufhören? Sie konnte nicht glauben, daß der Vater diese Frage ernsthaft gemeint hatte.

Henner steckte den Kopf zur Tür herein, kommt Paula mit zum Freimarkt? Herma und Milly hatten sich schon die Wolljacken angezogen. Und plötzlich wußte Paula, worauf sie Lust hatte, hinauszulaufen und fröhlich zu sein wie in Kindertagen, als man kleinere Probleme hatte.

Es war Samstagnachmittag, sie vergaß es später nie, von draußen her kam gedämpfter Lärm. Auf dem Domshof war Freimarkt, Oktober-Volksfest, Bremer Tradition seit 1382.

Ob die Malerei wirklich nötig wäre? Der Vater ließ nicht locker, fing noch einmal davon an. Paulas Blick suchte den der Mutter. Die war so glücklich, daß sie nicht den Ernst bemerkte, der in Paulas Worten lag, als sie erwiderte, ich glaube nicht, daß die Ehe mich abhalten kann, weiter zu malen. Wollte Mutter Mathilde an solch schönem Tag sich die unfruchtbaren Diskussionen ersparen? Sie lenkte jedenfalls ein, sagte, geh nur mit.

Paula atmete die frische, leicht salzige Luft der Weserstadt und ging über das holprige Pflaster Richtung Marktplatz. Sie kamen unter den Bogen am Rathaus her, an der Figur des Roland vorbei. „Roland, der Ries am Rathaus zu Bremen" zitierte Paula. Demnächst wirst du Otto Modersohn in Bremen herumführen, meinte Henner. Sie kamen am wuchtigen St. Petri-Dom vorbei auf den Domshof. Ehe sie abends nach Haus gingen, kaufte Paula für Otto und die Eltern glasierte Lebkuchenplätzchen und Nußstangen an der Bude beim Moppenonkel.

Seid ihr auf dem Grünen Camp gewesen? Wart ihr auch im Hippodrom? Der Vater hustete. Er tat das viel zu oft in letzter Zeit, mußte man sich sorgen? Nach dem Abendbrot wollte Familie Becker es sich gemütlich machen.

Nicht jeden Wunsch ausposaunen. Wünsche zuerst träumen. Paulas Traum vom zukünftigen Heim. „Ein altbäuerliches Haus mit altem Hausrat, Treppen, die durcheinander gehen, Zimmer auf verschiedenen Ebenen, Fenster bis zum Boden und tiefe Fensterbänke zum Draufsitzen, unten ein Gartenzimmer mit Flügeltüren, oben eine Turmstube mit flachem Dach."

Wahnwitzige Idee! Egoismus! Zufrieden sein mit der Häuslichkeit, die der Ehemann bietet, auch wenn sie klein ist. Schon wieder brachte diese Tochter Aufregung in die Ruhe der Familie. Schon wieder mußte man ihr ins Gewissen reden. Andere Pflichten als bisher würden nun auf ihr lasten. Eine andre Verantwortung. Paula ging in die Küche, bereitete den Tee, des Vaters strenge Worte im Ohr: „Deine Pflicht ist es, ganz in deinem zukünftigen Manne aufzugehen, ganz nach seiner Eigenart und seinen Wünschen dich ihm zu widmen, sein Wohl immer vor Augen zu haben und dich durch selbstsüchtige Gedanken nicht leiten zu lassen. Jeder von euch hat seine Vorzüge, seine Fehler. Die Aufgabe der Frau ist es aber, im Eheleben Nachsicht zu üben und ein waches Auge für alles Gute und Schöne in ihrem Mann zu haben und die kleinen Schwächen, die er hat, durch ein Verkleinerungsglas zu sehen."

Eine neue Rolle, die man als Ehefrau zu spielen hat. Paula schaute die Mutter an. Was noch? Haushaltsführung! Mathilde Becker sähe es als Pflichtverletzung einer Mutter an, wenn die Tochter nicht in den Grundkenntnissen des Kochens bewandert sei. Paula müßte unbedingt vor der Hochzeit einen Kochlehrgang absolvieren. Die Mutter trank einen Schluck Tee, und es schien, als setzte sie die Tasse betont langsam zurück. Du liebe Zeit, woran man alles denken mußte vor einer Eheschließung. Was man alles falsch machen konnte! Paula zog die Schultern ein.

Der Vater lächelte jetzt, seine Augen blickten freundlich. Wann, fragte er, wann wird Otto Modersohn uns besuchen?

Nach soviel Jahren der Ungewißheit würde Woldemar Becker wenigstens von einer Sorge befreit sein. Selbst die Mutter, die am ehesten den Wünschen ihrer Tochter nachgab, schien erleichtert. Der künftige Ehestand versprach Ruhe und Zufriedenheit für die Familie. Paula würde gern ihre Pflichten im Haushalt erledigen, gern für ihren Mann und die kleine Tochter sorgen. Und, da Paula alt genug und vernünftig war, würde der neue Stand auch ihren Malkomplex zum Verschwinden bringen.

Angenommen, ich könnte es Vater beweisen, daß er sich in meinem Können geirrt hat, fragte Paula die Mutter, würde ihn das erleichtern? Ach Kind, erwiderte die, das spielt doch jetzt keine Rolle mehr. Malen war gut und schön, solange nicht die Gesundheit beeinträchtigt wurde, solange keine andere Aufgabe zu bewältigen war.

Auch Onkel Arthur und Tante Grete machten viel Wirbel um die Verlobung. Sie konnten nicht verstehen, weshalb Paula sich immer wieder entschuldigte, noch nichts vorweisen zu können, was die finanzielle Ausbildungshilfe der Verwandten rechtfertigte. Aber Kind, Liebes, sagten sie, als Paula bei ihnen war, dazu besteht doch jetzt überhaupt kein Anlaß mehr. Paula rannte offene Türen ein. Aber, versicherte sie der Mutter: „Daß ich mich verheirate, soll kein Grund sein, daß ich nichts werde."

20

Ein Glück für Paula, daß die neuerlich befohlene Lehrzeit absehbarer war als diejenige damals in England. Ihr inneres Gleichgewicht freilich hing ab von der Einstellung, mit der sie an diese lästige Aufgabe heranging. Zunächst ertrug sie die Unterbrechung ihrer Maltätigkeit voller Humor, schrieb nach Haus: „Ich wundere mich oft, wie einsichtig und sanft ich jetzt bin. Es ist mir sogar schon begegnet, daß ich mich schon ängstige, daß mir mein Dickkopf mit der Zeit völlig abhanden ginge, und bei seinem Vierteljahrhundert hat er doch eigentlich antiken Wert."

Sie spielte Kochlehrling in weißem Häubchen, das ihr dichtes Haar versteckte. Sie vertauschte Malkittel mit Kochschürze und trug geduldig ins Oktavheft ein, was die Oberköchin an Haushalttips diktierte. Eier bleiben frisch, wenn man sie in einem steinernen Topfe mit dünnem Kalkwasser bedeckt in den Keller stellt. Mehl bewahrt sich am besten in einem Sacke, den man an einem trockenen luftigen Orte aufhängt, oder in einem offenstehenden Fasse, wohinein man mit einem Stöckchen Luftlöcher bis auf den Boden des Fasses macht und dies dann und wann wiederholt. Am besten dazu ist ein Ahornstöckchen, was im Mehl stecken bleibe.

Sie teilte es Otto mit: „Dein Brief heute morgen geleitete mich zur Kochstunde. Ich trage ihn in der Tasche, und er lernt mit mir kochen, Kartoffelmus und Kalbsfrikassée."

Sie brauchte aber nur mit der Sanduhr die Garzeiten zu messen, um ungeduldiger zu werden, als es die Sorgfalt in einem Küchenbetrieb vertrug. Beckerchen! Beckerchen! drohten lächelnd Köchin und Kochstudentinnen. Und sie war ihnen dankbar für ihre Nachsicht und für das Erinnern an ihre Studienzeit auf der Kunstakademie. Auch dort war sie das Beckerchen gewesen. Jetzt schrieb man Januar 1901. Paula lernte wieder einmal in Berlin.

Hast du kein Foto von deinem Verlobten? Nein, aber hier schau mal, Paula nahm eins aus der Tasche, es war das Bild eines kleinen Mädchens mit Lockenkopf. Reizend, die Kleine! Paula hängte das Foto von Elsbeth neben Ottos Zeichnung „Das Paar" über ihr Bett in der Eisenacherstraße 61. Diesmal wohnte sie bei den Parizots, bei Tante Herma, bei ihrer Cousine Mathilde, dem Maidli. Liebes Kind, wir hätten dich gern bei uns aufgenommen, aber Tante Cora und ich reisen nach Australien, schrieb Onkel Wulf. Nun, verwandtschaftliche Anlaufstellen, Stützpunkte wurden in Berlin reichlich geboten.

Paula wanderte in dem langen schmalen Zimmer hin und her, zwischen Nachttisch und Fenster, zwischen Tür und Schreibpult. Ab und zu warf sie einen Blick auf ihre Fotowand überm Bett. Da hing auch das Dreierfoto, von dem sie einen Abzug an Otto schickte mit dem Vers: „Du und ich und ich und du und Clara Westhoff auch dazu."

Eine Uhr schlug Zeit, Zeit, Zeit. Seitdem Paula heute nachmittag vom Kochen zurückkam, dröhnten ihr die Stundenschläge wie Hämmer. Den ganzen Tag war sie unter dem Zwang dieser Hämmer. Zeit zum Aufstehn, Zeit zum Lernen, Zeit zum Briefeschreiben, Zeit zum Ausgehen. Warten, immer wieder gezwungen werden zu warten. Warten auf einen Platz in der Kunstakademie, warten auf Zeit, um malen zu können, und jetzt warten aufs Heiraten. „Wir haben eigentlich das Gefühl, wenn wir wollten, so könnten wir es alle Tage", schrieb sie ihrer Tante Marie Hill.

Worpswede, das war jetzt Insel für sie, Zuhause, fixe Idee, wo sie sich als Malerin entfalten wollte. Wenn sie erst wieder in Ruhe an ihr Werk gehen könnte, würden Unruhe, Kopfschmerzen, Magenbeschwerden verschwinden.

Paula war so übermüdet, daß sie beinahe schon am frühen Abend auf ihrem Bett eingeschlafen wäre. Sie erhob sich, ging zum Waschtisch, goß kaltes Wasser in die Waschschüssel, benetzte fortwährend ihr Gesicht, bis sie freier atmen konnte. Sie schaute in den Spiegel, sie durfte nicht in den Salon gehen, bevor sie nicht Kleid und Frisur in Ordnung gebracht hatte. Im Nebenzimmer sang Maidli das Lied vom Nußbaum und dem Mädchen, „das dächte die Nächte und Tage lang, wußte selber nicht was."

Immerhin hatte sie einen wichtigen Worpsweder Stützpunkt in Berlin, in Schmargendorf, in der Misdroyerstraße Nr. 1. Dort wohnte seit dem denkwürdigen Oktober 1900 Rainer Maria Rilke. Paula war dankbar, daß sie ihn besuchen konnte. Er schien im Moment nicht viel zu dichten, hatte aber eine Menge Arbeit, schrieb Aufsätze für Zeitungen, bemühte sich um eine Anstellung in einer Verlagsredaktion. Sonntags hingegen fand er Zeit, sich mit Paula zu treffen. Sie fühlte sich ausgesprochen wohl in seinem einfachen Zuhause, zwei Zimmer, Vorzimmer und Küche. Sie mochte diesen bescheidenen Lebensstil. Sie mochte Rilke.

Am 12. November 1900 hatte sie ihm offiziell ihre Verlobung mitgeteilt: „Sie wissen davon, nicht wahr? Es ist schon lange; schon vor Hamburg. Ich habe es Ihnen nicht gesagt. Ich dachte, Sie wüßten. Sie wissen ja immer alles, und das ist so schön. Und heute muß ich es Ihnen doch mit Worten nennen und taufen und Ihnen es fromm in die Hände legen, auf daß Sie Pate stehen. Denn Ihre Hände bringen Gutes. Das Eine für mich, das Ganze, das Große, das Feststehende für mich ist meine Liebe zu Otto Modersohn und seine Liebe zu mir."

Am 14. November antwortete Rainer Maria mit seinem „Brautsegen für Paula Becker":

Ich segne Sie mit jener Art zu segnen,
die man bei Abenden im Frühling sieht:
nach Tagen, welche flüstern, frösteln, regnen,

kommt eine Stille, einfach wie ein Lied.
Die Bäume wissen schon, was sich bereitet,
die Felder schlafen ganz getröstet ein,
die nahen Himmel haben sich geweitet,
damit die Erde Raum hat, groß zu sein.

Rilke hatte ihnen nach Bremen das Buch geschickt „Vom lieben Gott und Anderes. An Große für Kinder erzählt von Rainer Maria Rilke" – „Paula Becker und Otto Modersohn mit Wünschen für Weihnachten und solchen, die sich später erfüllen. In Treue Rainer Maria."

Paula bedankte sich für seine Geschichten vom lieben Gott. Rilke horchte auf. Wie nannten Sie das Buch? Er ging im Zimmer hin und her. Drei Jahre später bat er seinen Verleger, bei der Neuauflage des Buches den Titel zu ändern: „Geschichten vom lieben Gott". An Paula hatte er einmal geschrieben: „Ich bin Echo, und Sie waren ein großer Klang, dessen Echo ich fernher wiederhole."

Weihnachten schrieb Paula viele Briefe an Otto, der in Münster war, an Verwandte, an Freunde. In die Misdroyerstraße schrieb sie: „Lieber Freund, mir ist die ganze Zeit so nach Weihnachten zu Mute. Es ist solch ein wunderbares Fest. Und ist eins, das lebt und wärmt. Es ist ein Fest für Mütter und Kind und auch für Väter. Es ist ein Fest für alle Menschheit. Ich habe das Gefühl, daß man mit Weihnachten wachsen muß. Mir ist, als ob dann Barrikaden fallen, die man mühsam und kleinlich gegen so vieles und viele aufgebaut hat. Es dunkelt. Ich sitze im Wesererker und lasse das Wasser unter mir vorbeigleiten. Und eigentlich weint sonst alles, was um das Wasser herum steht, die großen roten Speicher und die kleinen weißen Häuser, und wenn sie sich im Wasser spiegeln, dann zittern sie und weinen noch mehr. Ich glaube aber, heute weinen sie nicht, denn es ist Weihnachten. – Ich möchte Ihnen das alles gern mündlich sagen, weil Sie so schön mit den Augen hören können." Und Rilke antwortete darauf: „Sie können Briefe ebenso schön machen wie Abendstunden."

Otto hatte sich kürzlich beklagt, sie schriebe ihm überhaupt keine Liebesbriefe mehr, nichts mehr von zärtlichen Gefühlen, nur Berichte über Kochen und Kunst. Paula stand in ihrem Zimmer, starrte in den grauen Berliner Himmel, das anklagende Schreiben in der Hand. Sie war müde, obgleich erst Vormittag war. Sie konnte sich nicht vorstellen, Otto mit ihren Briefen gekränkt zu haben. Eine besondere Freude wollte sie ihm mit ihren Kunstbetrachtungen machen. Er mußte doch verstehen, wenn sie nach einem Museumsbesuch schrieb: „Kunst ist doch das Allerschönste. Und heute bei den Rembrandts, den Böcklinbildern war es so schön, daß ich gleich zu Dir kommen muß, um Dich zu küssen." Daß Otto ein halbes Jahr lang übersehen hatte, wie sehr seine Paula nicht nur Geliebte und künftige Hausfrau, sondern auch Malerin war, sie konnte es nicht glauben. Aber er hatte tatsächlich! Sie erfuhr es eines Morgens, als die Post sein Schreiben brachte, als sie las, wie überrascht er war über zufällig gefundene Skizzenblätter in ihrem Atelier bei Brünjes.

Durch die offene Tür sah sie Rainer Maria in der Küche hantieren. Er stellte Wasser auf, wollte Tee kochen, das nahm einige Zeit in Anspruch, denn inzwischen suchte er für sie das Foto von Gerhart Hauptmann heraus, das sie sich gewünscht hatte. Am Weihnachtstag schrieb ich Hauptmann einen ausführlichen Brief mit meinen Ansichten zu seinem „Michael Kramer", sagte er. Hier saß ich am Fenster. Es dunkelte. Paula nickte, hielt ihm die Tasse hin, in die er Tee eingoß. Wer wie Rilke mit Lou Andreas-Salomé befreundet war, konnte immer von neuen Begegnungen erzählen. Paula erfuhr die wichtigsten Nachrichten über die Aufführung von Hauptmanns Schauspiel.

Vom Hof herauf hörte man jetzt Türenschlagen. Ich muß gleich zurück, sagte sie, aber noch eins, Clara will uns in der nächsten Zeit besuchen. Rilke half Paula in den Mantel. An der Wand neben der Garderobe hing die Kastanienkette, die sie ihm im letzten Herbst nach Berlin geschickt hatte. „Ich hole sie manchmal und lasse sie wie einen Rosenkranz durch die Finger gleiten. Sie kennen doch diese katholischen Gebetsketten? Man muß bei jeder Kugel solcher Rosenkränze ein bestimmtes Gebet wiederholen; ich ahme diese fromme Regel nach, indem ich bei jeder Kastanie etwas Liebes denke, das sich auf Sie und Clara Westhoff bezieht."

Und hier war der Stapel Briefcouverts. Selbstverständlich hatte Rilke sie adressiert, die er nun gegen neue unbeschriebene austauschte. Normalerweise versah Paula ihre Briefe selbst mit Anschrift und Absender, doch in diesem Fall hieß es, gegen die Worpsweder Klatschsucht anzugehen, und niemand der Dörfler erfuhr, daß Rilkes Briefe an Otto in Wirklichkeit von Paula nach Worpswede gesandt wurden. Von Otto soll ich Sie grüßen, sagte sie. Der schickte wie gewöhnlich seinen Brief nach Berlin unter Clara Westhoffs Namen. Paula mußte lachen. Über Rainer Maria und Clara liefen die Fäden zwischen den beiden Verlobten, und Rilke fühlte sich als postillon d'amour. Grüßen Sie mir Ihre Verwandten Parizot von mir.

Maidli und Rainer Maria! Dieser plötzliche Gedanke enthielt soviel Stoßkraft, daß er Paulas Schritte aus Wilmersdorf hinaus direkt beflügelte. Maidli sollte Rainer einmal Beethoven vorspielen! Gewiß, sie müßten sich mögen. Irgendwie tat es ihr wohl, sich die beiden als Paar vorzustellen. Mutter Mathilde würde ihr verschmitzt zustimmen. Du hast Ideen, Paula Becker. Sie lachte in sich hinein.

21

Draußen klatschte ein Schneeregen gegen die Scheiben. Clara kam auf eine Stippvisite vorbei, sie war auf dem Weg zu Rilke. Nur einer, der Kunst ernst nimmt, sagte Paula, wird sich nicht wundern, wenn ich so schnell nach Worpswede in mein Atelier zurückwill. Schon möglich. Clara erzählte von den schönen und guten Bildern, die Modersohn in letzter Zeit gemalt hatte, eine kleine Ausstellung veranstaltete er sogar in seinem Atelier. Ach, ja? Ein Mann durfte seinen Weg weitergehen. Die Frau mußte Umwege machen. Sogar beim Eintritt in den gemeinsamen Ehestand wurden Unterschiede gemacht. Paula hatte es Otto so beschrieben: „Komisch, daß gleich von Anfang der Ehe an wir Frauen es sind, denen die Proben auferlegt werden.“ Und wer dann behauptete, das läge daran, weil allein die männliche

Natur aus einem Guß sei, dem wollte Paula entgegenhalten, daß auch sie sich aus einem Guß fühlte. Dieser Ärger, da stieg er wieder in ihr hoch. Clara hatte sich früher einmal gegen die Benachteiligung der Frauen gewehrt. Clara war heute gereizter Stimmung. Warum? Sie wußte es nicht. Schade, daß ihr Besuch in Berlin nun bald beendet war, Clara vergingen die Wochen wie im Fluge. Mir vergehen sie überhaupt nicht, das nimmt und nimmt kein Ende, stöhnte Paula.

Ein paar Tage später standen die beiden Freundinnen in der Burgstraße und warteten auf Rilke. Es war Mitte Februar, und morgen wollte Clara wieder abreisen. Wissen Sie noch, voriges Jahr in Paris? Paula seufzte. Da schauten wir von einer der vielen Seinebrücken hinab und fühlten uns wohl.

Und plötzlich hatte sie ein solches Heimweh nach Paris, nach dem Quartier Latin, wo sie im Menschengewühl unbekannt und sorglos untertauchen konnte. Sie mußte sich von Clara abwenden, weil ihr die Tränen kamen. Sie holte ihr Taschentuch, schnupfte sich umständlich. Im Quartier Latin gab es keine Vorschriften für Garderobe. Es rümpfte niemand die Nase, wenn man auf Kirchenstufen saß und Orgelkonzerten lauschte.

In Paris, begann Paula, war alles anders. Wir waren ein bißchen verrückt, machten die Nacht zum Tag. Wir konnten nur unserer Kunst leben. Einmal ruderten wir auf der Marne. Die Luft in Paris war leicht und weich wie Seide. Wie Champagner, rief Clara. Champagner. Ob wir den noch einmal zusammen in Paris trinken werden? Es muß nicht unbedingt Champagner sein wie damals am Abend meines Geburtstages, aber Paris möchte ich wohl wieder erleben, dachte Paula. Inmitten der Pariser Menschenmenge war sie sich ihres Künstlertums so richtig bewußt geworden. Sie hatte sich in dem Gewühl beschützt gefühlt. Sie war darin umhergegangen wie unter einer Tarnkappe. „Ich geh umher wie eine verschleierte Königin", schrieb sie damals auf.

Ein Boot kam jetzt unter der skulpturenreichen Friedrichsbrücke her, und im gleichen Augenblick erschien an der Ecke Rainer Maria. Er transportierte in seiner Reisetasche die letzte

Bücherladung, nachdem er gestern aus der Wohnung in Schmargendorf aus- und hier in der Burgstraße in Netzes Hotel eingezogen war.

Paula und Clara schwiegen. Was sie nicht mehr erzählten: wie überrascht Paula war von dem Blick, den Rainer Maria ihrer Freundin Clara zuwarf, ein Blick, mit dem mehr als bloße Freundschaft ausgedrückt wurde. Sehnsucht, Hoffnung. Liebe? Wie Clara den Besuch in Berlin ausgedehnt hatte und von Tag zu Tag unruhiger wurde, wenn sie von Rainer zurückkam..

Am 25. Februar schrieb Mutter Mathilde Becker an ihre Tochter nach Berlin: „Da komme ich heim und mich empfängt die Nachricht von Clara Ws. Verlobung. Clara und Rainer Maria! Ich bin so voll Staunen und Verwunderung, es scheint auf den ersten Blick ein so ungleiches Paar, aber Milly ist glückselig und kann sich nichts Schöneres denken als das Worpswede der nächsten Zukunft. Milly ging heute früh ahnungslos zu Westhoffs, um Clara zu begrüßen. Sie fand nur Frau W. zerfahrener denn je. Und da hat's geklingelt, und Milly ist an die Tür gegangen und hat den beiden aufgetan. Vor vierzehn Tagen hätte ich noch drauf geschworen, es sei nur Freundschaft, sagte Clara. So ist's nun gekommen. Und Du und ich hatten den feinen Rainer für unser feines Maidli bestimmt."

Am 25. Februar schrieb Otto Modersohn an Paula: „Und am Freitag Nachmittag – wer kam da? Du ahnst es schon: Clara W. mit ihrem Rilkchen unterm Arm."

Es hatte etwas mit Rilkes sonderbarem Auftreten in Worpswede zu tun, daß Otto ihn nicht ernst nahm.

22

Wer sich am falschen Ort fühlt, entwickelt Abneigungen. Ich muß unbedingt wieder in mein kleines Atelier zurück, dachte Paula und warf verächtliche Blicke auf die Gebäude im Neobarock, Neorokoko, Neoklassizismus. Gründlich war ihr Berlin verleidet. Widerwillig streifte sie durch die Kaufhäuser, suchte, prüfte, verglich die Preise. Die Aussteuer mußte gekauft werden. Du hast jetzt Zeit und die besten Möglichkeiten dazu, hatten die Eltern geschrieben und tausend Mark zur Verfügung gestellt. Ich brauche nur zweihundert, schrieb Paula zurück, der Rest kann für die Ausbildung der Zwillinge verwandt werden. Kaufhaus ist nicht gleich Kaufhaus. Wertheim in der Leipziger Straße hatte andere Waren als Tietz am Dönhofplatz. Paula kaufte Bettgarnituren, Tischdecken, Hand- und Geschirrtücher, Unterwäsche, Untertaillen, Stoff für ein lila Kleid, den Otto ihr zum Geburtstag schenkte. Daß sie nicht die eleganten Läden in der Tauentzienstraße aufsuchte, die nachmittags im Lichterglanz erstrahlten, war eine Selbstverständlichkeit. Um sich die neue Bluse zu kaufen, war sie heute früh auf dem Spitteler Platz gewesen, hatte dort in Konfektionsläden gestöbert. Als sie den Platz überqueren, am Spindlerbrunnen herlaufen wollte, ratterten die Elektrischen vorbei über die Schienen, rechts die 84 zur Friedrichstraße, links die 72 nach Schöneberg. Paula hatte nicht aufgepaßt und mußte zur Seite springen, als der Schaffner in der 24, die nach Kreuzberg fuhr, an der Klingel riß. Dieser Krach, dieser Verkehr. Gründlich verleidet war ihr die Stadt, in die sie früher mit Vorliebe reiste.

Sie schrieb an Otto: „Die Zeit beginnt, daß die Stadt mir über den Kopf wächst, daß sie mich einengt und tot drückt. Ich komme nicht zu mir selber hier. Ich höre meine Seele nicht reden und antworten. Das Schönste findet nicht mehr den Weg zu ihr. So Beethovens Fünfte Symphonie, die in Paris mich aufs tiefste ergriffen hatte, heute drang sie nicht tiefer als eben unter die Oberfläche. Die Nerven wollen nicht und können. Und ich selber hasse mich in dieser Halbheit und Lahmheit."

Es mußte sich allerhand in ihr angestaut haben, denn nachdem sie in ihr Zimmer zurückkam, zerriß sie den Küchenplan für die folgende Woche. Fünfunddreißig Stunden Küchendienst, Küchendunst. Gemüse dünsten, Suppen kochen, Kuchen bakken machten Paula keine Schwierigkeiten mehr. Für eine Normalfamilie in einem normalen Haushalt kann ich sorgen, da komme ich zurecht, sagte sie sich. Sie betrachtete ihre Lehrzeit als beendet. Was lag heute noch an. Sie schaute auf die Liste der noch zu erledigenden Post, Geburtstagsbrief nach Münster zur Schwiegermutter, Dankesbrief an Tante Marie wegen Verlobungsgeschenk, das schwierige Schreiben, um Ottos Stimmung aufzubessern: „Und nun wirst Du mir auch versprechen, mein geliebter Mann, nicht wieder traurig zu werden. Traurigsein ist wohl etwas Natürliches. Es ist wohl ein Atemholen zur Freude, ein Vorbereiten der Seele dazu. Nur eins möchte ich nicht, daß Du denkst, daß diese traurigen Stunden durch mich oder durch meine Briefe kommen." Und nun als letztes, weil am schwierigsten, die Mitteilung an die Eltern, daß sie die Lehrstelle kündigen wird. Was genug ist, ist genug.

Tante Herma saß im Salon und stickte. Sie musterte Paula erstaunt, was gibt's? Paula kam, um sie von ihrem Vorhaben zu unterrichten. Ich muß endlich wieder malen, ich kann die Zeitverschwendung hier nicht länger ertragen. Die Tante lächelte, ja nun. Das war Verliebtheit, die entschuldigte alles. Wenn ein Mädchen verliebt ist oder verlobt, dann werden die seltsamsten Gründe angegeben, um wieder in die Nähe des geliebten Mannes zu kommen. Paula jedoch blieb bei ihrer Behauptung, ihres Malens wegen nach Worpswede zurückzuwollen. Sie spürte wieder den Druck hinter den Schläfen und erstmals die Angst, wenn sie nun immer wieder ihre Arbeit unterbrechen müßte! Wic sollte sie weiterkommen.

Schon hatte Paula die Lehrstelle aufgekündigt. Nein, sie war eine erwachsene Frau, die Initiative ergreifen mußte. Sie packte die Koffer. Das einzig Lästige war noch die Antwort, die sie aus Bremen erwartete. Im Jubeltaumel ihres plötzlichen Entschlusses war sie gewiß, daß die Eltern mit ihrem Vorgehen einverstanden wären.

Maidli war traurig, daß Paula abreisen wollte. Keine gemeinsamen Museumsbesuche mehr, kein gemeinsames Schluchzen in Symphoniekonzerten wie kürzlich beim Trauermarsch von Beethovens Eroica. Und wieviel Spaß man hatte, Paula wußte doch noch von den Soirées, wo die Crème Berlins zusammentraf, um bei Kerzenschein Literatur und Musik zu hören. Wenn man sich dann in eine Ecke drückte und die Toiletten der Damen aufs Korn nahm. Schade, daß Paula fort wollte. Komm

Kleines, Paula packte die Cousine an der Schulter, wirbelte sie herum. Komm, wir feiern Abschied. Maidli mußte doch einsehen, daß Paula nicht anders konnte.

Sie würde Gerstenkaffee aufbrühen, ein Gelage sollte es werden! Maidli schnitt Stücke vom Napfkuchen. Und während das Wasser zum Kochen kam, spielten die beiden Klavier, vierhändig Beethoven: „Türkischer Marsch". Paula, den Part secondo übernehmend, griff mit beiden Händen die Oktaven, zählte eins und zwei und, vivace! Und Maidli setzte ein mit Fis und G. Fast gleichzeitig mit dem Schlußakkord, den sie fortissimo in die Tasten schlugen, pfiff der Wasserkessel.

Maidli rückte ihren Stuhl nahe an Paulas Sessel. Sag mal, freust du dich auf die Ehe? Paula lachte. Was für eine Frage! Schreibst du mir sofort von Worpswede? Ja, wenn du versprichst, daß du immer gut auf dich aufpaßt, Kleines. Paula sprach jetzt eindringlich auf Maidli ein. Die grinste. Kannst du nicht aufhören, mich Kleines zu nennen? Ich bin fast zwei Zentimeter größer als du! Aber zwei Jahre jünger, sagte Paula, und dabei bist du so zart, daß man dich immer beschützen will. Jetzt lachten sie alle beide. Ich werde dich vermissen, sagte Maidli. Ich dich auch.

Tante Herma war unbemerkt in den Salon gekommen. Sie hatte ein Telegramm für Paula, das ihr der Bote in die Hand drückte, als sie gerade zur Haustür hereinwollte. Ein Telegramm aus Bremen. Mathilde und Woldemar Becker hielten die Ankündigung, daß Paula nach Hause wollte, für einen Karnevalsscherz!

Die Eltern hatten nicht vorausgesehen, mit welch wilder Entschlossenheit Paula darauf reagieren würde.

„Liebe Mutter", schrieb Paula, „es erregt mich, daß ich Euch Ärger bereite. Es ist so traurig, daß Ihr Euch an mir ärgert. Da ist doch hin und wieder etwas zum Freuen an mir, ich meine noch außer meiner Verlobung."

Paula war so aufgebracht, daß sie nicht sofort weiterschreiben konnte. Sie wanderte durch ihr Zimmer, kahl und trostlos schauten die leeren Wände. Fotos und Bilder lagen schon verstaut im Koffer. Sie setzte sich hin, vergrub das Gesicht in den

Händen, dann schrieb sie: „Versucht, Euch ein wenig in meine Seele zu versetzen, die ihre Fesseln sprengt. Es ist nicht Schlechtigkeit von ihr. Es ist auch nicht Schwachheit von ihr. Es ist Stärke. Es ist gut, sich aus Verhältnissen zu lösen, die einem den Atem nehmen.

Ich stehe hier, ich kann nicht anders. Amen. Eure Paula."

Es wird Zeit, sagte Maidli. Sie legte Paula den Arm um die Schultern. Du mußt weitermalen. Du darfst nicht aufgeben. Sie standen auf dem Bahnsteig. Sie verabschiedeten sich. Sie beide waren einmal dem Tod so nahe gewesen. Sie durften überleben. Paula öffnete das Fenster des Zugabteils, Maidli gab ihr noch einmal die Hand, sagte, wenn sie gleich daheim wäre, wollte sie „Pour Elise" spielen. Paula nickte, Klavierspielen konnte Maidli, vor allem Werke von Beethoven.

23

Man kann sich etwas wünschen, man kann Pläne machen. Paula hatte sich ihre Hochzeit ganz anders vorgestellt. Über den Weyerberg sollte der Hochzeitszug gehen. Paula neben Otto voran, Blumen aus den Moorwiesen in der Hand, einen Kranz im Haar, und die große Glocke läutete, und Paula konnte sich darüber freuen, noch, wenn der Klang beendet war. Mit dem goldenen Ring am Finger würde sie aus der Kirche kommen, in der Claras Engelsköpfe und Paulas Blumen die Emporebögen zierten. Daß ihre Hochzeit dann, als es wärmer wurde, nicht in Worpswede stattfand, durfte die Freude nicht trüben.

Es war Pfingsten geworden und Vater Becker so krank, daß es ratsam schien, die Trauung schnell und in der Wachtstraße in Bremen zu vollziehen, damit der Vater ihr wenigstens vom Bett aus beiwohnen konnte. Ottos Bruder, der Pastor Ernst Modersohn, ein rechtschaffener Protestant, Blaukreuzler, nahm die Zeremonie vor. Ernste Gedanken teilte er mit über die Ehe, sprach vom Felsenboden unter den Füßen, wenn man wußte, daß Gott den Bund beschloß. Mahnte Aufgaben der Mutter an, nicht leicht wäre es, eine Stiefmutter zu sein. Das also war der festliche Tag, auf den Paula gewartet hatte. Ernst schaut sie drein auf dem Hochzeitsfoto vorm Haus, weißes Kleid, dunkler Gürtel, keine Blumen, ganz ernst auch Otto Modersohn im dunklen Anzug, seinen Arm um ihre Schultern. Paula wußte noch, daß Herma herumsprang, froh über den Familienzuwachs, stolz auf den großen Schwager. Paula wußte, daß ihr Vater sehr zufrieden war. Woldemar Becker erinnerte sich gern an Ottos ersten Besuch in der Wachtstraße. Er hatte den Maler nur flüchtig gekannt, er hatte ihn wohl unterschätzt und freute sich nun über den anständigen Schwiegersohn. Auch dessen Eltern waren freundliche Leute. Otto sollte ihn häufiger besuchen kommen.

Und dann war das Paar auch schon auf Hochzeitsreise. Gewiß hatte es nichts mit dem Regen in München zu tun, mit den Flöhen in Prag, wenn Paula sich unbehaglich fühlte, wenn sie der Mutter schrieb: „In mir selber ist noch nicht alles in Ordnung, und ich kann noch nicht alles bewerten."

Nachdem sie in Berlin gewesen, fuhren sie ins Riesengebirge, Otto und Paula Modersohn waren Gäste bei den Gebrüdern Hauptmann in Schreiberhau. Carl hatte 1884 Martha Thienemann, eine Großkaufmannstochter geheiratet, die mit ihren vier Schwestern in einem Herrnhuter Kloster erzogen wurde. Gerhart heiratete 1895 ihre Schwester Marie. Es waren gerade fünf Jahre vergangen, seit Paula den Dichter Gerhart in Berlin im Deutschen Theater sah. Er trat unter Applaus auf die Bühne und verbeugte sich, die berühmte Schauspielerin Agnes Sorma an der Hand, die das Rautendelein in seinem Stück „Die versunkene Glocke" so wunderbar dargestellt hatte. Noch kannte Paula sein Gesicht, den charakteristischen Kopf mit der hohen Stirn. Jetzt sollte Paula den von ihr so verehrten Dichter persönlich kennenlernen.

Gerhart, der große Gert, wie Paula ihn nannte, ließ auf sich warten. Er war unterwegs. Und war endlich auch dabei. Tischgespräche in Schreiberhau. Er saß neben seinem Bruder Carl, entspannt, selbstsicher, wie sich das für einen erfolgreichen

Autor gehörte, der gerade ein neues Drama beendet hatte. Carl hingegen war verkrampft, mal sah er gequält aus, mal ärgerlich. Paula erschrak: Carl, der ein Wortgefecht begann, aber bald merkte, daß sein Bruder Wichtigeres sagte, brach das Gespräch mit eisiger Miene ab. „Überall herrscht der Geist des großen Gert, der alles hier durchdringt und überragt", schrieb sie auf. Sie machte Spaziergänge in der Umgebung von Schreiberhau. Am liebsten allein und weißen Schierling pflücken und denken, wann bin ich endlich wieder in meinem stillen Worpswede. Sie war voller Unruhe, sie wußte nicht, warum, weiterkommen wollte sie, weiter, immer weiter.

24

Während ihres ersten Ehejahres im Dezember starb ihr Vater, er war nur sechzig Jahre alt geworden. Ein halbes Jahr zuvor übertrug er seinem Sohn Kurt die Pflichten eines Haushaltsvorstands. „Liebet euch untereinander." Seine Worte. Er war nicht mehr der alte Misanthrop. Mit allem zufrieden, bescheiden in seinen Wünschen verlebte er seine letzten Monate. Paula schluchzte. Mit ihrer Mutter und den Geschwistern umstand sie sein Sterbebett. Sie trug schwer an diesem Verlust.

Am 25. Mai 1901 hatte Paula geheiratet. Es war das Jahr der drei Künstlerhochzeiten in Worpswede. Einen Monat zuvor am 28. April waren Clara Westhoff und Rainer Maria Rilke in Bremen getraut worden. Am 3. März hatte Heinrich Vogeler seine Martha zum Traualtar geführt. Am 12. Dezember 1901 wurde Clara vom Töchterchen Ruth entbunden. Clara war Mutter. Am 23. Dezember bekam Martha ihre kleine Mieke. „Ich bin noch nicht reif dazu", schrieb Paula ins Tagebuch, „ich muß noch warten."

Sie schrieb das so leichthin, aber es rührte sie doch tief. Sie spielte die fröhliche junge Ehefrau, bei der die Familie den Vorrang hat. Dann wurde sie stiller, ging manchmal umher, als müßte sie mit gerunzelter Stirn über ein schwieriges Problem nachdenken. Anfangs hatten sich die drei Ehepaare noch im Barkenhoff getroffen, „Die Familie" nannten sie sich. Dann bröckelte der Kontakt.

Da gab es doch dies Foto aus dem ersten Ehejahr. Otto und Paula in Ottos Atelier, sich schräg gegenübersitzend. Paula in dunklem hochgeschlossenen Kleid, sehr aufrecht, die Arme auf den Lehnen, die Hände locker, das feingeschnittene Profil zu Otto hingewandt. Der sitzt sehr ernst da, etwas vornübergebeugt, der Mund im Spitzbart versteckt, Brillengläser lassen nicht erkennen, in welche Richtung seine Augen schauen. Die Hände hat er zwischen den Knien zusammengelegt. Paulas Lebensgeschichte war nun verbunden mit der des Malers aus Westfalen.

Familiengeschichten im Hause Modersohn. Der Vater Wilhelm an „brandiger Rose" erkrankt, das schlimme Ereignis, die Söhne Willy und Ernst spendeten tapfer für die Hauttransplantation. Dann im Jahre 1897 die schwere Krankheit der Mutter Louise. Leicht war es sicher nicht für die Frau, mit einer Beinprothese zu laufen, immer mit dem Gefühl, die Tuberkulose könnte noch weitere Gelenke befallen. Familiengeschichte auch, daß Laura, Ottos Schwester, Lehrerin wurde, daß Ottos älterer Bruder Willy Jura studieren durfte und Ernst, der jüngere, Theologie. Daß sein Vater mit ihm, Otto, nach Düsseldorf reiste, um sich an der Kunstakademie bei dem Professor für Landschaftsmalerei zu vergewissern, ob der Sohn auch wirklich Talent dazu hätte. Und wie der Vater auch ihm ein Studium ermöglichte. Das war der Abschnitt von Ottos Geschichte, die seinen Weg nach Worpswede lenkte, ein Weg, der sich mit dem von Paula kreuzte.

Abschnitte ihrer gemeinsamen Geschichte, die Besuche in Ottos Heimat Soest und Münster. Nur etwa ein halb dutzendmal weilte Paula in der westfälischen Metropole, und dreimal davon war Münster eigentlich nur Zwischenstation. Der Hauptbahnhof, der ihren Vater interessiert hätte, war deswegen wichtig. Der Dom wurde ihr ein Begriff, im Westquerschiff die Sandsteinplastik des riesigen Christopherus, die schon den jungen Otto faszinierte. Die Geschichte der Wiedertäufer lernte sie kennen, daß Ottos Urahne, Margarete Modersohn, eine der sechzehn Frauen des Wiedertäuferkönigs war, als die Modersohns noch als Steinmetze in Münster wirkten. Damals im 16. Jahrhundert hatte man die Ketzer hingerichtet und in drei Eisenkäfigen an der Lambertikirche aufgehängt.

Merkwürdig, wenn Otto in Münster war, nannte Paula ihn oft „mein Pastörken", wußte, wie sehr sich sein Bruder Ernst und dessen Frau Gertrud mit erhobenen Zeigefingern über Paulas Luftbaden entrüsteten.

Daß Otto das Steife, Prüde, Verkrampfte bloß nicht nach Worpswede heimbrachte. Würdest du mich draußen in der Lehmkuhle im Akt malen? fragte Paula. Warum nicht! Und Paula und Otto taten etwas, was unter Worpsweder Malern verpönt war, man malte seine Ehefrau nicht im Akt. Wenn das nur der Worpsweder Bauer nicht gesehen hätte! Wenn er mit dieser Geschichte nicht am Stammtisch der Maler hausieren gegangen wäre! Bei Hans am Ende konnte man die Entrüstung noch verstehen, nicht jedoch beim flotten, leichtlebigen Mackensen. Die Hauptsache schließlich, daß Heinrich Vogeler die Wogen der Empörung glättete.

Das sollte man auch eigentlich gar nicht gesehen haben. Weitermalen, zusammen weiterstreben. Paula wollte weiterkommen. Hatte der Fotograf vielleicht einen Moment eingefangen, in dem Paula diese Gedanken durch den Kopf schossen? Ganz aufrecht, ganz erwartungsvoll sitzt sie neben Otto auf diesem Foto aus ihrem ersten Ehejahr 1901.

„Manchmal geht es gut in der Kunst, das macht mich froh. Manchmal muß man sich sauer durchbeißen. Kunst ist schwer." Paulas Stoßseufzer, wenn sie mittags vom Malen ins Haus zurückging. Aber zuerst am Morgen mit Elsbeth Gymnastik gemacht, Atemübungen, dann das Frühstück bereitet, die Schlafzimmer in Ordnung gebracht. Und niemand hatte darin etwas Außergewöhnliches gesehen. Otto verhielt sich nicht anders als die meisten Ehemänner, die sie kannte. Seit er denken konnte, war die Ehefrau für alles zuständig, was Essen, Trinken, Kleidung, Haus und Garten anging.

Erst nachdem Paula den Plan fürs Mittagessen zusammengestellt, genau aufgeschrieben, was eingekauft werden sollte, so daß gegen neun Uhr die Anweisungen vorlagen für Lena, Lina oder Johanne, je nachdem, wer grad als Hausmädchen bei ihnen arbeitete, war sie schnell in ihr Atelier geeilt. Sie kam mittags um zwölf Uhr vom Malen zurück, Elsbeth wartete schon an der Gartentür oder, wenn's regnete, in der Veranda. Auch Otto war aus seinem Atelier gekommen. Pünktlich um ein Uhr zu Mittag essen. Ruhen mit dem Kind, solange Elsbeth noch den Mittagsschlaf brauchte, später dann Spiele im Haus oder im Garten. Nachmittags nach drei Uhr wieder hinaus zum Malen. Ging das Hausmädchen gegen sechs Uhr fort, war Paula wieder daheim. Ein Tagesablauf, der meistens befolgt wurde seit dem Tag, als Paula von der Hochzeitsreise zurückgekehrt und wieder in Worpswede war.

Einmal war ihr Bruder Henner dagewesen, hatte Otto die Latten angereicht zum Bau der Kürbislaube, während Paula die Saatkästen besäte, hatte beim Abschied gemeint, als Paula den Sand aus den Holzschuhen schüttete, gut gehe es der Schwester, und er würde in Bremen berichten, daß sie rundum glücklich sei.

Mitten in der Nacht richtete sie sich im Bett auf. Neben ihr der ruhige, entspannte Schlafatem ihres Mannes. Sie hatten sich vorhin sehr geliebt, und Paula betrachtete seine Stirn, über der das Mondlicht eine helle Bahn zog. Was hatte sie von der Ehe erwartet?

Gut, sie durfte weitermalen, ihr Atelier behalten, gut, ihr Ehepartner liebte sie und ihre Eltern waren einer Sorge enthoben, alles in Ordnung. Trotzdem. Häufig, wenn sie abends den ersehnten und in der Verlobungszeit erträumten Gesprächen über Kunst entgegenfieberte, setzte sich Otto aufs Sofa, zündete sich die Pfeife an und blätterte in seinen Zeitschriften. Er schwieg. Seit sie verheiratet war, fühlte sich Paula einer Beschaulichkeit ausgesetzt, die sie schlecht vertragen konnte. Wenn sie doch ein Kind bekäme – war es das? Sie stellte es sich vor – es war nicht das allein.

Wenn sie an ihr erstes Ehejahr dachte, war da zuerst der Geruch von Küche und Kochen, dann waren da ihre Malereien, ihre Träume, dann das Gefühl der Einsamkeit. Paula schrieb ins Tagebuch: „Es kommen mir oft die Tränen wie in der Kindheit, jene großen Tropfen. Ich lebe im letzten Sinn wohl ebenso einsam wie dazumal. Es ist meine Erfahrung, daß die Ehe nicht glücklicher macht. Sie nimmt die Illusion, die vorher das ganze Wesen trug, daß es eine Schwesterseele gäbe. Und ist es vielleicht nicht doch besser, ohne diese Illusion zu leben, Aug in Aug mit einer großen einsamen Wahrheit? Dies schreibe ich in mein Küchenhaushaltsbuch am Ostersonntag 1902, sitze in meiner Küche und koche Kalbsbraten."

Dann die Sonntagnachmittage im Barkenhoff. Paula besah sich das Tulpenkissen, das Martha bestickt und mit einer blauen Kante versehen hatte. Sie hatte selten so etwas Schönes gesehen, sie bewunderte. Bemerkte bald den Zwiespalt in Vogelers Ehe, spürte unterschwellig, daß sich die beiden im Grunde fremd waren. Spürte ratlos auch Marthas Scheu ihr gegenüber. Es ging nicht anders, sie stand reserviert vor der jungen Nachbarin. Anfreunden konnten sich die beiden Frauen nicht. Paula gewöhnte sich nicht daran wie Helene Overbeck, niemals mehr das zu tun, was ihr vor der Ehe so wichtig gewesen war.

Weiterkommen in ihrer Malerei, immer weiter. Und doch noch ein fröhliches Gesicht gemacht, den Kaffeetisch schön gedeckt in der Veranda, wenn die Bremer Verwandtschaft sie in Worpswede besuchte, sommertags, wenn die Nelken so intensiv dufteten, die sie um die Beete pflanzte.

Manchmal war das Leben eine Idylle. Ruhe im Haus, keine Geräusche, nur das Tassengeklapper in der Küche. Das Mädchen wusch das Geschirr ab. Draußen war es schon heiß, obwohl es noch Vormittag war. Von ihrem Platz in der Veranda sah Paula den Garten, vorn im Beet die gleißende Kugel, Sonnenreflexe. Sie mußte die Augen schließen. Das Licht auf der Glaskugel blendete zu stark. Diese Glaskugeln aus den Bauerngärten, wie schön die waren. Hast du sie gesehen? Solch eine wünschte sich Paula. Dies war die zweite im Modersohnschen Garten. Ein sirrender Klang, ein Knall, als die erste zerbarst, sie stand nur einen Tag lang im Beet. Die Glaskugel war ersetzt worden. Dinge waren austauschbar. An Dinge knüpften Erinnerungen an. Paula liebte Antiquitäten, sie strich ein paarmal mit der Hand über den Tisch im Wohnzimmer, wo es nun kühler war. Dieser große ovale Tisch mit dem Löwenkopffuß aus einem Antiquitätenladen in Münster hatte viel Ähnlichkeit mit einem in der elterlichen Wohnung in Bremen.

Frau Brünjes hatte dem Hausmädchen Salatbohnen mitgegeben, die sollte Frau Modersohn in Salz einlegen. Damit sie was im Winter hätten. Im Winter! Ja, man mußte vorsorgen. Paula wollte die Bohnen heute noch verarbeiten. Arbeitsdisziplin hatte sie in England gelernt. Ob das Wasser zum Abkochen in den kupfernen Kessel käme. Richtig, Lena, aber vorher müssen wir die Bohnen abfasern. Paula war nicht gewohnt, untätig danebenzusitzen, wenn viel Arbeit im Haus anfiel.

Und wieder am nächsten Morgen um sieben Uhr aufgestanden, die kleine Elsbeth gewaschen, angekleidet. Nachmittags Lena geholfen. Den großen Wasserkessel auf den Herd gestellt. Holzscheit um Holzscheit ins Feuer gelegt. Badewasser zubereitet, das heiße Wasser in die Zinkwanne gefüllt, Temperatur mit dem bloßen Ellenbogen geprüft, kaltes Wasser hinzugegossen. Jede Woche einmal, manchmal zweimal, ein Jahr lang, zwei Jahre lang.

„Der Abend leget warme
Hernieder seine Arme
Und wo die Welt zu Ende
Da ruhen seine Hände.
Die Mücklein summen leise
In ihrer hellen Weise
Und alle Wesen beben
Und singen leis vom Leben …
Es ist nicht groß,
Es ist nicht breit,
'ist eine kleine Spanne Zeit
und lange währt die Ewigkeit",

dichtete Paula an einem Sommertag 1902 in der Lehmkuhle. „Ich glaube, mein Glück besteht in der Hoffnung. Man muß eine Hoffnung haben im Herzen, die einen nicht ermüden macht."

In Modersohns Atelier war Besuch. Fritz Overbeck ging von

Bild zu Bild, betrachtete die Skizzen, die Otto in seinem Atelier aufgestellt hatte. Das hier kann groß werden, er zeigte auf das Bild des Moorkanals, auf die Spiegelungen, die Modersohn mit kräftigem Pinselstrich hineinmalte. Die beiden steckten sich umständlich und in aller Gemütsruhe ihre Pfeife an, begrüßten mit Schulterklopfen Heinrich Vogeler, der soeben eintrat. Er bewundere immer noch Ottos Bilder mit den Elfen, die in Bremen ausgestellt waren.

Sie schauten zur Tür, die Paula in diesem Moment öffnete. Sie hatte ihre Staffelei unterm Arm, wollte fragen, wann Otto nach Haus käme. Das würde noch ein Weilchen dauern, sie wollten sich in Ruhe über Ottos neue Bilder unterhalten. Können Sie uns Ihre Bilder einmal vorzeigen? Diese Frage wurde Paula nie gestellt. Niemand zeigte den Wunsch, einmal einen Besuch in ihrem Atelier bei Brünjes machen zu dürfen.

Paula dachte an die Tombola, zu der die Maler ein Bild stifteten, auch sie hatte sich einverstanden erklärt und eins gegeben. Nur die Bauersfrau, die ihr Bild gewann, war gar nicht damit zufrieden, sie hatte das Bild gegen einen soliden Korb umgetauscht.

Die Männer drehten sich schnell wieder um, als sich die Tür hinter Paula schloß, es schien überhaupt so, als wäre bereits vergessen, daß Paula den Raum betreten hatte. Wissen Sie, was dem Eheleben am zuträglichsten ist, bedeutete Overbeck seinen Freunden, ich sage euch, wenn man der Frau klarmachen kann, daß sie zwar die unumschränkte Herrscherin im Haus ist, aber sonst nichts anderes im Kopf zu wälzen hat. Vogeler nickte, ein Mann wollte nicht gern mit einer Frau verheiratet sein, die nicht nur von ihm und seiner Arbeit, sondern auch von eigenen Ideen träumte.

Mackensen, der Junggeselle, ständig auf Brautschau, der hinzugekommen und die letzten Sätze gehört hatte, pflichtete dem bei, ergänzte, darum bin ich auch gegen die Frauen, die durch ihre Arbeit interessant sind. Frauen sollten nicht interessant sein und wirkungsvoll, sondern für den Mann bequem und angenehm. Im übrigen wäre es nicht zu verachten, wenn die Frau gleichzeitig den soliden Grundstock für ein großes Haus mitbrächte.

25

Im Januar 1903 waren Clara und Rainer Maria in Paris. Vielfalt an Kunst. Museen, Kunsthändler. Zeichenunterricht bei Colarossi, Aktstudium im Croquis und ohne Zeitplan durch die Straßen wandern. Auf, nach Paris! Von Tag zu Tag wurde der Wunsch stärker, und schließlich hielt Paula es nicht mehr aus, sie mußte Otto um Urlaub bitten. Sie konnte in Worpswede nichts dazulernen. In den Ateliers von Overbeck, Mackensen, Vogeler immer dieselben Motive, immer dieselbe Technik. Auch Otto blieb seiner Malweise treu. Die große poetische Naturdarstellung, ihm war sie doch gelungen! Was wollte er mehr? Die Verkäufe nahmen zu. Otto lehnte sich mit seiner Pfeife behaglich zurück. Wenn man fast zwanzig Jahre lang ausgebildeter Maler war und mit seiner Malweise Erfolg hatte, warum sollte man dann plötzlich etwas ganz Neues anfangen. Sie stritten darüber. „Der dicke Farbauftrag hat für mich etwas Materielles. Ich möchte es mit einer andern Lasur erzeugen, als Otto sie vorhat. Er kennt eigentlich nur die einmalige Lasur", schrieb Paula ins Tagebuch. Weiter, immer weiterwollen. Sie brauchte neue Anregungen. Sie behauptete, hier würde ihrer Kunst der Atem abgeschnürt. „Und noch etwas, was ich wieder in Paris lernen möchte: dieses Schaffen aus dem Moment heraus, was die Franzosen in so hohem Maße besitzen, dieses den Nagel auf den Kopf treffen." Otto war verstört, Paulas Wunsch traf ihn zutiefst. Er mußte zugeben, er hatte eine Malerin geheiratet, die ihre Kunst ernst nahm. Soviel gestand er sich ein, daß er bisher nur wußte, in Paula eine intelligente, vielseitig interessierte Frau gefunden zu haben, wortgewandt, sicher im Urteil. Vor einem Jahr noch hätte er nicht geglaubt, daß ihr Wille und ihr Mut ausreichten, um in ihrem künstlerischen Mühen durchzuhalten. Die Bilder, die sie ihm zeigte, hatten ihn überrascht, und er gestand sich ein, daß einige sogar tiefer wirkten als seine eigenen.

Da war Paulas Bild „Elsbeth im Garten mit der Glaskugel". Selbstvergessen steht die kleine Person, das Pummelchen, im Gras, so wie Kleinkinder manchmal im Stehen träumen können, auf stämmigen Beinchen und doch verletzlich. Weiß das Hängerkleidchen, weiß die runde Haube auf dem kleinen Kopf, wie beschützend. In der Glaskugel, die fest und sicher auf grünem Pfahl ruht, spiegeln sich Garten und Haus.

Plötzlich verstand er, warum ausgerechnet Paula seine Elfenbilder nicht leiden mochte. Die Erkenntnis kam ihm blitzartig, als er sein Bild „Garten mit Elsbeth und Glaskugel" mit ihrem verglich. Dasselbe Motiv, er hatte es symbolisch überfrachtet. Warum setzte er einen Marmorengel mit himmelwärts weisender Hand ins Gartenbeet? Paula kritisierte. Welch merkwürdige Idee, sollte der Engel vielleicht an Elsbeths verstorbene Mutter erinnern? Warum stand das Kind so puppenhaft hinter den Blumen, und die Glaskugel konnte jeden Moment vom Ständer fallen.

Sie betrachtete mit zunehmender Ratlosigkeit Ottos Arrangement. Er übte Selbstkritik. „Ich mache immer zu viel, dadurch werde ich leicht kleinlich. Ich wirke leicht zu niedlich, nett, angenehm, während mein Ideal Größe ist." „Teufelsmädel!" hatte er gesagt, und Paula glaubte, in Ottos Blick Anerkennung zu entdecken, wußte aber nicht, ob die ihrem Bild oder ihrem Urteil galt. „Wolle Gott, es würde etwas aus mir", war Paulas Weihnachtswunsch gewesen. Sie ging durch die Dämmerung zu Bauer Behrens in der Bauernreihe, wo sie die Kinder vermutete. Sie ging durch die Diele in den großen Flur. Die alte Standuhr schlug fünf. Durch das Gelächter, das aus dem Zimmer neben der Küche drang, wurde sie aufmerksam und entdeckte Elsbeth, die mit den Krummachers Kindern und den Kindern von Behrens am Tisch saß, wo sie gemeinsam aus einer Pfanne Buchweizenpfannkuchen gabelten. Wie einfach war es, auf dem Lande glücklich und zufrieden zu leben.

Aber wenn Paula weiterkommen wollte, mußte sie von hier fort. Die letzten Tage waren voller Sturm und Schneeregenschauer gewesen. Zu keiner anderen Jahreszeit war der Himmel so grau und die Erde so unwirtlich wie am Dezemberende. Paula fieberte nach Licht. Mit der Dunkelheit sanken die Temperaturen, und in denjenigen Zimmern, die nicht beheizt wurden, fröstelte sie, feuchte Kälte machte die Hände klamm.

Paula war seit November 1902 anfällig geworden für Krankheiten. Ihr ging es schlecht. Sie litt unter Kopfschmerzen, Bronchialkatarrhen. Eine Kur mit Tees und heißen Holundersäften hatte nur vorübergehenden Erfolg. Vor allem konnte sie danach kaum malen. Sie sah wenig Sinn in ihrem Alltag und fühlte sich alt und verbraucht. Sie mußte wegen Paris etwas unternehmen.

Am letzten Tag im Januar stand sie früher auf als sonst und bat Otto nach dem Mittagessen, sie auf einem Rundgang zu begleiten. Der Weyerberg war rauhreifbedeckt, scharf begrenzt von kaltweißer Bogenlinie. Die Sonne lag wie eine Eisscholle im schneedunstigen Himmel. Paula ging neben Otto her über den hartgefrorenen Weg. Wie harmonisch könnte Paula mit ihm in Worpswede leben, wenn man sich nur einiger wäre. Ob er auch die allgemein gültige Auffassung verträte, wie das Leben einer Ehefrau auszusehen hätte.

Warum eigentlich, fragte er zurück, lehnte Paula sich gegen althergebrachte Traditionen auf? Er könnte das nicht verstehen. Wollte sie nicht einsehen, daß langgewachsene, erprobte Verhaltensweisen auch ein Schutz für die Frau waren?

Als ob sie sich nicht selbst schützen könnte! Paula reckte den Kopf, sie hatte es doch längst bewiesen. Nein, dieses Argument ließ sie nicht gelten. War er so abhängig von der Meinung der Verwandten, der Freunde, die ihre Reise mißbilligen werden? Er schwieg, trat heftig auf eine zugefrorene Pfütze, und das Eis splitterte. Sie fragte weiter. Machst du dich nicht zum Sklaven der Gesellschaft, einer starren Etikette, die verlangt, daß sich die Frau bedingungslos unterordnet? Warum durfte sie kein Recht auf eine eigene Entscheidung haben? Paula schaute von der Seite her zu ihm auf. Sie drang weiter in ihn ein. Wenn sie zu ihrer Ausbildung ihren eigenen Weg gehen wollte und ein paar Wochen in Paris studierte, so bedrohte sie damit keinesfalls sein Leben, noch sein Glück, stellte keine Gefahr dar für sein Werk.

Otto sah das anders. Hier wohnt Hans am Ende, dort drüben wohnen die Overbecks. Alle sind sie hier geblieben. Er zeigte in die Richtung der Häuser seiner Malerfreunde. Entschuldige,

Otto, aber ich finde, du bist ziemlich altmodisch. Es hört sich an, als schriebest du dich selbst an diesem Ort fest. Das möchte ich wohl auch, in dieser Stille leben, erwiderte er. Aber das ist doch verrückt. Hier ist alles erstarrt. Ihr lebt doch in der Vergangenheit. Ihr seid allesamt eingeschlafen. Da hinten die Kirche, daneben der Friedhof. Ich muß hinaus. Ich habe noch soviel Neues vor.

Otto wandte sich ab. Er dächte anders darüber, er könnte sich nicht vorstellen, warum sie nicht so wie er fühlte, er sähe ihr Vorhaben als Flucht an. Paula blieb stehen. Als Flucht dürfte er ihre Reisen nicht bezeichnen. Sie hätte ein Ziel vor Augen. Sie wollte etwas beginnen. Nein, sie hätte keine Angst vor dem Leben in Worpswede, aber Paris wäre eine Chance, die sie auf jeden Fall wahrnehmen wollte, auch wenn ihr Nachteile aus der Reise entstehen sollten.

Oberhalb des Barkenhoffs kehrten sie um. Du bist so schweigsam, sagte Paula. Ich habe allen Grund, still zu sein, ich habe Angst, murmelte er, daß sie den Satz kaum verstehen konnte. Wovor, fragte sie zurück und blieb stehen. Sie sah zu ihm auf. Wovor hast du Angst. Sie schaute ihm in die Augen und verkrampfte die Hände in den Manteltaschen. Ich weiß es nicht genau, sagte Otto.

Ach Otto, vertrau mir, gib mir die Chance. Sie faßte ihn an den Armen, rüttelte ihn leicht. Ich weiß, daß ich viel von dir verlange, mehr als andere Frauen von ihren Ehemännern verlangen, aber wir beide führen doch auch ein anderes Leben als die meisten. Sie spürte, wie sich seine angespannten Muskeln lockerten. Komm, Otto!

Er schwieg, als sie auch ihn für einen Aufenthalt in Paris begeistern wollte. Sie hörte nicht auf, ihn zu bitten. Auf einmal Worte wie – unter gewissen Umständen ja –. Paula horchte auf, das ließe sich doch einrichten. Briefe gingen hin und her zwischen Worpswede und Bremen. Selbstverständlich war die Mutter bereit, den Haushalt zu versorgen. Paula nutzte ihre Chance und bestellte eine Fahrkarte für den zehnten Februar. Fliegender Wechsel, Mutter Becker winkte der Tochter nach. „Ich lebe seit ein paar Wochen mit einem der feinsten, liebenswertesten Exemplare der Spezies Mensch, mit meinem Otto Modersohn zusammen", teilte sie im Familienrundbrief am 20. Februar 1903 mit. „Er hat Paula nach Paris geschickt, noch einmal zu schauen, zu lernen zu arbeiten. Er selber mag nirgends anders arbeiten als in Worpswede, er findet hier jede Anregung, jedes Glück, er wurzelt wie ein Baum in dem Boden, in den er sich selbst hineinpflanzte. Dabei schaut er mit größter Objektivität und liebreichstem Interesse Paulas anderer Art zu."

An alles war gedacht, nur nicht daran, daß einmaliges Atemholen nicht ausreichen würde, daß Paula demnächst, wenn die Stille von Worpswede wieder lähmte, erneut aufbrechen mußte. Vorerst holte sie tief Luft in Paris. Sie stand am Fenster in ihrem Atelierzimmer in der Rue Cassette 29 und sah hinaus. Sie schaute über die plakatbeklebte Mauer, die den Hof gegen den Klostergarten dahinter abschloß, Kastanienbäume streckten kahle Zweige über den Mauerrand. Sie schaute nach links, um zu sehen, wie blau und seidig der Himmel von Paris sich hinter dem Dach der Kirche ausnahm, die zum Kloster gehörte. Was machen meine Liebsten in Worpswede, dachte sie.

Ob Otto wohl verstanden hatte, was sie ihm am 18. Februar zum Geburtstag nach Worpswede schrieb? „Weißt Du, ich denke hier auch viel an Deine Bilder. Sie müssen noch viel, viel merkwürdiger werden. Da muß ein Hauch und ein Ahnen und eine Merkwürdigkeit in ihnen sein, wie in der Natur, wie sie uns in Augenblicken erscheint, wenn unser Auge ungetrübt und klar in das seltsame Wesen der Dinge schaut. Ah, so eine Reise tut sehr gut, ich möchte wohl Paris alle paar Jahre wiedersehen, obgleich ich mich zuerst hier recht ungemütlich fühlte." Weiterwollen, gemeinsam weiterstreben. Otto war einmal ihr bewunderter Meister gewesen, als sie noch Schülerin war in Berlin. Er war elf Jahre älter als sie. Trotzdem. Sie hatte keine Hemmungen vor den Erfolgen des angesehenen Künstlers. Sie wollte ihn bewegen, eine neue Art in seiner Kunst zu beginnen. Sie wollte nicht wahrhaben, daß ein halber Generationsunterschied sie trennte. Cézanne war älter als Modersohn, war 1839 geboren. Sie konnte nicht umhin, Otto Ratschläge zu geben. Man durfte einem Künstler, der hochgradig gute Bilder gemalt hatte, der die Formensprache, die Grammatik der Malerei beherrschte, nicht auf Irrwegen belassen. Paula fühlte ihre Verantwortung.

26

Sie sah sich wieder durch die Straßen von Paris laufen, Frühjahr 1903. Den Verkaufsstand suchen, wo sie Apfelsinen für Klein-Elsbeth fand. Dünner Aprilregen besprühte ihr Gesicht, ihr Haar. Sie sah, wie sie den strapazierfähigen Manchesterstoff für Ottos Jacke im Kaufhaus Bon Marché bezahlte, wie sie schnell noch das Tagebuch des Malers Delacroix kaufte, wie im Jardin du Luxembourg die unermüdlich schwatzenden Kindermädchen die hochrädrigen Kinderwagen schoben. Sie hatte hineingeschaut, die Babies angelächelt. Sie war noch immer kinderlos. Es würde Zeit werden. Martha Vogeler erwartete schon ihr zweites Kind.

Und dann hatte sie noch Rilkes besucht, die in zwei getrennten Wohnungen dort arbeiteten. Rilke konnte Paris nicht gut vertragen. „Er hat Influenza, zum dritten Mal in diesem Winter. Er sollte lieber abreisen, denn das wäre vielleicht seiner Frau besser", schrieb sie an Otto, „Du merkst wohl, daß ich auf ihn nicht gut zu sprechen bin, obgleich wir sehr liebenswürdig miteinander verkehren, so daß ich ihm ganz wunderbare Tulpen in sein Krankenzimmer gebracht habe. Über Clara kann man gar nicht urteilen. Sie ist in einem Zustand, der nicht anhalten kann, da muß man einfach warten, was daraus wird."

Paula war damals gern wieder nach Worpswede zurückgekehrt. Ostern kam sie heim. Sie hatte während der langen Bahnfahrt an ihrem Ehering gedreht, ihn ab und zu heimlich geküßt, der jetzt so locker saß. Daß sie ihn nur nicht verlor. Abgemagert war sie. Sie brachte diese Augen mit heim, in die man nicht lange hineinsehen kann, urplötzlich mußte man sich umarmen, sich küssen. So hatte Otto sie nicht gekannt. Er wurde von ihrer Hingabe aufgewühlt. Sie drückte Mund und Nase in ihren bloßen Arm, als der Malkittel herabrutschte, als sie die Pappe oben an der Staffelei befestigte. Die Nachtgerüche, den Geruch von warmer Männerhaut und rotem Bart wollte sie lange wahrnehmen. In den kleinen Bauernhäusern wieder Neugeborene. Überwältigend diese Fruchtbarkeit. Paula malte stillende Mütter, schlafende Säuglinge auf rotgewürfelter Decke.

Komm, zieh das blaue an. Ich möchte dich im Garten malen. Otto wartete an der Staffelei, bis Paula im Gras vor ihm stand, barfüßig, im ärmellosen, rückenfreien Kleid. Ah, der laue Frühlingswind. Sie warf die Arme hoch.

Wir sollten heute abend einmal wieder Luftbaden. Ottos Augen blitzten sie an. Beckersches Luftbaden, und das machte man so: Kleider ablegen und nackt hinaus ins Freie oder vorm offenen Fenster tief ein- und ausatmen. Dem Körper Luft gönnen, Luft genießen und sich entspannen.

Als es dunkel genug war, liefen die beiden durch den Garten. Das Gras war betaut und feuchtete ihre Füße. Sie liefen unter dem blühenden Apfelbaum her, Adam und Eva.

Sie war ins Schlafzimmer gegangen, kämmte sich vor dem Spiegel das schwere Haar. Warum magst du das Konventionelle nicht, warum verachtest du die Tradition, fragte Otto und stellte sich hinter sie, schaute ihr über die Schulter. Ich kann nicht finden, daß ich die Tradition ablehne, aber ich bin kein Mensch von vor hundert Jahren, ich habe andere Träume, andere Visionen, ich möchte Zukünftiges malen. „Wenn jeder auf seinem Standpunkt verharrt, kann die Liebe nicht verbinden." Ottos Gedanken.

War das die Schranke, die sie zwischen ihrer glühenden Liebesbereitschaft und Ottos Verhalten gespürt hatte, oder war es immer noch diese gekränkte Eitelkeit? War es vielleicht ihre Kraft, äußere Schwierigkeiten, Mißbilligungen zu überwinden?

Das war nicht die Heimkehr, auf die sie sich so gefreut hatte. Wer eigentlich hatte sie vermißt? Elsbeth wich nicht vom Rockzipfel der lebhaften Großmutter, ließ sich von dieser kleine Bilder malen, hing mit offenem Mund an Mathilde. Diese erzählte dem Kind Märchen und Sagen, wurde dabei wieder junge Mutter, aber ohne deren Verantwortung. Otto bewunderte die Redegewandtheit, den Witz seiner Schwiegermutter, die ihn mit Erzählungen aus der Bremer Kunstszene unterhielt, die sich darin sonnen konnte, mit wenig Aufwand soviel Harmonie zu verbreiten. Er wollte ihr in Worpswede auch etwas bieten und veranstaltete für sie eine private Ausstellung von William Turners Bildern, Reproduktionen des impressionistischen Malers, die er gesammelt, aus Kunstzeitschriften ausgeschnitten hatte. Er stellte sie eines Abends im Wohnzimmer aus, und Mathilde mit der Tasse Tee in der Hand ging von Bild zu Bild, und während Otto die Malweise Turners erläuterte, bewies Mathilde ihr Wissen, als sie die mythologischen Figuren benennen konnte, die Turner mit Vorliebe in seine Bilder setzte.

Zweifellos hatten sich alle drei im Modersohnschen Haus gut verstanden, während Paula in Paris war, und sich nicht gelangweilt. Das war gut, und Paula konnte nur froh darüber sein, auch wenn die Gemeinsamkeit ab und zu auf ihre Kosten ging. Sie hatte es im Gespür, da gab es stillschweigende Abmachungen von jenen, die sich auf dem richtigen Weg dünkten, und die arme Verirrte, die sich nicht wie allgemein üblich verhielt, mit nachsichtigem Mitleid bedachten.

Aber warum hatte Otto plötzlich mit neuem Malmaterial gearbeitet, warum diese Raphaelistifte gekauft? Wollte er ihr und seiner Schwiegermutter klarmachen, daß man Neues auch in der Abgeschiedenheit von Worpswede beginnen und erproben konnte, daß eine Reise in die Ferne töricht war. Warum hatte Mutter Mathilde die Verandafenstersprossen weiß streichen lassen, Kissen bestickt? Hatte sie Angst, daß eine Verbindung, an der ihr soviel lag, durch die Reise der Tochter vielleicht gelockert werden konnte? Aber nun war Paula wieder da, und Mutter Becker war zufrieden. Jetzt war die Tochter wieder auf richtigem Wege, war wieder die sorgende Hausfrau. Otto notierte: „Sie malt, liest, spielt Klavier. Der Haushalt geht auch ganz gut, nur das Familiengefühl und das Verhältnis zum Hause ist zu gering. Ich hoffe, daß das noch besser wird."

Natürlich hatte Paula das Abschätzige in den Blicken der Worpsweder Malerfreunde bemerkt, als sie zurückkam. War

Frau Modersohn so anders als ihre Frauen, die brav zu Haus blieben, die einzig für Mann und Kinder da waren? Mackensen und Overbeck warfen sich in die Brust, stellten das Bierglas heftiger auf den Tisch. Paula war früher schon eigenartig gewesen, Mackensen erinnerte sich. Von seinem Leitspruch „Dürer als Führer" hatte sie nicht viel gehalten. Was wollte Paula eigentlich in Paris? Malen? Paulas Spleen. Malte sie denn hier nicht genug? Sie schien doch sowieso nichts Besonderes zu fabrizieren. Es sprach nicht für Paula, daß Modersohn noch nie versucht hatte, ihre Werke der Öffentlichkeit vorzustellen. Er mußte sie doch am besten beurteilen können. War er nicht das „Haupt der Worpsweder Kolonie" gewesen, „das größte Talent der Gruppe", wie die Kölnische Zeitung urteilte? Diese Bevorzugung lag einigen Malern noch immer schwer auf der Seele. Rilke jedenfalls hatte nach der Hochzeit sofort Claras Werke fotografieren lassen und sich um Aufträge für die Künstlerin bemüht. Die beiden Männer hatten das Zuschlagen der Tür nicht gehört. Plötzlich stand Modersohn neben ihrem Tisch in der Wirtsstube, die zwei verstummten, nahmen ihr Glas in die Hand. Na, nun war Modersohns Familie ja wieder komplett, sie prosteten ihm zu. Paulas Malspleen, man durfte ihn nicht ernst nehmen.

Modersohn nahm ihn ernst, schwieg sich darüber aus, kein Wort zu den andern, notierte aber ins Tagebuch: „Paula hat eigene Ideen über Form, Farbe über Technik. Sie ist künstlerisch durch und durch. Sie ist sicher die beste Malerin, die je hier gewesen ist. Diese kleine Deern soll besser malen als du, der Deubel! Das wäre doch! Paula ist ein geniales Frauenzimmer, eine wirkliche Malerin, sie malt heute schon besser als Heinrich Vogeler. In aller Stille wird sie weiterstreben und eines Tages alle in Erstaunen setzen, wie ich damals. Junge, Junge, jetzt fang ich an. Mir sind die Augen offen. Das wird ein Wettlauf!"

Paula sprach weder vom Wettlauf noch verglich sie ständig ihre Arbeiten mit denen von Otto, wie sie das früher getan hatte, wenn sie nach dem Abendbrot noch zusammen ins Moor marschierten, eine Kuh zeichneten, Ziegen, ein Gehöft. Sie wußte nicht mehr, wann sie damit begonnen hatte, ihm nicht mehr sämtliche Bilder und Skizzen zu zeigen, die sie im Verlauf einer Woche fertigstellte. Die Bilder Cézannes waren bei ihr, wenn sie ihr Stilleben malte „Tonkrug mit Ringelblumen, Kruke, Weißbrot, Apfelsinen und Zitronen". Otto hatte das Bild gefallen. „Diese kleine Deern soll besser malen als du?" Er ging in den Garten hinaus, trommelte mit der Faust aufs Gartentor, drehte Paula den Rücken zu, die in der Veranda stand. Was hattet ihr denn? fragte Vogeler, der gerade vorüberging. Nichts, gar nichts, sagte Otto, kehrte ins Haus zurück. Jetzt fange ich an, sprach er vor sich hin. Er wollte seiner Ehefrau in punkto Eifer nicht nachstehen, und neue Bilder schwebten ihm auch vor. Diesmal täuschte sie sich, er würde es ihr schon zeigen, er war auf gutem Wege. Oho, eine Lust zu malen erfaßte ihn ganz und gar. Bild um Bild entstand. Am Ende dieser Schaffensperiode war er wieder ganz obenauf. Seine Bilder verkauften sich.

Grippewelle. Otto lag mit feuchtem Umschlag um den Hals auf dem Sofa und versuchte mit geröteten Augen in einer Zeitschrift zu lesen. Elsbeth, schon wieder auf den Beinen, hatte die Erkältung überwunden. Kleinkinder sind lebhaft. Elsbeth knallte Türen. Es war seit Tagen trübes Wetter, sie tobte mit der Puppe herum, wollte sie zerschlagen. Dem hustenden, niesenden Otto war das lästig. Paula mußte die Kleine mit Spielen beschäftigen, Otto besänftigen. Komm Elsbeth, wir machen uns einen Bratapfel. Trost brauchte Schwester Milly, deren Verlobung auseinanderging. Trost brauchte Bruder Günther, der unglücklich aus Australien schrieb. Die Angst von Mutter Mathilde, daß die Kinder nicht zurechtkämen. Paula mußte sie beruhigen.

Mißstimmungen. Tage, wo man sich lieber aus dem Weg geht. Wieder dieser Nullpunkt, wo Otto nichts schaffen konnte. Warum er so blaß und verfallen aussah. Paula holte Ottos besondere Mappe, Zeichnungen in Rötel, Kohle, Kreide. Seine kleinen Blätter, siebenhundert oder mehr, die er im Laufe der Jahre gemacht hatte, abends bei Petroleumlicht. Sie wartete, bis er einige herausnahm. „Mann auf dem Weg im Moor", „Abend im Moor", Momentaufnahmen und doch so gut und tief in der Stimmung, wie sie sie nur ein echter Künstler machen konnte. Die Skizzen müßten ausgeschnitten, geordnet und aufgeklebt werden. Paulas Lieblingsbilder. Auf dem Tisch im Atelier, Scheren, Klebstoff, Pappen. Mit Eifer waren die beiden am Werk. So müßte es immer sein. Gemeinsam schaffen. Gemeinsam weiterstreben. Ottos neue Schaffensperiode. Otto mit flatterndem braunen Mantel draußen im Moor. Daß Paula beruhigt sich anderem zuwenden konnte.

Herma, das Nesthäkchen, nun auch schon achtzehn Jahre alt, bekam auf einmal Schwierigkeiten. Seit zwei Jahren, nach dem Abschluß der höheren Töchterschule hatte sie regelmäßig Unterricht genommen in Latein, Griechisch, Mathematik, Physik.

Ich möchte so gern aufs Gymnasium! Paula bestärkte sie darin. Sie hatte mit der Mutter darüber gesprochen, gebeten, gib Herma die Möglichkeit. Die Antwort: Nichts lieber als das. Wenn Mutter Mathilde den Kindern auf ihrem Weg helfen konnte, tat sie es, und in diesem Fall war das Ziel wirklichkeitsnah, greifbar und nicht so nebulös wie das von Paula, nicht wahr? Paula schwieg, Hauptsache, die Schwester durfte weiterlernen. Medizin wollte sie studieren wie Bruder Kurt.

Leider schlug die kühne Idee Mutter Beckers fehl, ihre jüngste Tochter in der entsprechenden Klasse des Jungengymnasiums auf das Abitur vorbereiten zu lassen. Das gebe zuviele Nachahmerinnen, eine Lawine könnte ausgelöst werden, so der ängstliche Direktor. Herma mußte also zu Hause weiterlernen. Doch Herma war wie Paula, würde durchhalten und wird 1904 das dritte und jüngste Mädchen in Bremen sein, das Abitur macht.

Wenn Paula doch auch Erfolge vorweisen könnte.

Sie enttäuschte. Schuldgefühle. Noch immer nicht auf dem Höhepunkt. Immer noch das Gefühl, sich rechtfertigen zu müssen vor der Mutter, vor den Geschwistern. Der Mutter vielfache Bemühungen immer noch nicht belohnt. Immer noch kein Erfolg mit der Malerei, auf den die Mutter stolz sein konnte! „O wenn ich erst was bin, daß ich dir und meinen Verwandten mutig in die Augen sehen kann. Allen möchte ich mutig entgegentreten und ihnen mein Werk vorweisen können, allen, die meine Malerschaft mitleidig und zartfühlend behandelten wie einen kleinen schnurrigen, verbissenen Spleen, den man eben bei einem Menschen mit in Kauf nehmen muß."

Sie enttäuschte auch ihren Mann. Paula war wieder ins Armenhaus gegangen, hatte die Dreebeen gemalt, die Olheit, die kranken Kinder. Das blinde Mädchen, das von seiner Schwester umarmt wird, das lungenkranke Töchterchen des Torfarbeiters.

Otto war entsetzt. „Die Farbe ist famos, aber die Form, der Ausdruck: Hände wie Löffel, Nasen wie Kolben, Münder wie Wunden, Ausdruck wie Kretins". Seine Kritik kam ihr sehr bekannt vor: Worpsweder Hängebäuche, so hatte der Vater gesagt. So durfte man nicht malen. Otto war ärgerlich. Er verstand Paula nicht. Diese Malweise war ihm fremd. Hilflos fühlte er sich ihr gegenüber. Und diese Hilflosigkeit stürzte ihn abwechselnd in Zorn, der sich in Schimpfen entlud, oder in Verstocktheit, die ihn stumm machte.

Sie raufte sich das schwere Haar. Sie rannte in den Garten, sah nach den Obstbäumen, es würde keine gute Apfelernte geben, die Nachtfröste während der Blütezeit hatten zuviel geschadet. Allein die Stunden, die sie für Haushalt und Sorge um die Verwandtschaft brauchte, hätten ihre Energie aufzehren können. Aber sie hatte einen unbeugsamen Willen. Kunst und Familie sollten ihr Leben ausmachen. So oder so ähnlich hatte sie das einmal gesagt. Ich muß weiterkommen, ich will immer weiter, dieser Wunsch galt ihrer Kunst. Jeden Abend nahm sie wieder ein Buch zur Hand. Sie las jetzt Bettina von Arnim „Goethes Briefwechsel mit einem Kinde", Georges Sand „Lettres d'un Voyageur" und wieder Victor Hugo „Notre Dame de Paris". In Paris konnte Paula nur ihrer Kunst leben.

27

Ein drittes Mal hatte sie nun „Notre Dame de Paris" gelesen, tagelang den Klang französischer Sprache im Ohr. Frankreich. Paris. Wünsche wurden wieder wach. Otto blieb unbesorgt, selbst nach diesen merkwürdigen Briefen, die sie ihm schrieb, als er allein zur Geburtstagsfeier seines Vaters nach Münster gefahren war und sie sich zurückzog in ihr Atelier bei Brünjes. Kaum hatte sie die Tür hinter sich geschlossen, tanzte sie herum wie in Junggesellintagen. Frühjahr 1904. Paula Modersohn spielte wieder Paula Becker. Die frühere mädchenhafte Munterkeit kam zurück, sie veränderte ihre Lebensgewohnheiten. Sie kochte sich auf dem Petroleumofen ihr Frühstücksei. Sie holte ihre Gitarre und spielte. Es war noch früher Morgen, und sie hatte wunderbar in ihrer Junggesellinkoje geschlafen. Hahn-, und Hühnerstimmen ein himmlisches Wecken. Sie war wie von einem Druck befreit. Sie öffnete das Fenster, frische Stalluft wehte herein, jetzt ein Lauf über den Weyerberg. Und während sie darüber nachdachte, daß es heute keine Kartoffeln zu Mittag gab, mußte sie lachen. Hier, Elsbeth, nimm noch, sagte sie und füllte der Kleinen nach. Kalten Reis mit Apfelschnitten und Rosinen aßen sie, und Paula aß mit Genuß. „Alles Dinge, die ich wahrhaft kindlich liebe, die Otto nicht zum Leben ausreichten. Ich fühle mich so göttlich frei!" Allen teilte sie es mit, sie schrieb es Otto, sie schrieb es Tante Marie, sie schrieb es Milly. Es war, als platzte sie, wenn sie diese Freude nicht mit vielen teilte. Gab zu, daß ihre Freiheit deshalb so schön war, weil sie Otto im Hintergrund wußte. Warum diese Freude, jedesmal, wenn sie von ihm getrennt war? War es die Freude auf das Wiedersehen? Oder vielleicht dies, man konnte sich endlich einmal wieder Briefe schreiben. Und in Briefen sagte sich manches leichter. War es das, daß die Ferne ungute Erinnerungen aus dem Gedächtnis löschte?

Wochen später. Paula auf dem Nullpunkt. Angst vor der Leere, fürchtete die Wartezeit, bis wieder Malanstöße kämen. Suchte Anregungen. Fühlte sich abgekapselt in dörflicher Enge. Diese Abgeschiedenheit Worpswedes! Sie war Großstadtkind. Paula regte an. Kurzreisen. Museumsbesuche in Dresden, Kassel, Braunschweig, Goslar, Hildesheim. Nach Hagen fuhren sie ins Folkwangmuseum, das Karl Osthaus, der Kaufmann und Kunstmäzen, gerade hatte erbauen lassen. Wanderungen. Worpswede – Fischerhude. Dort besuchte man Ottos väterlichen Malerfreund Breling. Eine seiner Töchter, die Luise, konnte so wundervoll singen.

Man schrieb 1905, und Paula mußte wieder nach Paris. Vergnügungen konnten nicht darüber hinwegtäuschen, daß Paula sich unglücklich fühlte. Sie fühlte sich einsam. Wieso? Otto belebte alte Freundschaften zu Mackensen, Vogelers. Ein Kegelabend wurde wieder eingeführt. Geplänkel, belanglose Fragen und Antworten. Otto wie ausgelassen, reizend war Philine, Franz Vogelers Frau, wirklich angenehm, stickte, webte, machte keine Schwierigkeiten. Schäkereien, Witze. Und nun mit der Kugel auf der Bahn bleiben, Paula, du bist doch sonst so sportlich. Um ihm einen Gefallen zu tun, war sie mitgegangen. Gespräche hatte sie angehört, bei denen sie von Beginn an vorhersagen konnte, wie sie verlaufen und enden würden. Und hatte bei all dem das Gefühl, als hielte sie eine Hand im Genick fest. Die Zeit, die ihr verrann, die wenige Zeit!

Paula lächelte krampfhaft, sie fand Philine ja auch ganz nett, hätte sich gern mit ihr unterhalten wie mit Clara früher. Eine Freundin wie Clara fand sie hier nicht. War sie wieder falsch am Platz? Eigentlich hatte sie zu Hause lesen wollen, eigentlich sollte sie jetzt in Paris sein. Herma war da. Sie hatte sich nach dem Abitur entschlossen, nicht Medizin, sondern Sprachen zu studieren und wollte als au pair ihr Französisch verbessern.

Den ganzen Herbst 1904 hatte sie mit Otto um die Reise gerungen. Vorwürfe angehört, Beschuldigungen, Egoistin! Vom Bazillus der Selbstverwirklichung befallen. Konnte Otto sich denn gar nicht vorstellen, daß sie die Anregung brauchte wie die Luft zum Atmen? Malen war ihr Lebenselement, war ihre Bestimmung, der sie mit ganzer Seele nachgehen wollte. Sie hatte Mut, diesen Aufenthalt von ihrem Mann zu fordern. Ottos stille Wut. Seine Angst. Paula fragte sich, wovor er Angst hatte. Als Maler mußte er sie verstehen. Vielleicht fürchtete er sich davor, seine häusliche Bequemlichkeit aufgeben zu müssen. Oder vor den Lästerungen der Freunde? Ihre Zähigkeit versetzte ihn in Panik. Rücksichtslos, zischte er ihr zu, wenn sie nach den Mahlzeiten abrupt aufstand, bei denen er überhaupt nicht mehr mit ihr sprach. Unempfindlich nannte er sie, kalt und herzlos. Diese Anschuldigung traf sie tief. Sie schnürte ihr die Kehle zu. Er irrte sich, wenn er glaubte, daß eine Frau, die belesen war, die ehrgeizig malte, ihn weniger lieben würde als eine häuslich veranlagte Partnerin.

Nietzsche, Friedrich Nietzsches Bücher wären schuld an diesem Egoismus, sagte Otto eines Mittags und schlug mit der Serviette auf den Tisch. Seine Ideen hätten den Leuten den Sinn verwirrt und die gute alte Ordnung auf den Kopf gestellt. Man brauchte sich nur die kleine Reyländer anzusehen oder Rilke. Otto drehte sich heftig um, hättest du diese Bücher doch nie zu Gesicht bekommen. Paula, die spürte, daß es ernst wurde, schwieg eine Weile. Dann sagte sie ruhig, das sind dumme Scherze, die mir, wie du weißt, sehr auf die Nerven gehen. Und hier im Haus wird von meinen Nerven schon viel verlangt. Wenn ich nur an die Mühe denke, bei dir und Elsbeth die Stimmung hochzuhalten.

Am selben Abend schrieb er in sein Tagebuch:

„Egoismus ist die moderne Krankheit, Paula leistet sich auch was in Egoismus. Ob wohl alle begabten Frauenzimmer so sind? Begabt in der Kunst ist Paula ja sehr. Wenn sich damit doch mehr menschliche Tugenden verbänden. Das muß das schwerste sein für ein Frauenzimmer: geistig hoch, intelligent und doch ganz Weib. Diese modernen Frauenzimmer können nicht wirklich lieben, oder sie fassen Liebe nur von der animalischen Seite, die Psyche nimmt daran nicht teil. Selbständigkeit, Selbstgefälligkeit, das kann keine glückliche Ehe geben. Der Mann, so denken sie, ist natürlich in mittelalterlichen tyrannischen Gelüsten befangen, wenn er erwartet, daß seine Frau ihm zuliebe etwas tut, mit ihm lebt, auf sein Interesse eingeht. Eine Frau würde da ja ihre Rechte, ihre Persönlichkeit opfern."

Das waren harte Worte, und Paula, die in der Nacht nicht gut schlafen konnte, hörte, daß er im Haus herumlief und vor sich hinschimpfte. Am nächsten Morgen sagte sie leichthin: Ich habe Nietzsches Zarathustra mit großem Vergnügen gelesen.

Otto grollte. Wenn Paula meinte, daß sie sich durchsetzen müßte, dann würde sie über die eigene Verbohrtheit stolpern.

Paula erinnerte ihn daran, daß sie sich einmal von Herzen geliebt hätten. Aber hier ging es um ihre Kunst. Sie wollte unbedingt eine gute Malerin werden. Plötzlich spürte sie eine Kälte in ihr hochsteigen bis zum Nacken. Da standen sich zwei Menschen gegenüber, die sich fremd waren.

Am Abend richtete sie es so ein, daß sie einen gemeinsamen Weg hatten, als Otto noch einmal in sein Atelier ging. Der Himmel war wolkenverhangen, und der Wind trieb feuchte Luft. Wir wollen uns das Leben gegenseitig nicht so schwer machen. Hast du eigentlich eine bestimmte Vorstellung davon, wie ich mich verhalten soll? Wenn ja, möchtest du, daß ich mich strikt danach richte? So kann man das nicht sagen, Otto schüttelte den Kopf. Ich weiß, daß du mich nicht bewußt kränken willst, aber ist dein Hinterherjagen hinter einem Phantom, das du das Zukünftige in der Malerei nennst, nicht vergeudete Energie? Ist es nicht vertane Zeit, immer dieses unmalerisch Harte zu produzieren, primitive Bilder zu studieren? Solltest du statt dessen nicht lieber zu Haus bleiben. Nimm's nicht übel, daß ich so offen bin. Paula gab sich einen Ruck: Ich dachte, ich hätte im Haushalt immer mein Bestes gegeben, wenn nicht, dann tut es mir wirklich leid. Nur bitte ich dich, in Elsbeths Gegenwart nicht mehr so laut zu werden. Sie waren vor seinem Atelier angekommen. Hier mußten sich ihre Wege trennen. Entschuldige, daß ich kürzlich beim Mittagstisch so heftig geworden bin, sagte er. Ich glaube, unser Verhältnis ist äußerst gespannt geworden. Ja, wir fangen an, uns sehr auf die Nerven zu gehen. Wie schnell haben wir früher Unstimmigkeiten weglachen können. Ich möchte gern, daß wir wieder miteinander umgingen wie damals. Auch ich lege großen Wert darauf, daß wir in Frieden miteinander leben. Und Paula fragte: Würdest du meinen Wunsch noch einmal überdenken? Otto nickte, als er die Tür öffnete. Paula ging weiter. Vielleicht würde er einmal froh sein, wenn sie ihm von ihrer Reise erzählen konnte.

In den nächsten Tagen schilderte sie ihm immer wieder, wie wichtig es für sie war, sich mit neuer Kunst vertraut zu machen frei von anderen Verpflichtungen. Sie mußte Cézannes Bilder wiedersehen, die über sie hereinbrachen wie ein Gewitter, und worüber sie nie sprach. Sie wollte endlich in Ruhe die Bilder von Gauguin betrachten. Sie setzte sich schließlich durch.

„Dans Aix-la-Chapelle je suis très fidèle, je suis la tienne ta petite Parisienne", schrieb sie von unterwegs, und morgen wird sie durch den Luxembourg wandeln, morgen wird sie die Luft von Paris atmen.

Sie hatte in den Akademien intensivst gezeichnet und gemalt, sie skizzierte unzählige Male im Louvre, sie zeichnete in den Ausstellungssälen. Über den Luftheizungsschächten im Luxembourg wärmte sie sich auf, sie mußte viel gefroren haben. Immer wenn Herma kam, hatte die kleine Schwester gefragt, ob sie nicht einen von ihren Schals mitbringen sollte. Paula fröstelte tatsächlich oft, war dabei hochgradig erregt. Trotzdem wollte sie sich nicht hinlegen, sich von Herma Tee kochen lassen. Ihre Unruhe sollte abklingen. Paris bot viel in diesem Frühjahr 1905. Wir müssen noch die Bilder im Salon des Indépendants sehen. Wir können billige Karten bekommen fürs Konzert, für die Ouverture der „Zauberflöte". Wir müssen unbedingt „Hernani" sehen. Auch wenn sie stundenlang vorm Théatre Français um Karten anstehen mußten, die Schwestern wollten keineswegs die Aufführung von Victor Hugos Stück versäumen. Die beiden machten Spaziergänge. Endlich kam Paula auch in den Bois de Boulogne. Herma lernte Meudon und Rodin kennen. Paula zeigte der Schwester Paris.

Paula malte am Tag von Ottos Geburtstag das Stilleben Apfelsinen und Zitronen. Sie mußte malen, immerzu das „Brausen" in sich spüren. Und übermorgen wird sie pünktlich nach Deutschland schreiben. Sie mußte die Fäden gespannt lassen. Heizte Johanne auch tüchtig? War das Fenster zur Küche schon zugenagelt? Konnte Otto gut malen? Der Gratulationsbrief zu Kurts Promotion durfte auf keinen Fall vergessen werden.

Nach vielen Briefen hin und her mußte sie Zimmer organisieren, denn Otto und die Worpsweder Freunde wollten auch nach Paris reisen. Messer, Gabel und Teelöffel müßten sie sich mitbringen. Otto sollte an seine Pfeife und Tabak denken. Hatte Paula aus der Ferne alles geregelt? Als sie abends ihren Malkittel auszog, fiel ihr Ottos blauer Anzug ein, den mußte Mutter Becker unbedingt noch einmal durchsehen wegen der Flecken.

Paris, Anfang März 1905. Mitten in den Vorbereitungen, die Paula für die Worpsweder traf, kam die Nachricht: Ottos Mutter war gestorben.

Otto konnte in der Sterbestunde bei ihr sein, er war selbstverständlich bei der Beerdigung. Paula blieb in Paris. „Du mußt mir bitte ganz ehrlich schreiben, ob Du die Empfindung hast, daß ich nach Hause kommen soll. Wenn Du denkst, Du fühlst Dich einsam ohne mich, so schreibe es mir doch bitte. Ich habe hier gerade soviel Schönes und Inhaltvolles gesehen und fühle, daß noch vieles ist, was mich äußerst interessiert, und ich möchte Dich auch bitten, die Reise nach hier nicht aufzugeben."

Paula kondolierte dem Vater. Sie stand schweigend, als sie die Stunde der Beerdigung vermutete, auf dem Montmartre vor der Kirche Sacré Coeur.

„Lieber Otto, ich sehe dich still in einer Ecke des Wohnzimmers sitzen, in dem der leere Sessel deiner Mutter steht. Ich habe Sehnsucht nach dir, lieber Kerl, weil ich dich küssen möchte und in meinen Armen halten und dir wohltun." Mit glühenden Sätzen der Liebe beendete sie ihre nächsten Briefe.

Es war kein glückliches Ende dieser Reise im Jahre 1905. Wohl kamen die Worpsweder, und mit ihnen kam Otto. Er war sehr bedrückt. Schwieg. Das „mi-carême", die Konfettischlacht zu Mittfasten interessierte ihn nicht. Er schlief schlecht. Er aß wenig.

„Wie freute ich mich auf die Tage mit dir", wird er später an Paula schreiben, „da trat der Tod meiner Mutter ein und vierzehn Tage lebte ich in großer Bedrückung an der Seite meines Vaters. Ich mochte nicht auf Paris verzichten und hätte es doch tun sollen. Mir war oft weh zumute, wenn ich mich zu Vogelers hielt, während ich doch an deine Seite gehörte. Und wenn dir meine Mutter auch fern gestanden, ich hatte doch Trauer." Als dieser Brief Paula erreichte, besserte sie gerade Ottos Kittel aus und dachte, vielleicht nimmt ja ein Mann die kleinen Zeichen nicht wahr, mit denen Frauen Sympathie signalisieren. Ich jedenfalls könnte mir denken, daß deine Mutter wußte und fühlte, warum ich ihr den Veilchenstrauß aus Paris ans Krankenbett schickte. Und schau dir einmal die Porträtskizze an, die mich deine Mutter zeichnen ließ, eine Welle von Güte und Zuneigung habe ich in ihrem Gesicht auffangen dürfen.

Paulas Beteuerungen: „Ich bin nicht liebearm. Ich weiß es und beklage, daß alle sich an mir erschrecken. Mein Leben ist nicht ein einziger egoistischer Freudenrausch. Diese Hingabe an die Kunst hat auch etwas Selbstloses. Die einen geben es den Menschen, die anderen einer Idee. Ist darüber dieser zu loben und jener zu tadeln? Ein jeder muß es halten, wie die Natur es ihm heischt."

In sein Reisetagebuch hatte Otto Modersohn geschrieben: „29. März bis 7. April fuhr ich mit Milly, Heinrich Vogeler, Martha Vogeler, Marie Vogeler nach Paris. Wir wohnten alle in Paulas Hotel (rue Madame 65) Sahen bei Fayet die Gauguins, Buffalo Bill. Die Zeit war nicht erfreulich."

28

„Sie ist mir doch die Liebste", schrieb Paula ihrer Mutter nach Bremen an jenem Abend im November 1905, als sie Clara besucht hatte, die wieder in Worpswede gelandet war und bei Bauer Mensees zur Miete wohnte. Beim Abschied hatte sie die Freundin gebeten, sie malen zu dürfen.

Hier im Atelier vorm bullernden Feuer im Ofen machten die beiden Frauen es sich gemütlich. Paula ließ Bratäpfel schmoren, warf wie ehedem ein Stück Weißtorf nach dem andern ins Feuer. „Die Welt, ja die Welt!"

Sie hatten nach langen Jahren wieder Spaß miteinander. Die kleine Ruth Rilke, Claras und Rainers Tochter, brach gekränkt in Geheule aus, weil sich die beiden Frauen nicht um sie kümmerten. Einen Brief an den Papa sollte sie bemalen, der sie bald besuchen käme. Ruth erhielt einen neuen Malstift, krabbelte wieder auf ihren Stuhl, schniefte, hustete, kritzelte weiter. Rainer Marias „Krächzepeterchen“, wie er die Kleine nannte, war wie immer erkältet. Rainer war zur Zeit in Paris, über die Weihnachtstage wollte er nach Worpswede kommen. Clara seufzte: die Welt, das ist Paris.

Paula malte die Freundin in weißem Kleid auf dunklem Grund. Sie malte sie mit seitwärts gerecktem Kopf, einen schmerzlichen Zug um Mund und Augen, so wie jemand, der einem Schlag ausweichen will. Trotzdem. Fest und aufrecht wirkte Clara bei aller Ergebenheit, eine Rose in der Hand.. „Es ist oft rührend bei Clara, in der so viel monumentaler und großliniger Stil liegt, zu sehen, wie sie eine Blume, eine einzelne Blume trägt oder auf ein kleines Ding alle Güte ihres breiten Wesens anwendet.“ Paulas Worte, die Rilke aufschrieb in jenem Sommer der heimlichen Liebschaften. Damals im Barkenhoff feierten sie Rosenfeste.

Am Ende des Jahres 1901 hatte Clara ihrer Freundin zu denken gegeben. Paula war entsetzt über die Schweigsamkeit, mit der sich Clara umgab. Kurze Zeit nach der Heirat mit Rilke vergrub sie sich in ihrem Bauernhaus, radelte nicht einmal mehr von Westerwede nach Worpswede. Die Geschichte von Claras Veränderung hatte sich schnell verbreitet. Ottos Bemerkung nach einem Besuch bei Rilkes: „Wie ist seine Frau in dieser kurzen Zeit so ins Gegenteil verwandelt. Wo sie vor einem Jahr tollte, in ihrem einfachen bäuerlichen Kram saß, zwanglos und ungeschlacht – da sitzt sie nun, ein Vogel, dem man die Flügel geschnitten, in einem übermäßig ordentlichen Zimmer, wo man die Gegenstände, alle blank, kalt, sofort zählen kann.“ Carl Hauptmann bedauerte: „Und die wundervolle, hohe, fliegende Clara Westhoff ist still geworden und saust nicht mehr einher wie ein Sturmwind. Nein, das kann ja nicht sein.“ Paula hatte Claras Selbstporträt zu Gesicht bekommen. Schwach war es, ausdruckslos. War das noch die kraftstrotzende, wilde Künstlerin, von der die Worpsweder Maler schwärmten?

Denken Sie nur, Heinrich Vogeler war so bewegt wie selten. Clara hatte den Akt ihrer Bäuerin zerschlagen! Diesen mächtigen Akt einer arbeitenden Bäuerin mit dem Körper einer jungen Frau, dargestellt in dem Augenblick, wo die Anspannung in eine erschlaffende Müdigkeit überging, Claras bestes Werk, klagte Vogeler.

Die Verwandlung der Freundin war zeitlich so eng mit der Heirat verbunden, daß auch Rilke Schuld daran haben mußte. Vogeler schimpfte bei den Freunden, Rilke stilisiere seine Frau Clara zu einer feierlichen Madonna. Gerüchte kursierten, Weihnachten hätte Rilke als Josef mit Stab neben Clara als Maria mit Kind posiert. Aber es mußte sich doch einer von ihnen ein Herz nehmen und mit Clara darüber reden. Paula zeigte damals als einzige Mut. Schimpfte nicht im geheimen, tat den Mund auf, fragte Clara, was dieses Zurückziehen von den Freunden zu bedeuten hätte. Sie schrieb: „Liebe Clara Westhoff" und unterzeichnete: „Ich bin Ihre alte Paula Becker", wollte damit verdeutlichen, daß sich durch Heirat nur Namen änderten, nicht aber wesenhaft der Mensch. Und Paula rechnete damit, daß Rainer Maria Rilke den Brief lesen würde.

Rilke hatte ihr den Brief sehr übelgenommen! Vor allem Sätze wie diese: „Liebe Clara, aus Ihren Worten spricht Rilke zu stark und zu flammend. Fordert das denn die Liebe, daß man werde wie der andre? Nein und tausendfach nein. Ist nicht dadurch der Bund zweier starker Menschen so reich und so allbeglückend, daß beide herrschen und beide dienen in Schlichtheit und Friede und Freude und stiller Genügsamkeit. Ich weiß wenig von Ihnen beiden, doch wie mir scheint, haben Sie viel von Ihrem alten Selbst abgelegt."

Und an Rilke hatte Paula geschrieben: „Lieber Rainer Maria Rilke, ich hetze gegen Sie. Und ich glaube, es ist nötig, daß ich gegen Sie hetze. Und ich möchte mit tausend Zungen der Liebe gegen Sie hetzen, gegen Sie und Ihre schönen bunten Siegel, die Sie nicht nur auf Ihre feingeschriebenen Briefe drücken. Geht denn das Leben nicht, wie wir sechs es uns eins dachten? Können wir denn nicht zeigen, daß sechs Menschen sich liebhaben können. Das wäre doch eine erbärmliche Welt, auf der das nicht ginge! Und ist unsere denn nicht wunderschön und zukünftig."

Postwendend, nicht an seine Freundin „PB", sondern an Frau Modersohn adressiert, war Rilkes bitterböse Antwort gekommen. Die Freundin, die Paula schilderte, hätte es nie gegeben. Anders und einsam wäre Clara schon immer gewesen. Er selbst „stehe still und voll tiefen Vertrauens vor den Toren dieser Einsamkeit." Rilkes Idee von Ehe: Mann und Frau nebeneinander, jeder für sich. Keiner mischt sich in das Leben des andern ein. Keiner trägt die Verantwortung für die Fehler des andern, für die Erfolge. Aber jeder kann vom andern profitieren, wenn der etwas Besonderes leistet. Welche Anregungen konnte Clara geben? In der Bildhauerei wenig, bei Rodin, ihrem Meister, lernte Rilke mehr. Von Clara als Künstlerin hätte er einmal viel erwartet, aber sie entwickelte nach Rilkes Ansicht nichts Neues. Ihre poetische Art, Menschen und Dinge zu beschreiben? Die schönen Briefe. Rilke hatte sie gelobt, immer wieder. Clara reagierte darauf wie die Sängerin im Roman „Niels Lynhe", sie übernahm Rilkes Schreibweise wie eine Rolle. Rilke brauchte stärkere Partner. Konnte Clara mit diesem Mann glücklich werden? Glück! „Es fällt niemandem ein, von einem einzelnen zu verlangen, daß er glücklich sei, – heiratet aber einer, so ist man erstaunt, wenn er es nicht ist." Im übrigen war Rilke der Meinung, daß die Ehe als solche nicht soviel Beachtung verdiente. Er sprach aus Erfahrung. Seine Eltern hatten sich nach elfjähriger Ehe getrennt.

Wenn sie von Anfang an eine gesicherte Existenz gehabt hätten. Clara rückte auf ihrem Stuhl unruhig hin und her, stand auf. Hob den Malstift hoch, den Ruth auf den Boden geknallt hatte. Gesicherte Verhältnisse, es hätte glücken können. Clara hätte in Ruhe und künstlerischer Freiheit ihre Ideen verarbeiten können wie Rodin, als er „den Schreitenden" schuf. Sie mußte ums Brot schaffen. In Porträtbüsten erschöpfte sich ihr Künstlertum. Wenn Rilkes Onkel Jaroslaw seinem Neffen nicht sofort die finanzielle Hilfe gestrichen hätte, als sie heirateten. Wenn Vater Westhoff die Familie seiner Tochter für einige Zeit hätte unterstützen können. Was hatte Clara ihrem Vater geantwortet auf die Frage, wann Rainer endlich die Familie selbst ernähren wollte? Dazu wäre Rainer nicht in der Lage, „doch ist er für alle außergewöhnlichen Ausgaben, die über mein Monatsgeld hinausgingen, immer für mich eingetreten. Das wird er auch ferner durchzuführen suchen. Doch ist er zu weiterm nicht imstande." Rilkes Beitrag zum Haushalt seiner Familie: Gedichte, Widmungen „An Clara. Die liebe Mutter. Den Künstler. Die Freundin. Die Frau." Seine Anfragen bei Bekannten um Auftragsarbeiten für Clara. Seine Vorschläge für Clara, Bildhauerunterricht zu erteilen. Sein Versuch, sie als Porzellanmalerin unterzubringen in der Manufaktur in Kopenhagen.

Rilke war ohne Beruf. Es wäre anfangs noch schlimmer gewesen, hätte nicht Gustav Pauli, der Leiter der Kunsthalle in Bremen, den Heinrich Vogeler gut kannte, ihm den Auftrag des Verlags Velhagen & Klasing verschafft, die „Monographie" über Worpswede zu schreiben, ihm für einige Zeit die Stelle als Feuilletonredakteur im Bremer Tageblatt zu überlassen. Auch wenn es Rilke eigentlich nicht paßte. „Daß für meine Arbeit nichts schwerer ist und gefährlicher als mit dem Schreiben Geld verdienen zu wollen." So hatte er gestöhnt.

Dann 1902 ein Schicksalsschlag. Feuer in Westerwede. Kein Geld, um den Brandschaden reparieren zu lassen. Alles unterm Hammer, nur Bücher, Bilder, Möbel behalten. „Wer jetzt kein Haus hat, baut sich keines mehr, wer jetzt allein ist, wird es lange bleiben, wird wachen, lesen, lange Briefe schreiben und wird in den Alleen unruhig wandern, wenn die Blätter treiben." Das hatte Rilke daraufhin gedichtet. An ein eigenes Haus durfte Clara nicht mehr denken. Sie hatte alles getan, damit die Freunde von einst ihre Niederlagen, ihre finanzielle Not nicht sahen und nicht begriffen. 1903 dann Claras vergebliches Bemühen um ein Reisestipendium des Bremer Senats für Künstler. Ein Stipendium erhält der, der von namhaften anerkannten Persönlichkeiten empfohlen wird. Clara frohlockte, Auguste Rodin hatte ihr auf Rainers dringende Bitten ein Zeugnis ausgestellt, „daß Frau Clara Rilke eine Künstlerin ist, die durch ihre Arbeit als Bildhauer ernste Hoffnungen gegeben und diese Hoffnungen erfüllt hat und daß sie die Unterstützung, welche der Senat von Bremen ihr zuerkennen geneigt wäre, in jedem Sinne durchaus würdig ist." Es hatte nichts genützt. Der Senat vergab diese Stipendien nur an männliche Bewerber. Den Frauen traute man nicht viel zu.

Ruth quengelte schon die ganze Zeit, wünschte sich nach Bremen zurück, zu Mutter Johanna Westhoff, die das Kind großzog, wenn Clara unterwegs war, sich mit Rainer traf. In Paris, Rom, Düsseldorf, Göteborg war sie 1905 herumgereist, um zu arbeiten, um Arbeit zu finden. Als Frau hatte man wenig Chancen. Frau war ein Nichts ohne den Mann, blieb Anhängsel. Nehmen Sie Camille Claudel, sagte Clara. Nur unter dem Markenzeichen „Camille Claudel, Schülerin Rodins" konnte sie ihre hervorragenden Skulpturen verkaufen. Erinnern Sie sich noch an den Artikel in der Zeitschrift „La Plume", auf den uns Rainer hinwies, „Camille Claudel – Auguste Rodin"? Ja, sagte Paula, als sie mit kräftigem Pinselsrich Cadmiumorange auf das Porträt auftrug. Was uns Frauen alles zugemutet wird! Sie erinnerte ihren Wunsch, Rodins Atelier in Meudon besuchen zu dürfen. Warum war das nur möglich gewesen mit Rilkes Visitenkarte und seiner Empfehlung: „J'ose d'introduire chez vous une femme de nos amis: Madame Modersohn, femme d'un peintre allémand très distingué". Frau Modersohn, Frau eines deutschen angesehenen Malers.

Paula und Clara grinsten sich an. Wenige Wochen nach diesen Stunden im Atelier wird Paula ihren entscheidenden Brief an Otto so unterzeichnen: „Ich bin Ich." Paula hatte es nicht vergessen, was der Glockengießer Heinrich in Hauptmanns „Versunkener Glocke" sagte, als er sich aus seiner gewohnten Umgebung löst, um neue Energie für sich und seine Kunst zu sammeln.

Es klopfte an der Tür, Elsbeth steckte den Kopf hinein, bestellte, daß Onkel Finckens den Efeu gebracht hätte für Kränze. Wissen Sie noch, die Efeukränze, die wir an die Türen unserer Ateliers hängten? Schöne gemeinsame Erinnerungen hatten die beiden. Schade, daß ihre Freundschaft so lang unterbrochen war. Bekam Clara noch so viel Post von Rainer? Oh ja, sie wurde informiert über seine Reisen, über seine Anstrengungen, Gönner zu finden. Seine Kunsterlebnisse beschrieb er ihr in aller Ausführlichkeit. Demnächst wollte er sich näher mit Cézanne befassen.

Cézanne, ein Name, der Paula nicht losließ. Den ganzen

nächsten Tag, als sie das Porträt beendete und nachmittags mit den Weihnachtsvorbereitungen begann, hatte sie ihn im Ohr. In Paris vor Cézannes Bildern fühlte sie sich verstanden. Sie räumte Claras Porträt stillschweigend fort. Über ihre Arbeiten sprach sie nicht mehr gern. Die Zweifel Modersohns an ihrem Können hatten sich offenbar wieder verstärkt. Und die Schuld an diesen Zweifeln gab Paula sich selbst wie immer. Sie glaubte, immer noch nichts erreicht zu haben, immer wieder die Familie mit ihrem Tun zu enttäuschen. Nach dieser Malaktion im November verlor sie erneut an Fröhlichkeit und Wärme. Sie war froh, wenn Otto in seinem Atelier blieb, wenn Elsbeth sich aus dem Haus schlich zu ihren Freundinnen.

Festvorbereitungen. Paula zerbrach sich den Kopf über das Weihnachtsessen. Aus Bremen kam alle Vierteljahre ein sogenannter Commis von einem Feinkostgeschäft, und die Worpsweder bestellten bei ihm, was man im Dorfladen nicht kaufen konnte und doch gern an den Feiertagen hätte. Fuhrmann Kück brachte dann die Ware rechtzeitig mit. Paula überlegte hin und her, was sie nehmen sollte, es mußte auch zu rechnen sein. Sie sorgte fürs Haus, wie sie das immer getan hatte, weil Mann und Tochter das einfach von ihr erwarteten.

Paula bastelte goldene Papiersterne in dem Zimmer, in dem in Kürze die Weihnachtslaube um den großen Sessel gebaut werden sollte. In Worpswede war sie die einzige, die ihren Weihnachtsbaum so schmückte. Bei Krummachers hängte man Zuckerkringel in die Zweige, und Elsbeth freute sich jetzt schon, wenn bei ihrer Freundin der Baum geplündert wurde. Die kleine Gertrud Krummacher fand Modersohns Baum schöner. Paula schaute nach Elsbeth. Die schniefte und stichelte und plagte sich mit dem Deckchen für die Großmutter. Das nächste Mal mußte man ihr eine leichtere Arbeit geben. Im Laufe der nächsten Tage mußte sie sich überhaupt mehr um die Kleine kümmern. Ihr schlimmer Husten setzte wieder ein. Paula lief zur Apotheke. Dort traf sie Clara, die ebenfalls Saft kaufen wollte für ihr Kind. Ob Paula erlaubte, daß Rainer sich das Porträt ansähe, wenn er zum Fest kommt. Ja. Dann also bis nach den Feiertagen.

Es war ein frischer Dezembermittag. Ruth schlief, als Clara den Besuch in Paulas Atelier vorschlug. Rainer war kein bißchen angesteckt von Claras Freude. Wahrscheinlich ein belangloses Bild, vor dem man Begeisterung zeigen sollte.

Einmal im Herbst 1900 hatte ihm Paula nach Berlin geschrieben: „Ich arbeite und schaue, wie weit mein Pinsel das Sprechen gelernt hat an einem Apfelbaum mit roten Äpfeln auf blauer Luft." Nun ja, er hatte nie jemanden ihre Malkünste loben hören, geschweige denn etwas von ihr in einer Ausstellung gesehen. Er mochte nicht glauben, daß jetzt etwas Grandioses zustande gekommen wäre. Eine nette Geste aus ihren Mädchentagen, daß Paula die Freundin malte, weil sie von Clara einmal modelliert wurde.

Eine Weile standen Rilkes erst in der Deele bei Brünjes, dann kam Paula. Rainer wartete schweigend, bis sie das Bild ins günstigste Licht gestellt hatte, das so ein Dezembermittag durchs Fenster hereinließ.

Dann sagte er eine ganze Weile gar nichts, gab endlich zu, daß er überwältigt war. Er schaute Paula an. Hier hatte er nicht mehr das kleine, nette, lebhafte Mädchen vor sich, mit dem man seinerzeit so geistreich plaudern konnte. Hier stand eine große Künstlerin neben ihrem Werk. Er hatte Paula offenbar nie richtig gekannt. Niemand in Worpswede schien sie bisher erkannt zu haben. Da lebte hier unter den Malern eine Frau, die fleißig ihre häuslichen Pflichten erfüllte und desungeachtet eine Meisterschaft in der Kunst entwickelte. Plötzlich sagte er laut, das ist ein Bild!

In den nächsten Tagen wird er davon in einem Brief an Baron Heydt berichten: „Das merkwürdigste war, Modersohns Frau an einer ganz eigenen Entwicklung ihrer Malerei zu finden, rücksichtslos und geradeaus malend, Dinge, die sehr worpswedisch sind und die doch noch nie einer sehen und malen konnte. Und auf diesem ganz eigenen Wege sich mit van Gogh und seiner Richtung seltsam berührend."

Paula und Clara hatten sich an die Wand mit dem Lilienbehang zurückgezogen, es wurde schon ein bißchen dämmrig im Raum, und nun wollte Paula die Petroleumlampe anzünden. Ja, bitte tun Sie das, sagte Rilke. Er möchte eins von ihren kleinen Bildern kaufen. Ein Lächeln flog über Paulas Gesicht, und dann erstarrte sie. Es war das erste Mal, das jemand ein Bild von ihr besitzen wollte. Paula war es, als hinge sie auf einmal in der Luft und sänke im selben Moment in die Tiefe. Wußte Rainer Maria, wie wichtig das für sie war? Niemand hatte je ein Bild von ihr besitzen wollen. Nie hatte jemand eins gekauft. Aber irgend jemand müßte einmal damit anfangen, meinte er und lachte sein seltenes Lachen. Er suchte sich das Bild „Säugling mit der Hand der Mutter" zwischen den andern kleinen heraus. Paula drehte sich schnell um, den beiden wollte sie ihre Erregung nicht zeigen. Clara und Rainer boten ihr fünfzig Mark. Fünfzig Mark! Das Leben war einfach schön!

Sie verabschiedeten sich, wollten zur Tür, aber in diesem Augenblick fragte Clara beiläufig: Wann gehen Sie wieder nach Paris?

Paula starrte die beiden an und hätte überraschter nicht sein können, wenn sie gefragt hätten, ob sie zum Mond fliegen wollte. Ebenso gebannt schauten Clara und Rainer zurück. Am allerwenigsten hatten sie diese Reaktion erwartet, eine Paula, die salzsäulenartig verharrte, tiefe Röte vom Halsausschnitt bis zur Stirn.

Nach Paris! wiederholte Paula einige Male, und dann sackten ihre Schultern ab. Es wäre das einzig Sinnvolle, aber es war sinnlos, daran zu denken. Dieses Bedürfnis, in Paris zu arbeiten, das neuerdings in immer kürzeren Abständen bei ihr auftrat, mußte sie abwehren. Sie war erst im Frühjahr in Paris gewesen. Sie zerknüllte ihren Schal mit den Händen.

Wer hindert Sie, dort zu arbeiten, wo es am besten für Sie ist, und solange dort zu bleiben, wie Sie es brauchen? Ihr Mann etwa? Wer hilft Ihnen hier weiter? Fördert Ihr Mann Ihre Arbeiten? Fritz Mackensen? Heinrich Vogeler? Was sagt eigentlich Ihre Bremer Familie zu Ihren Bildern? Nicht viel Gutes. Wieso?

Mußte erst ein Dichter kommen, der ihr die Richtung wies, zeigte, wo's langging? Er hatte recht, niemand kümmerte sich hier darum, ob sie ihr Lebensziel erreichte.

Darum gehen Sie nach Paris!

Nach Paris! Sie wagte nicht, diesen Schritt in aller Öffentlichkeit zu machen. Sie mußte heimlich die Flucht nach vorn antreten. Rainer Maria und Clara standen in der Deele, Paula in der offenen Tür, den beiden zugewandt, die ihr noch einmal zuwinkten. Ab dem 11. Januar 1906 werde er bestimmt wieder in Paris sein, hatte Rilke gesagt und gab den nützlichen Hinweis, daß der schwedische Maler Norlind, ein besonderer Freund Ellen Keys, für alle Zimmersuchenden dort eine günstige Anlaufstelle wäre. Rilkes wünschten ein gutes Neujahrsfest unter einem guten Stern. Paula schloß die Tür, versuchte mit aller Gewalt, ruhig zu werden.

In ihrem Kopf ging es hin und her: Nutz deine Chance! Geh und verschwinde! Und dazwischen funkte es: das wird ein Schritt, vor dem alles andre nichts mehr ist. Ein Schnitt wird das sein, der Verbindungen zerstört! Würde Paula genau wie Clara ihr Leben selbst in die Hand nehmen können?

Danach lief sie tagelang hektisch umher, strengte sich an, ihre innere Unruhe nach außen zu verbergen. Wie gewöhnlich war sie die sorgende Hausfrau, die Mutter, die mit Elsbeth herumspielt und ab und zu zum Malen verschwindet. Natürlich merkte Otto, daß sich Paulas Verhalten änderte, aber er nahm das nicht ernst. Er glaubte nicht, daß mehr dahinterstecken konnte als eine Laune.

Eines Abends rannte sie aus ihrem Atelier hinaus in Richtung Weyerberg, ohne Mantel, ohne Schal. Sie stolperte über den Hof. Nebel war aufgekommen, machte den Boden dunkler an diesem feuchtkalten Dezemberende, machte ihn so glitschig, daß sie ausrutschte. Nässe kroch von Paulas Nacken bis unter die Kleidung. Ihr wurde kalt. Sie kehrte um, heim in ihr Atelier. Hier bei ihren Bilden fühlte sie sich zu Hause. Hier, wo sie sein durfte, was sie war, eine Malerin.

Rainer Maria Rilke hatte recht. Sie war eine Besessene. Hatte er sie nicht mit van Gogh verglichen? Sie war erfüllt, besessen von Leidenschaft für ihre Kunst. Malen war für sie Existenz, ihr existentielles Lebensziel.

Es ging nicht anders. Sie war bereit, alles zu verlassen, was ihr die Familie bot, die gesellschaftlich angesehene Stellung als

Frau eines bedeutenden Malers, die finanzielle Sicherheit. Jetzt war der Bann gebrochen. Paula wollte nur noch das sein, was sie sein sollte.

Mit zitternden Knien ging sie am nächsten Morgen die Dorfstraße hoch zu Bauer Mensees. Sie zwang sich, ihre Schritte zu zählen, weil sie sich ablenken wollte.

Was ist denn geschehen, fragte Clara, kaum daß sie Paulas Gesicht im Schein der Lampe sah. Sie spülte gerade den Teller ab, von dem das Kind seinen Haferbrei gegessen hatte. Sie sehen aus, als ob etwas Ungeheuerliches passiert wäre. Ich werde alles hier verlassen. Ich muß von hier fort für immer! Clara warf Paula einen erschreckten Blick zu. Das ist ein schwerwiegender Entschluß, murmelte sie. Sie trocknete ihre Hände ab und gab Ruth eine Puppe und Kleider dazu, damit das Kind beschäftigt war.

Was ist geschehen, fragte sie die Freundin, nachdem sie sich an den Tisch gesetzt hatten. Ja, nun hätte sie sich entschlossen, sagte Paula. Sie hielt es nicht mehr aus. Noch im nächsten Monat wollte sie abreisen. Und wenn Otto sie nicht von Haus und Herd gehen lassen würde? Haus und Herd, lachte Paula. Es mag für ihn schwer werden, aber so, wie wir jetzt zueinander stehen, wird er die Trennung überwinden. Versorgt wird er ohnehin von Johanne.

Aber wenigstens sind Sie allein, und haben kein eigenes Kind, sagte Clara. Ich hatte Ruth und mußte für sie aufkommen, und Otto steht finanziell so da, daß er für Elsbeth sorgen kann.

Sie hätte lange mit sich gekämpft, sagte Paula. Sie frage sich ständig, ob sie sich in den Augen der Verwandtschaft schuldig machen würde. Schuldig, rief Clara, nennt man das schuldig, wenn man sein eigenes Leben führen will? Haben Sie nicht endlich ein Recht, ein eigenes Leben zu führen! Genau das wäre es, was Paula immer wieder durch den Kopf ginge. Sie wüßte nicht, ob sie ein Recht auf ein eigenes Leben hätte. Fahren Sie nach Paris, und alles weitere wird sich finden. Ich werde es sofort Rainer mitteilen. Er wird ihnen dort helfen. Hören Sie, Clara tippte mit dem Finger auf die Tischplatte, Sie sind noch jung genug, um ein neues Leben zu beginnen. Paula ging ganz ruhig nach Haus.

Das Ungewöhnliche war passiert. Jetzt stand Paula auf dem Gare du Nord und atmete klopfenden Herzens die Luft von Paris. „Nun habe ich Otto Modersohn verlassen und stehe zwischen meinem alten Leben und meinem neuen. Wie das neue wohl wird. Und wie ich wohl werde in dem neuen Leben?"

Paris war die Welt, an der sie sich reiben mußte. Sie sagte: In dieser Freiheit wird etwas aus mir. Vorläufig war sie noch abhängig von ihrem Mann.

Sie war siebzehn Stunden mit der Bahn gefahren, war schnell beim Aufenthalt in Köln am rotberockten Kirchendiener vorbei in den Dom gelaufen, besser gefiel ihr Notre Dame. Sie mußte unbedingt die Kunstkarte mit dem blasenden Engel kaufen, ein Geschenk für Herma. Und dann in Paris wieder dasselbe Gefühl wie beim allerersten Mal, als sie nach Frankreich fuhr, Ameisengefühl nannte sie es. Sie zog ihren Schal fester um die Schultern. Kalter weißer Nebel lag im Geäst der kahlen Bäume.

29

Paula lebte und malte in ihrem Atelier in Paris. Es war Frühjahr 1906, das Jahr der schönen Täuschungen, wie die Worpsweder Malerfrauen demnächst spotten würden, das Jahr der schwersten Entscheidungen, wie Paula es sah.

Herma war gekommen, war wie immer, wenn die beiden sich in Paris trafen, lange bei Paula geblieben. Es war ein Märzabend, und man merkte schon sehr den Frühling. Paula hatte sich nach Hermas Arbeit erkundigt, fragte nach Neuigkeiten aus Bremen. Wovor Paula Angst hatte, war die Verurteilung durch die Mutter. Paula atmete auf, nein, davon hatte Herma nichts gemerkt.

Paula war nicht an Leib und Seele krank, wie daheim behauptet wurde, und doch sollte man ihr helfen. Sie brauchte ein bißchen Verständnis und Geduld. Nein, die Mutter brauchte nicht zu kommen, so lieb das auch gemeint war. Die Mutter verurteilte nicht, das war gut. Paula war geflohen. Paula war fortgegangen, ohne daß jemand etwas gemerkt hatte. Ich kann das nicht begreifen, weinte die Mutter. Auf der Kommode im Mädchenschlafzimmer, wo Elsbeth bei den Großmutterbesuchen übernachtete, lag noch das Puppenkleidchen, das Paula dem Kind zu Weihnachten nähte. Hier hat sie gesessen, sagte Mutter Mathilde und zeigte auf den Sessel im Wohnzimmer, ich sehe noch, wie sie aufstand und uns Tee kochen wollte, als sie nach der Winterreise Elsbeth bei uns abholte. Hatte Paula nicht ausgesehen wie immer. Wovon hatte sie gesprochen? Ach, die Mutter sollte ihr wie immer einen Zitronenzweig aus Italien mitbringen. Paula liebte den Duft so sehr. Es war gewesen wie immer. Kurt hatte nichts Auffälliges bemerkt. Ob Milly etwas wußte? Telegramme waren geflogen nach Amorbach, nach Paris. Nein, Herma war nicht eingeweiht worden. Die Geschwister lasen die Briefe, die letzten, die Paula ihnen aus Worpswede schrieb, wieder und wieder durch. Hatten sie Anspielungen überlesen? Sie suchten zwischen den Zeilen.

Paula schrieb der Mutter: „Daß ich für mich brause, immer, immerzu, nur manchmal ausruhend, um wieder dem Ziele nachzubrausen, das bitte ich Dich zu bedenken, wenn ich manchmal liebearm erscheine. Es ist ein Konzentrieren meiner Kräfte auf das Eine. Ich weiß nicht, ob man das noch Egoismus nennen darf. Jedenfalls ist es der adeligste. Ich lege meinen Kopf in Deinen Schoß, aus welchem ich hervorgegangen bin, und danke Dir für mein Leben. Dein Kind."

Wovor war die Tochter geflohen. Paula mußte Leid in sich getragen haben. Mutter Mathilde dachte zurück, sah die Tochter, sechzehnjährig, im Zimmer stehen, die Norfolkjacke von Tante Marie überm Arm. Ihr Gesicht glühte vom Schlittschuhlaufen auf den Wallgräben. Nein, hatte Paula gesagt und die Unterlippe vorgeschoben, ich gehe nicht wieder nach England zurück. Und dann hatte sie geschwiegen. Jetzt erinnerte man sich. Paula war das Kind, das am intensivsten lachen konnte, das aber bei aller lebhaften Fröhlichkeit plötzlich tieftraurig und still war, als ob sie über irgendeine Sache grübelte, über die sie nicht sprechen wollte. Milly war anders, Herma war anders. Das Maidli! Die

Mutter mußte sofort fragen, ob die Lieblingscousine etwas erfahren hatte. Maidli schrieb: „Müssen wir nicht alle, die wir Paula lieben und als feinen, stolzen und guten Menschen kennen, den Sprung wagen und über alles hinweg an sie glauben? Glauben, daß sich hinter allem Tun sehr schöne edle Motive verbergen und ein wehes, verzweifeltes Herz? Laßt Euch durch ihre lächelnde Oberfläche nicht täuschen."

Unglaublich, war die Tochter so unglücklich in der Ehe gewesen? Lag es vielleicht daran, daß Paula kein eigenes Kind hatte? Paula war immer so besorgt um Elsbeth gewesen. Paula war kinderlieb. War sie verzweifelt wie damals der Vater, als er von ihnen wegfuhr, um die Familie den Schmerz über seine Entlassung nicht spüren zu lassen? Mutter Mathilde machte sich Vorwürfe, so wenig mit der Tochter über die Probleme einer verheirateten Frau gesprochen zu haben. Reg dich nicht auf, sagte Kurt, der Arzt. Du kannst Aufregungen nicht vertragen, deine Nerven sind nicht mehr die besten. Was konnte die Mutter denn tun! Mutter Mathilde fuhr nach Worpswede. Schon auf der Bahnstation wurde ihr klar, daß Modersohns Haus zum Zielpunkt von Neugier, Spott und Mitleid geworden war. Sie hatte die Blicke wahrgenommen, mit denen die Maler und Dorfbewohner sie ansahen.

Paula konnte sich die Situation genau vorstellen, die Herma ihr schilderte. Sie war im Bilde über alles, was sich seit ihrer Abwesenheit in Worpswede und Bremen tat. Briefe gingen hin und her.

Paula lenkte von sich ab: Überbringt Clara Rilke das Puppenbettchen für die kleine Ruth. Gratuliert bitte den Brünjes zum Nachwuchs, sie selbst würde auch bald schreiben und ein Paar Babyschuhe schicken. Hauptsache aber, daß Otto wieder an seine Arbeit ginge. „Lieber Otto, leiste nur große Sachen in Deiner Kunst, das gibt größere Genugtuung, als alles Leben erwerben kann."

Sie wanderte in ihrem Atelier auf und ab. Sie war wieder in Paris. 1906, 4. Mai, Paris 14, Avenue du Maine. Gleich würde Bernhard Hoetger eintreten. Ihre Hände klebten, obschon es draußen windiger, kühler Maianfang war.

Vorgestern war sie bei Hoetgers zum Tee. 1905 hatte sie Bernhard Hoetgers Skulpturen in der Bremer Kunsthalle gesehen, er war ein bedeutender Bildhauer, der aus Westfalen stammte. Selbstverständlich kannte Hoetger die Worpsweder Künstler, der Name Otto Modersohn war ihm ein Begriff. Paula als Frau von Modersohn, die in Paris weilte, wurde gern und freundlich empfangen, durfte gerne einen Besuch in seinem Atelier machen.

Von Worpswede wurde gesprochen, davon, daß auch Hoetger sich dort ein Haus kaufen wollte. Begeistert war er von Heinrich Vogelers Möbelentwürfen, wollte sich unbedingt diesen Klapptisch für sein Sommerhaus nachbauen lassen. Paula würde Vogeler um eine Nachzeichnung bitten.

Hoetger führte durch sein Atelier, zeigte die Skulpturen, an denen er arbeitete. Seine Frau Lee ließ im Wohnzimmer Tee servieren. Paula merkte, daß auch sie etwas erzählen mußte, es sollte unverfänglich sein, und sie sprach von den Pariser Ausstellungen in diesem Frühjahr, von Courbets Blumenstück, das ihr sehr gefallen hatte, vor allem die verschiedenfarbigen Stockrosen und die weibliche Figur darin. Ach ja, und ob sie schon einmal auf die Bildflächenaufteilung geachtet hätte? Hoetger, ganz Fachmann, nahm einen Bleistift aus seiner Jakkentasche, stand auf, riß von einem Block ein Blatt Papier ab und fertigte Kompositionsskizzen an, skizzierte, verwarf, skizzierte sachkundig von neuem.

Er war in seinem Element. Auf einmal sagte Paula: „Das hätte ich bestimmt anders gemacht."

Bernhard Hoetger, ganz Ohr, wenn es um Künstlerisches ging, war von seinen Skizzen hochgefahren, musterte sie von oben bis unten: „Was, Sie malen?" Er war überrascht, daß er ihr das nicht sofort angemerkt hatte. Noch am selben Tag wollte er ihre Bilder sehen.

Noch nie hatte Paula dieses offenkundige Interesse an ihren Arbeiten erlebt. Sie war so überrumpelt von seinem Wunsch, daß sie kaum ein „Ja" herausbrachte. So viele Jahre hatte sie gewartet auf diese spontane Neugier. Neugier auf das, was sie malte, was sie ihr Leben nannte. Beinahe hatte sie diese Hoffnung schon begraben.

Und nun stand Bernhard Hoetger, ein Künstler von Rang, in ihrem Atelier, nahm ein Bild nach dem andern in die Hand, stellte es auf die Staffelei, kniff ein Auge zusammen, trat zurück, trat vor, warf Paula einmal einen prüfenden Blick zu, drehte die Staffelei zur Seite, um besseres Licht einfallen zu lassen. Und Paula neben dem Tisch hielt sich an der Tischkante fest, fühlte nichts, fühlte nur ihr Herz. Die Schleife an ihrer hochgeschlossenen Bluse oben am Hals flog auf und ab, so stark klopfte es.

Aber als er sich jetzt ihr zuwandte und sie mit einem strahlenden bewundernden Lächeln ansah, war es ihr, als müßte sie vor Freude ersticken. Ein kompetenter Fachkollege sagte langsam und bedeutend, das wären alles große Werke. Sie stand da wie jemand, der nicht mehr weiß, wo er ist. Dann war sie zurück an die Staffelei getreten, hatte das letzte Bild herabgenommen, um nicht jubelnd durchs Zimmer zu tanzen. Sie brauchen keine Unterrichtsstunden mehr, keine Akademien. Was wollen Sie dort noch studieren. Er verbeugte sich tief, als er ihr zum Abschied die Hand reichte.

„Es sind alles große Werke!" Sofort hatte Paula gewußt, daß sie diesen Satz als Kostbarkeit immer bei sich tragen würde. „Bleiben Sie sich treu und geben Sie den Besuch der Schule auf. Sie brauchen nicht mehr zeichnen zu lernen."

Was hatte Hoetger gesagt? Noch einmal, am Abend, als sie nicht einschlafen konnte, beschwor sie die Worte herauf, dankte dafür wie im Gebet:

„Lieber Herr Hoetger, daß Sie an mich glauben, das ist der schönste Glaube von der ganzen Welt. Sie haben mir Wunderbarstes gegeben. Sie haben mich selber mir gegeben. Ich habe Mut bekommen. Mein Mut stand immer hinter verrammelten Toren und wußte nicht aus noch ein. Sie haben die Tore geöffnet. Sie sind mir ein großer Geber. Ich fange jetzt auch an zu glauben, daß etwas aus mir wird. Und wenn ich das bedenke, dann kommen mir die Tränen der Seligkeit. Ich danke Ihnen für Ihre gute Existenz. Sie haben mir so wohl getan. Ich war ein bißchen einsam."

30

Frühling 1906, Paris im Mai.

Nein, den Brief schrieb sie heute nicht, der ihr nur wieder ihre Abhängigkeit bitter ins Bewußtsein bringen würde. Sie räumte das Schreibzeug weg, rückte die Staffelei näher ans Fenster, trat mit dem Fuß auf, um sich die eigene Unabhängigkeit zu beweisen. Sie war frei, und die Hand, die sie noch hielt, hing an einem langen Arm, aber der reichte nicht bis hierher. Sie lebte freier. Sie lebte, das hieß, sie malte. Sie malte, das bedeutete: leben.

Der Anfang war gemacht. Paula knotete ihre Haare im Nakken zusammen, sollte sie eins von den Maiglöckchen hineinstecken? Sie hatte nicht widerstehen können, vorhin, als sie schnell hinausgelaufen war, Milch zu kaufen und die Blumenfrau mit den Maiglöckchensträußen sah. Die paar Centimes mußten übrig sein. Hatte sie an alles gedacht, um ungestört weiterarbeiten zu können? Sie überblickte noch einmal ihr kleines Reich mit Wohn-, Schlaf- und Arbeitsabteilung, eine Schlafbank, zwei Stühle, zwei Tische, ein großer Spiegel, ein kleiner Spiegel, selbstgezimmerte Wandregale. Auf einem Tisch die rote Webdecke und darauf die Keramikschale mit den hellblauen Blattornamenten.

Sie stellte sich vor die Staffelei, überprüfte den Lichteinfall vom gegenüberliegenden Fenster. Stapelweise Keilrahmen darunter an der grüngetünchten Wand, der Tisch neben der Staffelei voll belegt mit Farbstiften, Farbtuben, Mallappen. An den Geruch von Terpentin und Harzlacken hatte sie sich so gewöhnt, daß sie ihn kaum mehr wahrnahm. Sie schaute nach links, da war die Tür, nur angelehnt, und der Spalt vergrößerte sich langsam, während ein dicker weißer Hauskater sich unten durchschob, den Schwanz steil aufgerichtet, und in den Korridor hinaus verschwand, sie lächelte, ihr Malmodell.

In diesem Moment klopfte es. Rainer Maria Rilke betrat das Atelier. Er war in Paris Stützpunkt wie schon einmal in Berlin. Er lieh ihr Geld, sie trafen sich manchmal in einem Café. Zum Willkommen in Paris hatte er ihr geschrieben: „Liebe Freundin, das Leben, das wirklich gute hat Sie in die Hand genommen. Sie haben alles Recht, im Tiefsten froh zu sein. Übrigens wissen Sie, daß ich mich über Sie und mit Ihnen freue." Und an Clara: „Sie ist mutig und jung und, wie mir scheint, auf gutem aufsteigendem Wege, allein wie sie ist und ohne alle Hilfe."

Irgendwie anders als sonst trat er auf. Die abgetretenen Fußbodendielen quietschten, beinah hätte er den Teller mit der Milch für den Kater umgestoßen. Graue Farbstückchen lagen da, abblätternder trockener Anstrich der morschen Fensterrahmen. Einen großen Nachteil haben die Fenster, sagte Paula, man sieht den Himmel nicht, und die Zweige der Platane im Hof kann man nur ahnen. Schattenhafte Umrisse nur im getrübten, „duffen" Glas, schade!

Sie nahm den braunen Tonkrug mit den zartgeröteten Pfingstrosen von einer Kiste und stellte ihn mitten auf den Tisch, sah, daß Rilke unruhig im Raum umherschaute. In solcher Umgebung lebte er nun auch wieder. „Aber wenn man in einem Palast gewohnt hat, ist es nicht leicht, in seine kleine Hütte zurückzukehren, in eine kleine enge Straße, in einen immerwährenden aufgezwungenen Verzicht." Paula runzelte die Stirn, rieb die Hände an ihrem weiten Rock ab, obschon sie längst trocken waren. Kam Rilke nicht geradewegs aus Meudon, aus seiner eigenen Wohnung neben dem Pavillon von Rodin, drei Räume, Schlafzimmer, Arbeitszimmer, Garderobe. Sie seufzte, als sie es sich vorstellte. „Inmitten von Gras bewachsenen Hügeln mit einem wunderbaren Blick auf die Seine und die Ortschaften daran und auf Paris mit seinen Kuppeln." Mehrmals war Paula dort gewesen, 1903, 1905. Am einundzwanzigsten April dieses Jahres noch, nachdem sie der feierlichen Einweihung von Rodins „Penseur" vor dem Panthéon beigewohnt hatte. Mit Rilke, mit Aristide Maillol, mit der Frau von Bernard Shaw. Und im Pavillon hatte sie Rodins „Balzac" bewundert, die Skulptur, die Wirbel auslöste. „Eine Kröte im Sack" hatte man sie genannt. Das sollte der berühmte Dichter der Nation sein? Das war eine Verhöhnung. Aller Welt zum Trotz, ohne sich um Konventionen zu kümmern, ohne um das

Lob der Menge zu buhlen, hatte Rodin seinen Balzac geschaffen. Recht hatte er. Paula fühlte sich Rodin verwandt.

Sie war entschlossen, sich ihre gute Stimmung nicht verderben zu lassen, überhörte Rilkes Worte. Sie gähnte, denn sie war sehr müde von der Arbeit der vergangenen Tage, von der fast durchwachten Nacht. Aber die Arbeit war wie ein Rausch gewesen. Endlich hatte sie, solange sie wollte, solange sie konnte, malen dürfen. Endlich.

Gestern war Sonntag gewesen. Und während die Kastanien blühten, die Glyzinien, der Flieder, der Goldregen, der Rotdorn, als die Straßen und Parks von Paris voller Duft waren, hatte Paula beinah vierzehn Stunden lang in diesem Atelier an den verschiedensten Bildern und Skizzen gearbeitet, war sie ihrem Prinzip untreu geworden, nie am Sonntag zu malen. Und nachts, als der Mond hell schien, war sie wieder und wieder aufgestanden, hatte ihre Arbeiten betrachtet und Notizen gemacht, denn ihre angespannten Nerven lockerten sich erst in den frühen Morgenstunden. Sie wußte doch jetzt: Ihre Werke waren gut!

Und so, übermüdet, aber zufrieden, strich sie sich eine wirre Haarsträhne aus der Stirn und holte die Kaffeetassen, stellte sie auf den Tisch.

Wovon redete Rainer Maria? Sie hob die Augen, begegnete seinem Blick. Er schaute ganz verzweifelt. Wie er jetzt zurechtkommen sollte! Aus war der Traum! Was war passiert? Auguste Rodin, der Bildhauer, hatte seinen Sekretär Rilke kurzerhand hinausgeworfen.

Rilke wandte sein Gesicht dem Fenster zu. „Paris? Paris ist schwer. Eine Galeere. Ich kann nicht sagen, wie unsympathisch mir hier alles ist, mit welcher instinktiven Ablehnung ich hier herumgehe." Rodin? Ein Freund? Un ami? Ein Patron war er! Er, Rainer Maria Rilke, war ohne Warnung entlassen worden, nur, weil er ein paar persönliche Grußworte den Rodinschen Briefen zufügte. Ach, Rainer Maria, Sie wollten doch wieder Kontakte knüpfen, nicht wahr? Sich bei hochrangigen Personen vorstellen, sich ins Blickfeld rücken. Man konnte Beziehungen immer gebrauchen. Paula wußte Bescheid, sie kannte ihn.

Paula war betroffen. Immer wieder diese Sorgen um das tägliche Brot. Sie verstand Rilke. Sie hätte ihm gern geholfen. Aber so verzweifelt seine Lage in diesem Moment schien, er hatte doch einflußreiche Freunde. Kürzlich erst im Café erzählte er von einer Einladung nach Godesberg auf den Herrensitz des Barons von der Heydt. Und hielt ihm nicht die Prinzessin Madeleine de Broglie Tür und Tor auf in ihrer Villa auf Capri?

Paula rückte ihm einen Stuhl zurecht, schenkte Kaffee ein. Aufmerksamer schaute er jetzt im Atelier umher. Sein Blick fiel auf die Staffelei mit der Zeichnung, die Paula vorhin begonnen hatte. Ein Kind, eine Katze. Sie hatte dasselbe Motiv wieder aufgenommen, das sie vergangenes Jahr in Worpswede in einem großen Ölbild ausführte. Mädchen mit Katze im Birkenwald. Die Darstellung könnte eine Idylle sein, wie man sie häufig in Kinderbildern findet, Kind und Tier eine zärtliche Einheit. Aber hier waren zwei Wesen dargestellt, miteinander verbunden und doch voneinander unabhängig. Jedes schaute in eine eigene Richtung. An sein Gedicht mußte Rilke plötzlich denken, „Der Panther im Jardin des Plantes". Beide, Malerin und Dichter wollten das Tier so darstellen, wie es seinem Wesen entspricht: Anders als der Mensch, aus einem andern Blickwinkel sieht es die Welt.

Jetzt nicht mehr über die Demütigung durch Rodin nachgrübeln, das wird sich schon wieder einrenken. Das eigentliche Lebensziel vor Augen haben, dichten, malen.

Rilke war aufgestanden, wollte sich verabschieden. Warten Sie. Paulas Augen tasteten sein Gesicht ab, warten Sie. Es war für einen Moment so still, daß man die Amsel draußen flöten hörte, das Tschilpen der Spatzen. Paula sagte: Ich möchte Sie malen! Sie trat ein paar Schritte zurück, wartete. Er setzte sich wieder hin. Nach einer Viertelstunde hatten sie sich auf Zeit und Dauer der Sitzungen geeinigt. Rilkes Porträt von Paula gemalt.

31

Soeben hatte Rainer Maria ihr die Verse vorgetragen, die an die Gespräche in ihrer ersten Worpsweder Zeit, September 1900 erinnerten. Sich in das Wesen der Natur hineinfühlen, das Bild umkreisen, um es erfassen zu können, gleichsam Ringe werfen wie Lassos und nicht aufgeben, auch auf die Gefahr hin, letztendlich nie damit fertig zu werden. „Ich lebe mein Leben in wachsenden Ringen." Woran arbeitete Rilke im Augenblick? In der letzten Zeit hatte Paula wenig von ihm gelesen. Seine Monographie über Worpswede und die dort ansässigen Maler blieb ihr fremd. „Viel Gutes und viel Liebes und viel künstlerisch Schiefes geht darin Hand in Hand." Paulas Kritik. Und darin hätte sie sogar recht, meinte Rilke, die Monographie wäre eben nur Auftragsarbeit gewesen, aber wurde anständig honoriert. Gut gefallen dagegen hatte ihr Rilkes „Stundenbuch" und das „Buch der Bilder", die Clara ihr ausgeliehen hatte.

Nun wünschte Rilke ein künstlerisches Porträt, verantwortungsvoll von Paula gemalt. Hand aufs Herz, es war nicht leicht gewesen, ihn zu porträtieren. „Einen Dichter sollte man immer mit einem Buch in der Hand abbilden". Das war seine Vorstellung. Und beschwörend hatte es geklungen, als er Paula an die Sätze in seinem Tagebuch erinnerte, das er ihr einmal zu lesen gab: „Das gemalte Porträt, die künstlerische Ähnlichkeit, verhält sich zur Fotografie wie die Ekstase zur Ermattung."

30 cm mal 20 cm groß war die Malpappe, auf der Paula das Bild entwarf: eine helle Gesichtsfläche in einem durchscheinend lichten Ziegelrot, lila vibrierend, erdfarbenes Kopfhaar, erdfarbener Bart und ein vorwiegend grünblau und grau schimmernder Hintergrund.

Waren das seine Augen, die so weitentrückt in die Ferne blickten, war das sein Mund, der groß und rot wie eine Frucht das Gesicht beherrschte? Und der Kinnbart gar – sah er nicht aus, als müßte er den Kopf stützen? Rilke war nachdenklich geworden. Einmal hatte er geschrieben: „Das Recht über Ähnlichkeit oder Unähnlichkeit zu urteilen, steht eigentlich nur bei der Fotografie jemandem zu." Am 14. Juni 1906, zwei Wochen nach der letzten Sitzung ließ er sich den Kinnbart abnehmen. Clara wird es später erzählen. Zu weiteren Sitzungen, die noch vereinbart waren, erschien er nicht mehr.

Noch kam er regelmäßig. Was ich Ihnen heute sagen wollte, Rilke drehte sich in der Tür um, als wieder einmal eine Sitzung beendet war, Ellen Key kommt nach Paris. Ellen Key! Die berühmte schwedische Schriftstellerin, die sich in ihren Büchern für die Gleichstellung der Geschlechter einsetzte, Bildungsgänge für Frauen forderte und in ihrem Hauptwerk „Das Jahrhundert des Kindes" den Traum einer neuen Elterngeneration, einer neuen Schule aufzeigte. Ellen war Duzfreundin von Rainer Maria. Er hatte sie in Göteborg besucht. Er hatte vorgehabt, das Modell ihrer Schule, der „Samskola", in Norddeutschland einzurichten. Paula mußte lachen, bei Rilkes Geldmangel und bei seinem Organisationstalent wäre der Plan sowieso gescheitert. Am 31. Mai wollte Rilke mit Ellen einen Ausflug nach Chantilly machen, ob er Paula dazu einladen dürfte. Ellen Key kennenlernen? Wunderbar! Vielen Dank! Paula freute sich sehr.

Nachdem er gegangen war, wurde ihr klar, daß der Brief, der längst fällig war, heute unter allen Umständen noch geschrieben werden mußte. Sie wollte ihre Schulden bezahlen. Hundert Mark hatte ihr Rilke geliehen. Und wieder bekam ihr Gesicht diesen verzweifelten Ausdruck, wobei die Augenlider zuckten, ein nervöses Leiden, das sie jetzt wieder quälte.

Sie saß am Tisch, trank hin und wieder einen Schluck, brach ein Stück vom Weißbrot ab, während ihre Hauptaufmerksamkeit den Kompositionsstudien galt, die sie schnell, sozusagen mit linker Hand aufs Papier warf. Eva und Adam. Mit dünnem Strich zog sie den Baumstamm dazwischen, eine Trennlinie, formte Früchte in der Art hinein, daß der Bleistift hart und spitz ein Knäuel aus schwarzen Linien fabrizierte.

Tatsächlich aber malte sie, um das Briefeschreiben noch ein wenig hinauszuzögern. Beschämend wieder würde die Bitte an Otto um Geld sein. „Hast Du Lust, mir noch ein bißchen Geld zu geben. Ich danke Dir für alles, was Du an mir tust. Es ist eben eine Sturm und Drangzeit, durch die ich hindurchmuß."

Mehr einschränken konnte sie sich wirklich nicht. Ein bißchen Milch, eine Tüte Kakao, jeden Tag ein Brot, Früchte. Nachmittags stürzte sie sich auf die Straßen und skizzierte. Einmal waren es Frauen auf dem Bürgersteig unter einer Laterne, dann ein Kind mit Kapuze, dann das Dreiergespann auf dem Boulevard, Troika nannte sie es. Sie war fasziniert gewesen und skizzierte. Sie zeichnete Männer im Pferdeomnibus, eine Ansicht von Notre Dame und immer wieder Seinebrücken. Sie besuchte die Anatomiekurse in der Akademie, lernte abends Formen und Körperbau aus ihrem französischen Lehrbuch. Sie arbeitete ab und zu in der Malschule im Croquis. Die Skizzenblöcke füllten sich. Zeichnen auf Deubel komm raus würde die alte Dreebeen lästern.

Wenn sie erst Schülerinnen hätte, um wenigstens das Geld für Modelle zu erübrigen. Farben brauchte sie, Leinwand, Malpappen. Vielleicht könnte eine gute Kritik von Hoetger eine Empfehlung sein, helfen. Aber sofort erschrak sie. Würde sie schon unterrichten können? Immer wieder diese Selbstzweifel. Mußte sie nicht erst noch viel, viel weitersein? Weiterwollen, immer weiter.

Das Geld müßte diesmal schnell ankommen und auf der Post sofort ausgeliefert werden, nicht erst nach drei Tagen wie beim letzten Mal im April. Beim letzten Mal mußte erst das Concièrgeehepaar Paulas Identität bezeugen trotz der vorgelegten Papiere.

Wichtigster Punkt im Brief also, um Geld betteln. Trotzdem ein Kapitel für den Schluß, ebenfalls die Frage nach ihren Malsachen. Ob Otto sie fortgeräumt hätte. Nicht auszudenken, was denen passierte, wenn die gute, aber nicht kunstsachverständige Frau Brünjes sie wegpackte. Paula wollte ihm aber keine Mühe bereiten. Was geschah mit ihrem Atelier bei Brünjes? Sollte sie es wie geplant für zwanzig Mark, davon zehn Mark für die Möbel, an eine Malstudentin vermieten? Sollte sie es endgültig aufkündigen? Sie schloß die Augen, ja, das mußte sein!

Einen Moment lang benahm wehmütiger Schmerz ihr den Atem. Ihr Atelier bei Brünjes, ihr erstes selbständig eingerichtetes Zuhause vom eigenen Geld, von ihrer kleinen längst verbrauchten Erbschaft. Ihr liebevoll eingerichtetes Refugium unterm Strohdach zwischen Bäumen und Sträuchern am Rande der Welt. Sie hatte in ihrem Leben wohl keine Wohnung so geliebt wie diese. Nachts, wenn sie wach lag, hatte sie das Kettenklirren der Kühe gehört, morgens Hahnenkrähen und Hühnerstimmen. Die Kargheit dieses Raumes hier in dieser Riesenstadt, wo man nachts vom Türenknallen der Nachbarn aus dem Schlaf hochschreckte, wo es im Winter zu kalt und im Sommer zu heiß sein würde, mitten in einer Stadt, die einen überrollen konnte, wenn man sich nicht zu schützen wußte, dies hier war der Preis, den sie für ihre Unabhängigkeit zahlen mußte. Mußte? Nein, sagte sie laut, gern zahlen wollte. Sie atmete aus und tief wieder ein, stellte die Tasse auf den Tisch, nickte, so soll es sein!

Daß sie Hoetgers besucht hatte, wird sie erzählen müssen. Vielleicht noch, daß es ein feines Gefühl war, diese Menschen getroffen zu haben, „mir ist, als ob ich sie schon lange gekannt hätte." Ja, von Hoetgers Besuch schreiben mußte sie wohl, denn Herma, dieser Naseweis, hatte es denen daheim schon mitgeteilt, mit wem die Schwester hier Umgang pflegte. Daß sie auch in dem Augenblick ins Atelier hereinschauen mußte, als Hoetger das letzte Bild umdrehte und die Arbeiten lobte. Und das hatte Herma der Familie nach Bremen geschrieben: „Paula ist gerade sehr gehobener Stimmung. Hoetger hat ihre Sachen angeschaut und war ganz davon durchdrungen, großartig. Und nun ist das Seelchen befreit. Hoetger sagt, daß sie viel Talent hat und etwas Feines werden wird." Aber, als ob Herma der Hafer stach, sie nahm die Gelegenheit wahr, der Schwester eins auszuwischen, vielleicht sogar deshalb, um den Ärger loszuwerden, daß sie wieder einen Samstagnachmittag vergeudete mit Modellstehen. Jedenfalls setzte sie schnell diesen Satz unter ihr Schreiben: „Es sind alles schwierige Menschen!"

Paula selbst war davon überzeugt, daß sie schwierig war für ihre Umwelt. Aber schwierig doch auch, weil die andern sich schwer taten, ihr Leben zu akzeptieren.

Bereits 1897 hatte sie von sich behauptet: „Ich muß mich

ganz im stillen an meiner Außenwelt reiben, sonst werde ich untauglich für die Welt, so eine Art Molluske, die ihre Hörner immer einzieht (Oder hat dies Tier Fühler?)."

32

Der Donnerschlag ließ Paula jäh hochfahren, so tief hatte sie geschlafen. Sie schüttelte sich, setzte sich auf, rings an Wänden, an Regalen, an Stühlen und Tischen lehnten ihre Bilder, und sie, mitten dazwischen auf dem Boden, lagerte zwischen Skizzen und Malutensilien. In der Nacht mußte sie hier eingeschlafen sein. Wie rasch die Zeit verging. Ein neuer Morgen, einer, der die Frühlingsschwüle der beiden vergangenen Maitage hinwegfegte.

Paula schaute auf die Skizze oben an der Staffelei. Es gelang ihr nicht, die Begeisterung des gestrigen Mittags wieder zu erwecken. Sie wollte doch mit Schwung ihr großes Selbstporträt beenden.

Sie rieb sich die übermüdeten Augen, stand auf, überblickte den Raum, der aussah, als hätte jemand in äußerster Eile etwas Wichtiges darin gesucht und dabei aus Truhen und Regalen alles herausgerissen und überallhin verstreut. Sie räumte mechanisch ihre Kleidungsstücke ein, drehte die Bilder wieder mit der Malseite zur Wand, packte die Skizzen auf den Maltisch.

Was sagte Rilke, das Leben, das wirkliche gute hätte sie in die Hände genommen. Sie sah sich plötzlich vor dem großen Spiegel stehen, sah wie das Fenster des Ateliers helle Trapezflecke in die braune Iris ihrer Augen schnitt und wußte nichts mehr von ihrem Mann, von ihrer Familie, zwischen denen Briefe hin und hergingen, angestrengte Überlegungen, wie man Paula zurückgewinnen könnte.

Ich werde ein großes Selbstbildnis malen, ein Dreiviertelporträt, dachte sie und schob den hohen Spiegel seitlich vors Fenster. Es dauerte ihr beinah zu lang, den Malkittel abzustreifen, die Bluse. Mit den Knöpfen hinten am Rock hatte sie einige Schwierigkeiten, ehe sie ihn mit Schwung über die Schlafbank warf. Wo hatte sie die Bernsteinkette versteckt? Das Goldbraun war genau der Ton, der ihrer Haut schmeichelte.

Sie stellte sich neben das Fenster, ließ sich vom Sonnenlicht ausleuchten, den nackten Körper, den Kopf, der sich vor dem Spiegel drehte. Den Hals, die Schultern, die lange Bernsteinkette, die herabhing tief zwischen ihre Brüste, kühl glänzte und ihre Nacktheit dahinter unantastbar machte.

Vorsichtig legte Paula ihren rechten Arm um ihre Taille. Freuen könnte sie sich, hatte Rainer Maria gesagt. Sie erinnerte sich an Hoetgers Worte. Ein bißchen übermütig betrachtete sie ihren Körper. Verspürte sie das „Brausen dem Ziele zu"? Sie war ganz ruhig. Jetzt war sie ausgefüllt mit Glück und Gewißheit.

Das Bild fiel ihr ein, das einzige, das man bisher von ihr gekauft hatte. Jetzt hing es bei Rilke. Er hatte es liebgewonnen. „Mein kleines Kind" nannte sie das Werk. Es hatte ihr das erste Geld für diesen Parisaufenthalt eingebracht. Fünfzig Mark!

Wie gut es ihr ging. Sie drehte sich. Ihre Hände ließ sie verschiedene Positionen auf ihrem Leib einnehmen. „Ich habe das Gefühl, ich bekomme ein neus Leben geschenkt. Dieses Leben soll schön und reich werden, und wenn etwas in mir sitzt, dann soll es erlöst werden."

Plötzlich hatte sie die Idee, daß ihr Selbstbildnis eine Frau zeigen müßte, die schwanger ging. Paulas Werk war wie ein Kind, das in ihr lebte und heranwuchs. Schwanger ging sie mit ihren Bildern, die sie herausmalen mußte. Das Zukünftige, das in ihr wartete, mußte gezeigt werden, in großer Geste mit ihren Armen umfaßt.

Sie lehnte sich zurück. Sie sah im Spiegel leichtgerötete Wangen in einem schönen feinen Gesicht. Sie sah das Lächeln darin, wie es die Venusgestalten von Lucas Cranach andeuten, wenn sie diesen wissenden, fragenden Blick in die Ferne senden. Es war ein Lächeln wie bei den kleinen, halb kindlichen, halb koketten Evas, die sie einmal in den Museen in Wien gesehen hatte. Paulas Körper, ihre Kraft, ihr Können bestimmten ihr Werk. Sie mußte es wie ein geliebtes schwieriges Kind austragen.

Es war der 25. Mai 1906, als sie die Skizze ihres Selbstporträts vornahm und das Bild in Öltempera durcharbeitete. Mit größter Geschwindigkeit ordnete sie Farben und Pinsel, achtete weder auf Geräusche draußen, vergaß die Zeit, spürte keinen Hunger, keinen Durst.

Am späten Nachmittag griff sie einen von den ganz dünnen Pinseln mit scharfem, spitzzulaufendem Stiel. Sie drehte ihn zwischen den Fingern, sie wollte signieren. Das Bild, ihr Selbstporträt, 100 Zentimeter mal 70 Zentimeter groß, war fertig.

Sie mußte laut lachen. Alle Spannung fiel von ihr ab. Was für ein Tag war das heute! Was für ein Datum! Das mußte aufs Bild! Mit fester Hand und geraden, sorgsam gesetzten Buchstaben schrieb sie rechts unten auf den ockerfarbenen Hintergrund mit seinen grünen Farbtupfern erdbraun den Text:

Dies malte ich mit 30 Jahren
an meinem 6. Hochzeitstag   P.M.B.

Sie hielt einen Moment inne, dann nahm sie den großen Pinsel, mit dem die grünen Flocken gemalt worden waren. Sie tauchte den Pinsel in die Farbe und setzte auf den Buchstaben M einen daumennagelgroßen Klecks, der lag wie ein grünes Blatt zwischen ihren Initialen *P. B.*, die ihren Mädchennamen bedeuteten, Paula Becker. Das *M.* für den Namen Modersohn war ausgelöscht.

33

Maiausflug nach Chantilly. Der Himmel war klar. Nach ihrem Rundgang würden sie irgendwo Kaffee trinken, Rilke, Johann und Ellen Bojer, ein befreundetes Ehepaar aus Schweden, Ellen Key und Paula. Wunderbar diese Frau, dachte Paula, während sie an den Vorgärten vorbeigingen, in denen Hortensien blühten. Sie beobachtete Ellen, die anders war, als sie es sich vorgestellt hatte, eher rundlich als schlank. Sie bewegte sich vollkommen locker und leicht, ihr Mienenspiel war immer gleichmäßig freundlich. Selbstverständlich würde Ellen gern über ihre Leitsätze sprechen, Menschen in ihrer Eigenart nebeneinander gelten zu lassen, jedem das Recht auf ein eigenes Leben zuzugestehen. Paulas Ohren entging nichts, sie hatte genau hingehört, was

Ellen über Gleichberechtigung sagte und über Erziehung. Kein Wunder, daß sie sich der Schwedin verbunden fühlte. Vertrauen zum Kind, einen Glauben haben an die Fähigkeiten des heranwachsenden Menschen. Wie oft hatte Paula sich als nicht angenommen gefühlt so, wie sie war. War sie nicht gegängelt worden überall zu Hause, von ihren Lehrern? War ihr nicht immer wieder gesagt worden, wie sie sein sollte? Ja, ja, und mit solchen Methoden verwirrt man den Willen der jungen Leute, sagte Ellen, so daß sie, wenn sie endlich mit der Schule fertig wären, nicht mehr wüßten, was sie eigentlich wollten.

Sie pustete sich eine Haarsträhne aus ihrem runden Gesicht, schaute Paula ruhig und interessiert an. Paula war also eine Malerin? Erzählen Sie von sich. Die beiden spazierten nebeneinander her. Ellen legte den Arm um Paulas Schultern.

„Dieses Jahrhundert wird zu den größten gehören, wenn der Traum von Gleichberechtigung, den diese seltsame und gerechte Frau in seinen ersten Tagen geträumt hat, in seinen letzten in Erfüllung geht. Vielleicht wird man einmal die Menschen dieses Jahrhunderts danach abschätzen, wie sehr sie an der Verwirklichung dieses Traumes gearbeitet haben." So hatte Rilke in einem Aufsatz über Ellen Key geschrieben.

34

Pfingstsonntag, 2. Juni 1906. Paula, Herma und Otto im Jardin du Luxembourg. Sie gingen schnell, überholten großen Schrittes die Spaziergänger, die erschrocken zur Seite wichen. Plötzlich blieben sie stehen, redeten aufeinander ein, heftig gestikulierend, lauter und lauter in der Stimme. Otto starrte Paula mit wütenden Blicken an. Es sei doch sonderbar, daß Rilke, dieser Egoist, dieser menschliche Versager, sie für diesen Schritt begeistern konnte. Wer sich mit diesen Konsorten einließ, der mußte ja grausam handeln. Paula drehte sich um, Ottos herablassenden Tonfall konnte sie nicht mehr ertragen. Sie fühlte sich schrecklich an diesen Tagen. Kehrte sie in ihr stilles Atelier zurück, so stellte sie sich vor, ganz unabhängig zu sein, nicht mehr in den Zwängen der Familie. Unverschämt, rücksichtslos! Es wäre ungerecht, daß so viele Menschen ihretwegen leiden müßten! Was würde er antworten, wenn sie ihm erklärte, daß es ihr schon immer so erging, wenn sie sich für ihre Arbeit, für die Kunst einsetzte. Sie schwieg. Sie war wie vernagelt, Ruhe brauchte sie, um wieder malen zu können. Selbstverständlich war Otto nicht schuld, es war ihr Schicksal, daß sie so sein wollte, wie sie war, mehr nicht. Ich bin Ich, sagte sie wie eine beschwörende Formel. Otto fühlte sich verraten. Da stimmte doch etwas nicht! Er war plötzlich sicher, daß ein Mann dahinter steckte. Ihr Vorgeben, malen zu müssen, war nichts als Tarnung. Sie hatte doch nicht vergessen, daß sie ihm von Männern erzählte. Du liebe Zeit! Herma und sie hatten im Frühjahr 1905 mit einem Maler und einem Jurastudenten aus Bulgarien Karneval gefeiert, sie hatten sich ein paarmal zu Ausflügen getroffen. Wenn er das meinte, so hatte sie ihm doch alles genauestens erzählt. Bis in alle Einzelheiten von den Sprachschwierigkeiten gesprochen, von den Tischsitten, die sie den beiden erst beigebracht hatten. Und daß der Maler ihr ein paar Möbel fürs Atelier zimmerte.

Aber Hoetger, war der nicht viel jünger als Otto, nur ein, zwei Jahre älter als Paula? War der auch wirklich verheiratet? Otto bohrte weiter. Sie zuckte die Schultern. An ihren ersten Nachmittag in der Rue Vaugirard dachte sie plötzlich. An das feine herbe Gesicht der Frau Lee erinnerte sie sich, die dem armen Künstler Hoetger das Geld in die Ehe gebracht hatte.

Dann fiel ihr der gestrige Tag wieder ein, die Szene, als Otto in ihrem Atelier aufgetaucht war. Keinmal während dieser Wochen war der Name Otto Modersohns über Rilkes Lippen gekommen wie in stiller Übereinkunft. Pfingstsamstag, und sie arbeitete an Rilkes Porträt. Dann ging alles ganz schnell. Und Paula wußte bis heute nicht, wie es eigentlich geschah. Hatte es an der Tür geklopft, war sie hingegangen, um zu öffnen? Oder hatte jemand die Tür aufgerissen, war ins Zimmer gestürmt? Sie wußte nur noch von ihrem Erschrecken, als Otto Modersohn plötzlich mitten im Raum stand. Sie sah wie durch mattes Glas, daß Rainer Maria sich langsam und stumm erhob, daß Otto sich abrupt umdrehte, als Rilke an ihm vorbeimußte, sich im vollbeladenen Atelier an ihm vorbeizwängte.

Immer wieder fruchtlose Diskussionen. Warte nur, Otto blieb erregt stehen, wenn du nach Worpswede zurückkommst, wie man dich dort verurteilen wird. Solche Äußerungen brachten Herma auf. Das war nun wirklich ungeschickt von Otto, damit bereitete er keinen günstigen Boden für eine eventuelle Rückkehr. Herma kannte ihre ältere Schwester länger als Otto, und dies war auch ein Angriff auf ihre Familienehre. Sie stellte sich schützend vor Paula, informierte die Mutter und die Geschwister. So gut wie der Becker-Bültzingslöwsche Clan kannte Otto Modersohn Paula nicht.

Wie lange würde Paula brauchen, um ohne Ottos Unterstützung leben zu können? Im Herbst wollte er noch einmal kommen. Er hatte ihr Verschwinden bei den Freunden als Krankheit bezeichnet.

Von ihrer Mutter erfuhr Paula, wie er sich in seinem Atelier vergrub. Einen Teil von ihren Stilleben hatte er bei Brünjes abgeholt, baute sie in seinem Atelier auf, saß davor wie vor einem Altar. Mutter Becker, die ihn verzweifelt stöhnen hörte, wußte keinen Rat. Sie pendelte aufgeregt hin und her zwischen Worpswede und Bremen. Otto konnte ihr keine Erklärung geben. Er versteifte sich darauf, daß Paulas Abreise nur ein Kurzschluß wäre, eine Art Bewußtseinstrübung, die bald vorüberginge. Aber während sie bei Hauptmanns ihre Sachen auspackten, um fröhlich Sylvester zu feiern, hatte in Worpswede schon die Reisetasche für Paris bereitgestanden. Während sie in Berlin die Leibls, Böcklins, Feuerbachs bewunderten, mußte Paula an ihre Gauguins in Paris gedacht haben.

Ich werde nie mehr mit Rainer Maria Rilke sprechen, sagte Otto Modersohn, bevor er abreiste.

35

Das Betriebsame, das jetzt in Bremen und Worpswede um ihre Person einsetzte, nahm Paula nur von ferne wahr. Heinrich Vogeler interessierte sich plötzlich für ihre Stilleben, kaufte das Bild Äpfel mit grünem Glas. Frau Brockhaus, die Seniorchefin des großen Verlagshauses, die mit Mutter Becker nach Worpswede kam, erwarb spontan für hundert Mark das Stilleben Äpfel mit Banane. Zum erstenmal hatte jemand, der nicht zu ihrem Freundeskreis gehörte, eins von Paulas Bildern besitzen wollen.

Waren das Lichtpunkte in ihrem Leben, war das die Schneise im Wald, die ihr den Weg freimachte? Paula fühlte sich nicht als Siegerin. Sie mußte weiterschaffen. Weiterwollen. Das einzig Beglückende war die Arbeit. Ihr Mann schrieb aus Worpswede: „Ich habe mir während dieses Frühjahrs immer wieder Deine Stilleben angesehen, und ich muß sagen, sie haben mich ganz gefangengenommen. Ich kann nur sagen, mit ihnen verglichen, besteht nichts. Ich verstehe jetzt, warum Du kein Interesse an der Landschaftsmalerei hast. Du willst das Ding an sich malen, das Ding, ohne Licht- und Schattenwirkungen, welche die Form des Dinges zerstören."

Ahnte die Mutter endlich, daß etwas Besonderes steckte in Paulas Kunst? War Milly hellhörig geworden? Paula schrieb ihnen: „Wenn man einmal erkannt hat, daß an einem Menschen etwas dran ist, wie ihr es von mir wißt, dann muß man ihn in einer solchen Lage, wie ich jetzt bin, ruhig gewähren lassen, ihm vertrauen."

Die Geschwister schickten Brief um Brief. Die Freunde begannen zu schreiben. Es war schön, daß man sich kümmerte. Aber Paula mußte bleiben, wie sie war und wo sie war. „Ich halte mich für gut von Natur, und sollte ich noch so viel Dummheiten machen. Ein jeder ist so anständig, als es in seinen Kräften steht."

36

Es wurde ein heißer Sommer 1906, es wurde unerträglich heiß in Paris, selbst unter den Bäumen in den Parks. Die Blätter welkten schon im Juli, das Gras wurde hart und grau. Ausgestorben lagen die Straßen in der Sonne. Paula überquerte die Kreuzung, um aus dem gleißenden Licht in den Häuserschatten des Boulevard Montparnasse einzubiegen. Sie hatte schon eine Zeitlang unter einer Markise am Boulevard Raspail gestanden, um nach Atem zu ringen. Sie fuhr nicht mehr ans rechte Seineufer, um in die Rue Lafitte zu den Kunsthändlern zu kommen. Ihre ganze Energie brauchte sie fürs Malen.

Es war Hochsommer und die Zeit, wo viele aufs Land fuhren, irgendwohin, wo es kühler war, lärm- und staubfreier als hier in der Steinwüste. Wenn sie mittags in ihr Atelier zurückging, mit einem Brot unterm Arm, durstig, die Zunge klebte am Gaumen, dann wünschte sie sich ans kühle Meer, wo der Wind nicht trocken wehte wie hier.

Ah, zu Ostern waren sie ans Meer gefahren, Herma und Paula. Nach Saint-Malo waren sie gereist, zehn Stunden Bahnfahrt wie von Bremen nach Dresden. Diese Gischt an den Klippen! Paula fuhr mit der Zunge über ihre trockenen Lippen. Sie durfte nicht dran denken. Otto hatte Herma das Reisegeld geschickt, Otto hatte Vorsorge getroffen. Meine Freiheit ist deshalb so schön, weil du im Hintergrund stehst, hatte Paula 1904 an ihn geschrieben. Mein getreuer Eckart nannte sie ihn jetzt manchmal in ihren Briefen. Sie stand vor Notre Dame, maß die Höhe der Fassade. Konnte sie wirklich auf eigenen Füßen stehen.

Es wurde unerträglich heiß in jenen Tagen. Rilke war auch schon fort. Wollte er sich nicht mit Clara nach einem Besuch in Ypern in Ostduinkerke-Bains am Meer treffen? Vielleicht konnte sie sich ihnen anschließen. Ohne davon zu wissen, gebrauchte sie in Gedanken fast dieselben Worte, mit denen Rilke einmal Lou Andreas-Salomé gebeten hatte: „Wenn ich in dieser Zeit einmal nur für eine paar Tage bei Ihnen Zuflucht suchen dürfte." Sie mußte an Rilke schreiben.

Wie anstrengend war das Leben. Sie lag manche Nacht

wach, konnte vor Hitze nicht einschlafen. Auf ihren Brief vom 31. Juli hatte Rilke nicht geantwortet. Unwirklich waren diese Sommermonate. Aber sie malte, und sie meinte, daß sie genau wie Cézanne von sich sagen konnte: „Ich mache täglich Fortschritte, wenn auch sehr langsam."

Paula zerknüllte einen Briefbogen nach dem andern. Sie mußte das Schreiben heute noch fertig bringen. Im September sollte Otto kommen. Für den September hatten sie ein Treffen vorgesehen, bei dem Paula sich endgültig entscheiden wollte. Paula wußte, daß sie alle daheim zutiefst erschrecken, daß man sie uneinsichtig nennen würde, wenn sie diesen Brief schrieb.

Am 3. September 1906.

„Gib mich frei. Ich mag Dich nicht zum Manne haben. Ich mag es nicht. Ergib Dich drein. Foltere Dich nicht länger. Versuche mit Deiner Vergangenheit abzuschließen. Ich bitte Dich, alle äußeren Dinge nach Deinem Wunsche und Willen zu regeln. Wenn Du noch Freude an meinen Malereien hast, suche Dir aus, was Du behalten willst. Ich muß Dich noch bitten, ein letztes Mal Geld zu schicken. Ich danke Dir für alles Gute, was ich von Dir gehabt habe. Ich kann nicht anders handeln. Deine Paula Modersohn."

Am nächsten Tag ging sie zu Hoetgers in die Rue Vaugirard. Sie porträtierte Frau Lee nun schon ein zweites Mal. Was muß ich da hören? Bernhard Hoetger kam gerade aus seinem Atelier, hatte sich den Staub abgewaschen und schüttelte das Wasser von den Händen. Trennen wollte sich Paula von Modersohn? Hoetger griff nach dem Handtuch, war entsetzt. Zu gut kannte er die Not freischaffender Künstler. Paula war ratlos, packte den Stift wieder aus, den sie weggelegt hatte. Was war falsch? Paula hatte vor, sich selbständig zu machen, wollte selbst für ihren Unterhalt sorgen. Hoetger warf das Handtuch in die Ecke. Wie kurzsichtig war Paula, wie lebensfremd! Er rannte vor ihr im Raum auf und ab. Sie duckte sich auf ihrem Hocker. Und dann prasselte es auf sie hernieder: Frauen haben keine Chancen auf dem Kunstmarkt, Frauen bekommen keine Stipendien, Künstlerinnen sind nichts ohne den Namen großer Männer, die hinter ihnen stehen. Drehte Paula etwa durch? Kein Wunder nach diesem heißen Sommer. Paulas Hände zitterten, es rauschte an ihrem Ohr vorbei, Dummheit, Hitzköpfigkeit, Wahnsinn. Jetzt, dachte sie, jetzt wird er gleich auf dich zukommen, dich mit seinen Blicken durchbohren und dir dieses fragende „Nicht"? entgegenschleudern und als Antwort selbstverständlich ein „Ja" erwarten. Aber dann würde ihr das Wort wieder in der Kehle steckenbleiben. Diese Situation war ihr so bekannt. Sie saß wie gelähmt. Ob ihr die Familie nicht leid täte? Paula fühlte sich scheußlich. Unverantwortlich nannte Hoetger sie. Sie hob wie in Abwehr die Hände, als er plötzlich in seinem Gerenne innehielt und sich tatsächlich vor ihr aufbaute. Sie sähe doch wohl selbst ein, daß ihr Entschluß ein hirnverbrannter Unsinn wäre. Und Paula, die dem Zeigefinger auswich, sagte erst ein schnelles „Ja", dann ein zögerndes „Nein", und dann ein ganz leises „Ja." Ihr Gefühl sagte das Gegenteil, aber ihr Verstand gab ihr so schnell keine Argumente.

Hoetger nickte erleichtert, ging ein paar Schritt zurück, Vernunft annehmen, das wäre das einzig Richtige. Er erinnerte, wie schwer es Frauen selbst als Lehrerinnen in den Malakademien hätten. Paula schwieg. Sie dachte an Jeanne Bauck. Sie hatte nie mehr etwas von ihr gehört. Jeanne war entlassen worden, als ihr Unterrichtsstil, ihre Malweise der Direktorin nicht mehr zusagte. Aussichtlos, aussichtslos, dröhnte es in Paulas Kopf. Seit einer Stunde redete Hoetger nun schon auf sie ein. Gehen Sie zu Modersohn zurück. Er ist doch ein vernünftiger Mann. Er läßt Sie arbeiten, wie Sie wollen. Er ist kein Unmensch. Schreiben Sie ihm, lassen Sie ihn herkommen. Ich werde mit ihm reden. Man bringt sich nicht um, wenn man eine Aufgabe vor sich hat. Und dann erinnerte er sie an eine Szene in der Malschule Colarossi, auch wenn sie sich wie eine gute Anekdote anhörte. Paula hatte sie ihm selbst erzählt.

Die Malstudentinnen und Malstudenten hatten sich die Arbeiten der Deutschen angesehen und gefragt, wer ihr denn solche Malweise beigebrächt hätte. Mon mari, hatte Paula stolz gesagt. Ah, Sie malen wie Ihr Mann malt! Nun, dann war es ja gut. Daß eine Frau aus sich heraus einen neuen Stil entwickeln konnte, das vermutete man nicht.

Paula war vollkommen durcheinander. Gleichberechtigung gab es nicht, Gleichberechtigung war ein Hirngespinst. Sie lag die nächsten Nächte wach. Mit verschränkten Armen hinterm Kopf hatte sie auf das Fensterrechteck gestarrt. Mit wem außer den Hoetgers konnte sie reden? Nicht mit ihren Verwandten. Nicht mit den Worpsweder Freunden. Rilke war nicht zu erreichen. Jetzt hätte sie mit Clara sprechen mögen. Sie mußte ganz ruhig bleiben. Wo war der Fehler. War sie ein Hitzkopf wie Oskar Becker oder mehr ein Zauderer wie Woldemar? „Es ist oft leichter, weniger selbständig zu sein, dafür aber einen festen Rückhalt zu haben". Worte ihres Vaters, die er ihr zu ihrem einundzwanzigsten Geburtstag mit auf den Weg gegeben hatte. Lag Schuld darin, daß sie die Fähigkeit nicht bewiesen hatte, selbst für ihren Lebensunterhalt zu sorgen? Immer wieder ging es ums Geld. Was hatte sie zu Mackensens Kunst gesagt, die sich dem allgemeinen Geschmack anpaßte: „Mangel an Geld schmiedet uns fest an die Erde, man bekommt die Flügel beschnitten". Gab sie sich auf, wenn sie nach Worpswede zurückging? Sie geben Ihre Kunst auf, wenn Sie in Paris bleiben, sagte Hoetger, schreiben Sie den Brief. Schließlich hatte Paula zu allem genickt.

Paula widerrief. „Otto wird nun kommen", schrieb sie an Milly. „Hoetger hat einen Abend in mich hineingepredigt."

Sie hatte Otto Modersohn mitgeteilt: „Mein herber Brief war aus einer großen Verstimmung heraus geschrieben. Es tat mir hinterher leid, ihn geschrieben zu haben. Auch war mein Wunsch, kein Kind zu bekommen, doch ganz vorübergehend und stand auf schwachen Füßen. Wenn Du mich überhaupt noch nicht aufgegeben hast, so komme bald her, daß wir versuchen, uns wieder zu finden. Der Umschlag in meiner Meinung wird Dir merkwürdig vorkommen. Ich armes Menschlein, ich fühle nicht, welches mein richtiger Weg ist. All diese Verhältnisse sind über mich gekommen, und ich fühle mich ohne Schuld. Ich will Euch ja nicht peinigen."

Es war nicht verwunderlich, daß sie ein bißchen hektisch umherging in diesen Wochen. Da war ihr Atelier, da war die Staffelei, da standen die beiden Stühle. Sie mußte sich an den Dingen, die sie umgaben, orientieren. Sie sagte, das ist Notre

Dame, das ist der Pont au Double. Es war, als müßte sie sich des Ortes vergewissern, wo sie war. Aber sie empfand wenig, keine Freude, keine Traurigkeit, auch nicht, als sie eines Septembernachmittags mit der kleinen Gruppe durch den Luxembourg-Park ging.

Sie konnte keine Gedanken lesen, aber sie hatte ein ausgeprägtes Gefühl für Schwingungen, unterschwellige Töne, die ein Gespräch begleiteten. Da gingen die beiden Männer ein paar Schritt vor ihnen her, Bernhard Hoetger und Otto Modersohn. Lee Hoetger, Lees Schwester und Paula unterhielten sich über den heißen Sommer, dessen Nachwirkungen man in der Dürre der Anlagen noch immer spürte. Ausgedörrt haben mich die Stunden in meinem heißen Atelier, dachte Paula und vernahm Gesprächsfetzen der Männer. Ach, das kleine Lob für Ihre Frau, lieber Modersohn, hauptsächlich Anregung. Großes Talent, aber noch nicht entwickelt.

Waren das Hoetgers Worte? Unmöglich oder doch? Unwirklich, gespenstisch, kam ihr plötzlich die ganze Umgebung vor. Sie kniff sich in den Arm. In dem Moment drehten sich die Männer um, schauten sie ganz freundlich an. Sie hatte bestimmt Wachträume, Auswirkungen der letzten Wochen, Hoetgers Worte konnten das nicht gewesen sein.

37

Komm zurück, hatte Otto an dem Morgen gesagt, als er bei ihr erschienen war. Er schaute sie mit diesem gekränkten Blick an, der sie früher unglücklich machte. Sie erwartete wieder seine Vorwürfe, sah ihn verstohlen von der Seite an, sie traute dem Frieden nicht recht. Immer noch war Paula unentschlossen. Dieselben Bitten, dieselben Forderungen, die ihr das ganze Frühjahr, den ganzen Sommer über gestellt wurden. Sollte das zähe Miteinanderringen von vorn anfangen? Es war früher Morgen gewesen, sie hatte sich gerade ihren Kaffee aufgebrüht, das Zimmer war noch nicht aufgeräumt. Sie hatte wieder bis spät in den

Abend hinein gemalt. Machte sich Otto immer noch ein falsches Bild von ihr? Ich habe mein Urteil über meine Mitmenschen auch noch nicht abgeschlossen, dachte sie, aber Otto und ich sollten uns besser kennen. Komm zurück, sagte er und fragte nicht nach ihrer Arbeit.

Sie stellte eine zweite Tasse auf den Tisch, brach das Brot durch und erinnerte ihn an den letzten Satz in ihrem Brief, daß es nämlich Hoetgers Rat war, den Widerruf zu schreiben. Otto setzte sich schwer auf einen Stuhl. Er war gekommen, weil er sie gern hatte. Im Frühjahr wäre er viel zu aufgebracht gewesen, unbeherrscht. Hatte alle guten frohen Stunden vergessen, die sie miteinander verbracht hatten. Alles sollte anders werden. Alles sollte sie von nun an haben, Reisen, Paris, wenn sie es wünschte. Überall könnte er mit ihr leben. Er war gekommen, weil sie ihn gerufen hatte, er wollte ihr keine weiteren Vorschriften machen. Paula stellte sich mit ihrer Tasse an die Wand, trank langsam Schluck für Schluck. Auch wenn jetzt Angebote fielen wie: „Lebe Dein Leben, das auch mein Leben sein wird." Paula war sich keinswegs sicher, ob sie mit ihm noch zusammenleben könnte, auch wenn er beteuerte: „Ich kenne Deine großen starken, freien und frohen Lebensgefühle. Deine Großzügigkeit, wie ich sie von Anfang an schätzte, wodurch Du Dich von allen andern unterschiedest." Im Augenblick schien es ihr ratsam, eine Probezeit einzuschieben. Sie trafen eine beinahe geschäftsmäßige Vereinbarung. Otto sollte ein halbes Jahr in Paris zusammen mit ihr leben und arbeiten, um zu sehen, ob eine gemeinsame Basis für die Zukunft da wäre. Sie mieteten größere Atelierräume im Atelierhaus Nummer 49 auf dem Boulevard Montparnasse. Paula zog um.

Das Schwierigste war jetzt, über ihre Gefühle zu sprechen. Man konnte sich so schnell mißverstehen. Jeder vergrub sich in seine Arbeit.

Was gestand Otto ihr zu? „Lebe dein Leben, das auch das meine sein wird." Das hörte sich ganz vernünftig an, vernünftig genug, um darüber nachzudenken. War sie undankbar? Otto war gekommen. Zum erstenmal setzte er sich öffentlich für Paulas Kunst ein. Er hatte ein paar von ihren Bildern, ein Apfelstilleben, das Stilleben mit dem Bambino, das schlafende Kind und einen Mädchenkopf mit schwarzem Hut eingereicht, als den Worpsweder Künstlern wieder eine Ausstellung in der Bremer Kunsthalle angeboten wurde. Keiner kannte Paula, hatte Otto Modersohn einmal in sein Tagebuch geschrieben, keiner schätzte sie. Das mußte anders werden.

Die Ausstellung fand im November 1906 statt, und am elften stand in den Bremer Nachrichten ein Artikel darüber von Gustav Pauli, dem Leiter der Bremer Kunsthalle: „Mit ganz besonderer Genugtuung begrüßen wir diesmal einen nur allzu seltenen Gast in der Kunsthalle in Paula Modersohn-Becker", schrieb er. „Leider wird, wie ich fürchte, ihr ernstes und starkes Talent auch jetzt unter dem großen Publikum nicht viele Freunde finden. Es fehlt so ziemlich alles, was die Herzen gewinnt und dem Auge schmeichelt. Gerade solchen Erscheinungen gegenüber erwächst indessen einer ernsthaften Kunstkritik die Pflicht, auf die Qualität hinzuweisen. Wer die Stilleben und den Mädchenkopf von Paula Modersohn als häßlich, brutal an den Pranger stellt, wird auf ein beifälliges Kopfnicken vieler Leser mit Sicherheit rechnen dürfen. Und doch sei gesagt, daß wir uns glücklich schätzen dürfen, ein solch starkes Talent wie Paula Modersohn die unsre nennen zu können. Die Künstlerin weilt seit einiger Zeit in Paris, und der Einfluß der dortigen unvergleichlichen Kultur, namentlich Cézanne ist nicht zum Schaden bei ihr sichtbar."

Otto las ihr den Zeitungsausschnitt vor, den Mutter Mathilde zugeschickt hatte. Kaffee, sagte Paula, möchtest du noch etwas Kaffee? Die positive Kritik war ihr mehr eine Genugtuung als eine Freude.

In der Kunst war man immer allein. Die Kritik in der Bremer Zeitung war allerdings ein Schutzmantel, der ihr die Sicherheit gab, in Bremen und Worpswede unbehelligter ihrer Wege gehen zu können.

Paula mußte sich allmählich entscheiden. War es richtig, wenn sie mit Otto nach Worpswede zurückging?

Die Novemberstürme fegten durch die Straßen, Regenschauer trieben die Drehorgelmänner in die Eingangshallen der Museen. Schon am frühen Nachmittag brannten die Laternen. Zum Malen brauchte man besseres Licht. Paula trieben die kalten Winde schneller über den Boulevard Montparnasse bis zur Nummer 49.

Das Treppenhaus war feucht, die Holzstufen naß, und rutschtig. Sie malte, solang es die Helligkeit zuließ. Wenn man nur gesund bleibt, sagte sie sich immer wieder. Wenn der liebe Gott ihr noch einmal erlaubte, etwas Schönes zu schaffen, wollte sie froh und zufrieden sein. Wenn sie nur einen Ort hätte, wo sie in aller Ruhe arbeiten könnte. Immer noch diese Angst zu versagen, der Druck, etwas Besonderes leisten zu müssen, aber jetzt auch, um vor sich selbst bestehen zu können. Sie hatte ihr dreißigstes Jahr erreicht und mußte ihrer Meinung nach noch viel lernen. Aber wenn ihr die Möglichkeit geboten wurde, ihre Zeit und Kraft ganz ihrer Kunst zu widmen, mußte sie die Möglichkeit nutzen. Sie hatte Ottos Versprechungen: „Du suchst Freiheit. Nimm alle Freiheiten. Deine Wünsche will ich nach Kräften erfüllen. Reife, lebe von mir getrennt, tue alles, was deiner Natur nötig ist."

Wenn man nur gesund bleibt und nicht zu früh stirbt, dachte sie merkwürdig oft in diesen Tagen. Sie wollte nun im Frühjahr nach Worpswede zurückkehren.

Als sie Otto ihren Entschluß Mitte November mitteilte, war sie vollkommen ruhig.

„Ob ich schneidig handle, darüber kann uns erst die Zukunft aufklären", schrieb sie am 17. November 1906 an Clara. „Ich habe in diesem Sommer gemerkt, daß ich nicht die Frau bin, allein zu stehen. Außer den ewigen Geldsorgen würde mich gerade meine Freiheit locken, von mir abzukommen. Und ich möchte so gerne dahin gelangen, etwas zu schaffen, was ich selbst bin. Ich selbst bin anders geworden, etwas selbständiger und nicht mehr voll zu viel Illusionen. Die Hauptsache ist Stille für die Arbeit, und die habe ich auf Dauer an der Seite Otto Modersohns. Ich danke Ihnen für Ihre freundschaftliche Hilfe und wünsche Ihnen zu Ihrem Geburtstage, daß wir zwei feine Frauen werden. Grüßen Sie mir Ihren Mann, wenn Sie ihm schreiben. Das Mißverständnis zwischen Ihnen und

Otto Modersohn wird wohl hoffentlich wieder zum Verständnis werden."

An diesem Spätnachmittag, an dem sie den Brief an Clara abgeschickt hatte, wollte sie fröhlich sein und Gedanken an frühere Sommertage heraufholen.

Sie sah sich in ihrem Atelier vor dem Lilienwandbehang, denn ungestört von Elsbeths Toben und Dazwischenreden konnte sie nur dort ihre Post erledigen. Ein Schmetterling, ein kleiner Fuchs, war durch das offene Fenster hineingetaumelt. Aufgeregt flog er im Raum umher. Sie hätte ihn gern näher betrachtet, doch bevor sie ihm ruhig ihre Hand hinstrecken konnte, damit er sich eine Weile darauf niederließ, war er zum Fenster hinaus. Schade, aber sie mußte doch lachen.

Sie versuchte sich an die Stimmung der ersten Verliebtheit zu erinnern. Liebenkönnen gehörte zu ihrem Wesen, und unbefangen bezog sie alle Natur mit ein. Jetzt aber war die Begeisterung gedämpft. Was blieb, war Hoffnung, daß zwei Menschen dauerhaft aufeinander bezogen sein können. Ich bin immer ein hoffender Mensch gewesen, redete sie sich ein. „Suche Dir eine Hoffnung", hatte sie im Sommer 1902 an Herma geschrieben.

Dann saß sie still in ihrem Zimmer, umgeben von ihren Gemälden und Skizzen. Die Tür vibrierte leicht, wenn jemand die Treppe hinuntereilte in diesem Atelierhaus am Boulevard Montparnasse. Sie schaute umher, ein Raum, der für so vieles herhalten mußte. Konnte sie sich wieder an ein Haus gewöhnen, in dem jedes Zimmer einem bestimmten Zweck zugeordnet war? Schlafzimmer, Wohnzimmer, Küche, Diele. Einen Kellerraum gab es zusätzlich für Vorräte. Mit Elsbeth hatte sie dort einmal eine Maus gefangen, als Otto in Münster war.

Das Kind kam nun in der Schule gut mit. Im Frühjahr von Paris aus hatte sie befürwortet, daß Elsbeth, die zart und gesundheitlich labil war, eine Klasse zurückversetzt wurde. Jetzt schrieb sie ihr nach Paris kleine nette Briefe. Paula stellte sich vor den Spiegel und löste ihre Haarrollen.

Der gestrige Abend mit Otto war voll von Beteuerungen gewesen. Du kannst dein Atelier bei Brünjes behalten. Verwirkliche deine Pläne als Malerin. Du bist gerade dreißig Jahre alt, du hast ein ganzes Leben noch vor dir.

Die Zeit, die Zeit. Wenn man nur gesund bleibt. Nachdenklich kämmte sie jetzt ihr Haar, das bis zur Taille herabhing.

Modersohns waren Weihnachten in Bremen gewesen. Ende Januar begann Paula mit der Auflösung des Haushalts in Paris. Die vielen kleinen Dinge, die sich im Laufe des Jahres angesammelt hatten, mußten eingepackt werden. Die schöne Perlmuttbrosche ließ sich nicht wiederfinden. Eingeordnet wurden die Skizzenblätter. Die Ölbilder verschnürten sie zu handlichen Gepäckstücken. Paulas Schlafbank mit Matratze, zwei Tische, zwei Stühle, Regale, der große Spiegel sollten zurückbleiben. Sie verstauten die Möbel im Abstellraum der Hausmeisterin. Sollte ich vorläufig nicht mehr nach Paris reisen, könnte Rilke sie vielleicht bei einem Altwarenhändler verkaufen und für das Geld mir so eine Brosche erstehen, wie ich sie verloren habe. Paula dachte es, vor ihrem Mann erwähnte sie Rilkes Namen nicht mehr. Sie wußte nicht einmal, wo er sich zur Zeit aufhielt, seit dem denkwürdigen Samstag vor Pfingsten 1906 hatte sie ihn nicht mehr gesehen.

Am 9. März 1907 schickte Paula eine Nachricht nach Bremen, die wie ein Blitz einschlug: „Meine liebe Mutter, vielleicht wirst Du im Oktober wieder Großmutter. Ich küsse Dich."

War es dieser Abend gewesen, wo sie beide das Buch über altägyptische Porträts durchblätterten, Ottos Geburtstagsgeschenk für sie? Waren diese seine Worte an jenem Abend gefallen: „Ich liebte Dich vom ersten Augenblick an, als ich Dich sah. Ich liebte alles an Dir, Du warst mir der Inhalt meines Lebens, Du warst mir das Maß in allem und für alles. Mit Dir verglichen, was bestand? Deine Seele liebte ich wie nichts auf dieser Erde, Dein Gefühl, Deine Kunst, Dein ganzes Menschentum, das weißt Du auch, wenn Du Dich fragst. Ich kenne Dich, da ist viel in mir und an mir, das Dir herzlich lieb vor andern. Oft war ich schwer verständig, und Du täuschtest Dich – es ist von meinem Vater geerbt, der oft rauh und abweisend nach außen ist und im Innern doch Güte und Liebe."

An jenen Abenden fröstelte sie oft, und Otto legte ihr den

neuen weißen Schal über die Schultern. War es vielleicht der Abend gewesen, als er den Schal suchte, während sie ganz versunken war vorm Bildnis der Irene von Faijum? Diese Frau mit sorgsam geflochtenem Haarkranz auf schmalem Kopf, dieses Gesicht mit großen ovalen und dunklen Augen sprach sie heute noch an. Ein koptisches Mumienporträt, das 40 n. Chr. auf ein Holzbrett gemalt wurde. Ich werde auf diese Art ein Selbstporträt malen, und dieses Bild wird gänzlich anders sein als alle vorher, hatte Paula gedacht.

38

Der heiße Mittag an diesem Sommertag 1907 machte sie müde. Schlaff über ihren Skizzenblock gebeugt, saß sie auf dem Binsenstuhl vor der Rotdornhecke, nickte ein wenig ein. Die Zeichenkohle entglitt ihrer Hand, rutschte langsam das festgespannte Blatt hinunter, das schräg in ihrem Schoß lag und nur ein paar schwarze Linien zeigte, senkrecht und wagerecht gekreuzt. Dann zerbrach der Stift unter ihrem Holzschuh, als ihr Fuß sich kraftlos zur Seite schob.

Nein, sie bückte sich nicht, sammelte die Brocken nicht sorgsam ein, wozu sie vor kurzem selbst im Halbschlaf noch fähig gewesen wäre.

Brauchte sie überhaupt noch Zeichenstift, Zeichenblatt? Würde sie je wieder mit Pinsel und Palette Stilleben, Porträts auf die Leinwand bringen? Sie war doch Malerin. Aber wenn sie jetzt an diese letzten Juliwochen dachte, fiel ihr auf, wie wenig sie in diesem Sommer an ihrer Kunst tat.

Ihr Selbstporträt vom Anfang dieses Jahres kam ihr in den Sinn. Sie erinnerte die rechte Hand, die auf dem Bild leicht ans Kinn gehoben wurde. Merkwürdig unfertig sah diese Hand aus. Eine Holzschaufel war sie, eine Hand ohne die Feinfühligkeit der Finger, die einer Malerinnenhand anstünde. Beinahe wie ein gesplitterter Kiefernscheit, roh aus einem Baum herausgeschlagen, die Rinde abgerissen, keilte sie mitten ins Bild.

Verriet sie, wie es um die dargestellte Person stand? Deutete sie an, daß sie untauglich für jemanden geworden war, der zeichnen oder malen will? War Paula unfähig geworden, dieses „sanfte Vibrieren der Dinge" auszudrücken?

Es gab eine Zeit, da drängten sich Farbbilder und Formen hinter ihren Lidern und hörten nicht eher auf zu strömen, bis ihre Hand sie umsetzte, sie greifbar, sichtbar auf Pappe oder Leinwand aufgetragen hatte, gespachtelt, gerieben, eingekratzt. War das vorbei? War es aus mit ihr?

Hinter den Birken, fern, als ob die Hitze den Schall dämpfte, hörte sie das Schlagen der Kirchturmuhr. Sie richtete sich unwillkürlich etwas auf, horchte, weil sie nicht glauben mochte, daß es schon so spät war. Das Gefühl für Zeit war ihr abhanden gekommen.

Sie rückte ihren Stuhl näher in den Schatten der halb ausgerodeten, wildwuchernden Rotdornhecke, darüber sich vereinzelte Zweige eines Apfelbaums hängten, alt, krumm, von weißgrauen Flechten besetzt mit wenigen verkrüppelten Blättern an den Spitzen. Von hier aus hatte sie noch immer einen guten Blick über den Hofplatz hinweg auf die Alte schräg vor ihr, die sich mit Stock und Hut bequem vor der Dielentür ausruhte.

Plötzlich das Klappern aus den Gärten rechts neben ihr, als würden Holzschuhe, die man schnell abstreifte, wie hölzerne Schalen aneinandergeschlagen. Dazu Mägdegeschrei in hohen Tönen und das Kreischen der Gänse. Ganz genau wußte sie, daß Vogelers Stine die Gänse aus den Gemüsebeeten des Barkenhoffs vertrieb, daß die Störche sich wieder auf der unteren Wiese versammelt hatten.

Dieses Tätigsein überall! Neidete sie den Leuten etwa, daß sie das taten, was ihre Aufgabe war?

Die Alte vor dem Dielentor war aufgestanden. Der Hut schattete das breite Gesicht, das ohnehin schon dunkel war vom Alter oder vom Schicksal. „Swatte Huslünken" nannte Krischan Kück diese Alten, schwarze Hausspatzen, grauschwarz vom Rauch der offenen Feuerstelle in der Moorkate, weil sie sich gern in das Rauchloch vorn an der Giebelseite niederließen.

Auf ihren derben Krückstock gestützt, humpelte die Alte

davon. „Djo, is mir einerlei", meinte sie, wenn man sie „alte Dreebeen" schimpfte. Die meisten Menschen hätten zwei Beine, sie aber hätte deren drei! Jawoll!

Die alte Dreebeen! Ihr beider Modell. Vor zwei Jahren, vor drei Jahren, nein, es mußten schon fünf Jahre her sein, daß Otto sie hier in der Nähe am Ententeich malte.

Mit feinem Pinselstrich tupfte er sie auf das Binsengeflecht des Stuhles. Halbprofil, helle Schürze, helles Kopftuch, in welches das weiße Haar eingebunden war. Darüber der Hut mit zartem Blumentuff. Selbst der Holzschuh, der unter dem langen Rock hervorlugte, wirkte leicht. Dünne schwache Birkenbäumchen waren vorsichtig im Hintergrund aufgestellt.

Schwebend, locker und dabei sehr geordnet, hatte der Maler Figur und Umgebung gegeneinander abgewogen, exakt ins Bild gesetzt. Eine Person, die keine Fragen stellt und keine Antwort will, die mit sich und der Welt in stiller Harmonie lebt.

So lieblich heiter dieses Bild, so ernst, so urwüchsig hingegen war er selbst. Er, den sie damals in ihren Briefen „mein geliebter Mann" nannte, „mein König Rother, mein Otto mit dem Barte. Du mit der weichen Stirne, den lieben Händen. Du Maler. Du Trauter. Du Vertrauter."

Sie aber, von der er sagte, daß sie heiter wäre, frisch, froh, lebendig, sonnig gar, sie malte die Dreebeen wie eine, die von Schicksalsschlägen erzählen kann, eigenen und fremden. Massig sitzt sie da, erdenschwer, daß der Stuhl unter überquellenden Hüften, hinter breiten Schultern verschwindet. Und dennoch pulsierte es in der Person mit der roten Bluse. Eine aufmerksame Henne war sie, eine rotbrüstige Glucke.

„Das, was hinter den Stirnen vor sich geht, das Leben, das in den Dingen um uns her vibriert", das sollte hier festgehalten werden. So wollte sie malen. So hatte sie in ihr Tagebuch geschrieben. Damals.

Ich muß malen, ich muß unbedingt wieder malen, dachte sie. Der Gedanke kreiste unaufhörlich in ihrem Kopf. Da lag der Skizzenblock in ihrem Schoß, aber von dem leeren Blatt her, wenn man von den wenigen schwarzen Strichen absah, kam kein Anruf, kein Ruck.

In diesem Moment fiel ein Schatten darüber. Sie blickte auf. Zwei Frauen aus den Moorkaten schlurften leise vorbei. Sie bemerkte, wie sie von der einen, die die Blinde am Arm führte, neugierig und von oben herab angestarrt wurde.

Nur für einen Moment kreuzten sich ihre Blicke, und schon wußte sie wieder die vorwurfsvolle Frage, die den Dorf- und Moorbewohnern jetzt ständig auf den Lippen stand, wenn sie ihr begegneten.

Warum sie plötzlich verschwunden war. Warum sie weg war von Mann und Haus und kleiner Pflegetochter. Hals über Kopf davon! Und nun auf einmal, nach einem Jahr, ohne Ankündigung, von heute auf morgen wieder da, als wären vierzehn Monate Abwesenheit ein Nichts.

Auch jetzt wurden ihr vernichtende Blicke zugeworfen. Augen, zu einem schrägen Strich zusammengekniffen, wägten ab, prüften. Sie sollte nicht denken, man merkte nichts. Und was, bitte, hatte das zu bedeuten, daß man sie jetzt öfter stehenbleiben sah, so, als ob sie nicht wüßte, wohin sie eigentlich wollte. Sie war ihnen ein Rätsel geworden.

Der Kohlestift. Ich muß ihn verloren haben, dachte sie, als sie sich zu ihrem Block bückte, um den Blicken der hartnäckigen Frau nicht länger standhalten zu müssen. Mit der linken Hand strich sie sich über die Stirn, suchte mit der rechten zwischen den Falten ihres Kleides auf ihrem Schoß, fand schließlich, daß der Stift zerbrochen auf dem harten Boden lag.

Sie klaubte die Reste auf und sah durch ihre langen Wimpern hindurch unterm Rand des Strohhuts her, wie eine dritte Kleinbauernfrau aus dem Dorf hinzugekommen war und auf die beiden einsprach.

Sie spürte plötzlich ein Stechen im Rücken, sank wieder auf den Stuhl zurück und schaute zu den Frauen hin, die stehengeblieben waren, die Köpfe zusammensteckten.

Und nun hörte sie die Stimmen der Frauen deutlich. Daß es oft genug passierte. Es klappte, oder es klappte nicht. Und der Bauer dabei, ziemlich durcheinander war der, weil die Zeit längst vorüber. Um drei Uhr morgens Dat lütje Hart dat stünd nu up emal still! Die Herztöne waren weg? Und denn die Hebamme! Ganz wild durch die Tür und gerufen. Den Doktor holen. Wenn dat men gaut geit! Es mußte gut gehen. Auch wenn die junge Mutter chloroformiert und das Kind mit der Zange geholt werden sollte. Und die Großmutter hatte die ganze Nacht in der guten Stube gesessen, nebenan. Kein Wort gesprochen. Keiner konnte sie ansprechen. Und geguckt hätte sie, geguckt wie die alte Dreebeen, wenn die etwas ahnt. Jawoll, auch die Dreebeen wäre beim Hof gewesen. Einer von den Knechten hatte sie abends und morgens gesehen am Ziehbrunnen. In den Sog unten hätte sie geguckt, immer in den Sog. Und denn auf einmal der Bauer! Denn hätte der in der Diele gestanden, und hätte das Wickelkind auf dem Arm gehabt. Und denn wär er ganz durcheinander. Jung, wi hebbt all lang up die töwt! Ja? Ja! Alles in Ordnung! Aber es war ein Mädchen.

Wir haben lang auf dich gewartet, dachte die junge Frau an der Rotdornhecke. Sie war mit ihren Gedanken schon wieder woanders, abgelenkt von dem bittersüßen Geschmack in ihrem Mund, der ihr seit kurzem aufstieß. Er zog ihren Gaumen zusammen, machte Zähne stumpf, als hätte sie letzte überreife Brombeeren auf der Zunge gehabt, die man Anfang November vereinzelt noch an den Sträuchern findet.

Sie strich über das weitgeschnittene Kattunkleid, da, wo trotz des losen Faltenwurfs der Leib sich unmerklich wölbte, während sie aus den Augenwinkeln heraus eben noch wahrnahm, daß die drei Frauen auseinander und ihres Weges gingen.

Hätte sie sich in diesen letzten Tagen wohler gefühlt, sie wäre ohne Zweifel, sofern Jan Garwes nicht den langerwarteten Brief gebracht, schon sehr früh auf den Weyerberg gegangen. Sie hätte mit dem Skizzenblock unter den hohen dürren Kiefern gesessen im Heidegras, da, wo das Eichengebüsch vor der Sonne schützte und gewartet, ob hier Bilder auftauchen würden, die ihrer Hand standhielten und nicht sofort im Dunst verschwanden.

So aber kam sie nur bis zum Findlingsblock oberhalb der Lehmkuhle und war dann wieder umgekehrt. Sie hatte aus der Brünjesschen Diele den Binsenstuhl geholt, saß nun schon lange da und fand keine Kraft, sich zu konzentrieren.

Es war einmal im Jahr ihres ersten Parisaufenthaltes, Frühjahr 1900. Sie hatte an die Eltern geschrieben, „Ich fühle mich stark werden und weiß, daß ich durch den Berg hindurchkomme und über ihn hinweg."

Auf dem Weyerberg hatte sie in einem Traum Heinrich Vogeler sitzen gesehen. Sie mußte den Kopf schütteln. Damals schrieb der ihr sogar nach Paris. Liebes Fräulein Becker nannte er sie, teilte ihr die Sorgen der Worpsweder Freunde mit, wie schwer es Otto Modersohn mit der kränkelnden Frau hatte, wie er, Vogeler, isoliert war. Er sprach von seinem Glauben an sein Künstlertum, davon, daß er seine Uhr als abgelaufen ansähe, sollte er diesen Glauben verlieren.

Ja, damals wurde sie, Paula Becker aus Bremen, in den Kreis der Worpsweder Künstler einbezogen. Gleichwohl empfand sie jetzt, daß bis vor einem Jahr niemand ihrer Freunde, von einem einzigen abgesehen, Interesse gezeigt hatte für ihre Studien, die sie draußen im Moor getan oder in Paris. Der Berg dachte sie auf einmal hilflos und kam mit dem Grübeln nicht vom Fleck.

Seit neun Jahren lebte sie nun vorwiegend in Worpswede. Sie hatte den Mann geheiratet, den sie liebte. Sie versorgte sein Kind, das gemeinsame Haus. Sie hatte ihren eigenen Zufluchtsort, wo sie malte. Waren es vierhundert, fünfhundert Bilder geworden in diesen Jahren? Tausend Zeichnungen, die ihre Skizzenblöcke füllten, ohne daß es öffentlich geworden war? Was würde in fünf, sechs, zehn Jahren sein! Wieviele Bilder und was für Bilder wären es dann? Würde sie anders malen als jetzt?

1900, im Sommer kurz vor ihrer Verlobung schrieb sie ins Tagebuch: „Ich weiß, ich werde nicht sehr lange leben. Und wenn nun die Liebe mir noch blüht, vor dem ich scheide, und wenn ich drei gute Bilder gemalt habe, dann will ich gern scheiden mit Blumen in den Händen und im Haar."

Einmal hatte sie in Frankreich einen Schnitter in blauem Blusenhemd gesehen und notiert, „der mähte all die Blümlein ab."

Sie, Paula Modersohn-Becker, hatte doch gepflanzt, Strauch um Strauch. Rosen hatte sie gesetzt, Nelken herangezogen, die Gartenwege mit bunten Bauernblumen eingefaßt. Viele Jahre im Frühjahr die Saatkästen besät, bei Trockenheit gegossen,

Unkraut gejätet. Eine Kürbislaube hatte sie angelegt und beinahe am Erntefest einen Preis bekommen für einen Riesenkürbis, der zufällig auf dem Komposthaufen gewachsen war.

Vor allem diese Arbeiten bemerkten die Verwandten, die Freunde, die Nachbarn. Darüber sprachen sie gern mit ihr. Man hatte geglaubt, das, was sie quälte, wäre der Alltag mit seiner Mühe.

Sie riß das Zeichenblatt vom Block, zerknüllte es in ihrer Hand. Ihre Erregung war doch nur verschwendete Kraft. Verstört versuchte sie, das Papier zu glätten. Wahrscheinlich trug die übliche Schwüle des Sommerwetters dazu bei, daß sie so überspannt war.

Erinnerungen an 1898, als sie für fast zwei Jahre nach Worpswede kam und bei Frau Siem einzog, der Bäckersfrau, die Stuben vermietete. Und dann wieder 1900, als Paula das Eckzimmer in Brünjes Hof bezogen hatte.

Wann war das gewesen? Es war dieselbe Jahreszeit wie heute! Warm! Schwüler Hochsommer! Die Mutter, Milly und Herma wollten Paula helfen, die endlich wieder gesund war. Von der Straße aus hatten sie zuerst nur die Spitze vom Strohdach der kleinen Bauernkate gesehen, nicht den Hof. Der lag tiefer, auf Moorboden bereits, und der Hofplatz war damals schon von dieser Rotdornhecke abgeschlossen. In der kahlen Stube mit dem Tisch in der Mitte waren die vier herumspaziert, hatten überlegt, wie das Wenige gut unterzubringen wäre.

Die Mutter sorgte für das Bett im Alkoven an der Wand. Die Bücher wurden auf dem Tisch abgelegt, während sie zusammen mit ihren beiden Schwestern den kleinen Rokokospiegel durch die Stube schob, um den günstigsten Standplatz zu finden. Draußen hatten sie nach Blumen gesucht für die große Bodenvase.

Hinter dem Rotdorn her trompetete es jetzt, schrill, zwar kurz, aber markerschütternd. Sie fuhr hoch. War das ein Ton! Sie kniff die Augen zusammen, schüttelte den Kopf. Der Pfau! Es war der Pfau!

Jetzt war sie endlich wacher geworden. Sie erhob sich, dehnte ihren steifen Rücken, und gleichzeitig fühlte sie in ihrem Leib eine Bewegung, die sie augenblicklich nicht zuordnen konnte. Dann erkannte sie das Klopfen wieder. Kleine Pariserin.

Warum in Gottes Namen kamen ihr jetzt die drei Frauen in den Sinn, die ihre Köpfe zusammengesteckt hatten? Aber sie mußte auch an die alte Großmutter denken, die die ganze Nacht in der Stube gewacht hatte.

Die würde sie malen! Halbprofil, mit gekreuzten Armen über der Brust. Augen, die weit in die Ferne schauten. Ein Hauch von Lächeln im Mundwinkel. Und Blumen, drei kleine orangegelb leuchtende Blüten, die im Schoß der Bäuerin auf dem kobaltblauen Kleid lagen. Der Hintergrund wäre eine Tapetenwand, die müßte so farbig sein, wie die Wand in ihrem Atelier hier im Brünjeshof. Dem Bild würde sie große Blätter ins helle Blaugrün der Tapete einspachteln, vielleicht ein paar braune dazu, herbstliche, rechts oben in die Ecke.

Dann auf einmal hörte sie das Rufen. Es mischte sich in ihre Fantasie ein. Ich will ins Atelier, dachte sie. Ich will sofort die Skizze anlegen. Schritte kamen näher. Sie wollte sich von nichts und niemandem abhalten lassen. In diesem Moment, wo sie den Ruck bekommen hatte, wo sie hellwach, voll Spannung und imstande war, das Bild zu malen, wurde sie schon wieder gestört.

39

„Wo bist du gewesen?" Elsbeth stand am Eingang des Hofplatzes von Brünjes Bauernhaus. Barfuß, das Gesicht rot erhitzt, atmete sie hastig und schnell. Um ihren hellblonden Krauskopf, von dem die Haarschleife nur noch an einer Locke im Nacken herabhing, kreiste ein Schwarm Fliegen, den sie mit einem Brief in ihrer Hand verscheuchen wollte.

Paula war es, als erwache sie aus einem Traum. Sie warf einen flüchtigen Blick auf das Kind, sagte aber nichts, merkte lediglich, wie überrascht sie wieder einmal war, daß Ottos Tochter schon so groß geworden, acht Jahre alt inzwischen. Ein winziger Dreikäsehoch war sie gewesen in dem Sommer, als sie sich mit Otto verlobte. Da hatte die Kleine fest ihre Hand gehalten. Die hatte sie gedrückt, daß es sie fast schmerzte, und Otto hatte gelacht, wenn sie unbeirrbar mit Paula im Schlepptau dem Modersohnschen Haus zustrebte.

War es nicht erst gestern gewesen, daß sie das kleine Pummelchen kläglich vor sich stehen sah, und sie brauchte nur in die Luft zu schnuppern, um zu wissen, in welchem Zustand es sich befand? War es nicht ein Vergnügen gewesen, wenn die Kleine gesäubert und nackt auf ihren Beinchen wieder in den Garten hineinschaukelte?

Paula mußte doch eben mal auf die Füße des Kindes schauen. Ob alles in Ordnung war? Man wußte nie, auf welche Gedanken Kinder kamen. Gestern erst war Böttjers Ludwig, einer von Elsbeths Freunden, durchs Brennesseldickicht am Löschteich gelaufen gegen Entgelt von zehn Pfennig!

Elsbeth fand wohl, daß Paula lange genug geschwiegen hatte, fuchtelte mit dem Brief unter Paulas Nase herum. Aufgepaßt! Der Umschlag war bereits geöffnet. Das Schreibpapier war Paula wohlbekannt, ihre Mutter benutzte immer dieses graue, die „Grauen" wurden die Briefe der Mutter genannt. Dieser konnte nicht die erwartete Post sein.

Elsbeth schwenkte den Brief wie eine Trophäe. Die Großmutter verspräche darin, zu Elsbeths Geburtstag zu kommen. Und etwas ganz Schönes wollte sie ihr erzählen. Und etwas Schönes dürfte sie sich wünschen. Aber bis dahin sollte sie besonders lieb zur Mutter sein.

Ach, die Kleine, sie merkte überhaupt nichts. Stellte sich wahrscheinlich alles mögliche vor. War das vielleicht der sehnlichste Wunsch, mit dem Pferdeomnibus nach Bremen zu fahren, um die Großmutter von dort abzuholen? Gestern noch hatte sie dem Wagen mit der blaugestreiften Markise, der diese Fahrten nur im Sommer machte, sehnsüchtig nachgeschaut.

Das Fest! Das Kleid, das Sommerkleid, das geändert, verlängert werden sollte! Paula fielen in diesem Moment die Versprechungen ein, die sie am frühen Morgen gegeben hatte. Nun war der Saum noch anzuheften, den sie am Abend vorher losgetrennt hatte, die neue Zackenlitze, die das Kleid auffrischen sollte, mußte sogar noch gekauft werden. Sie seufzte. Diese Hitze! Es war wohl das beste, sie legte den Skizzenblock hier in ihrem Atelier ab. Und dann nach Haus.

Hand in Hand näherten sich die beiden dem Modersohnschen Grundstück, Gartensträucher hinter weißem Staketenzaun, rosenberankter Torbogen und dann das Wohnhaus.

Liebe Mutter, so freut sich Elsbeth über dein Kommen, wollte Paula abends schreiben, eine Bildpostkarte dazu zeichnen. Dann jedoch schob sie die Petroleumlampe ein wenig zur Seite und schloß die Augen. Elsbeth, die längst schlief, träumte vielleicht von ihrem Geburtstagsfest.

Kurz vorm Zubettgehen hatte die Kleine es noch schnell mit ihr besprochen. Wen sie einladen könnte, diese und jenen, nein den nicht, und den doch. Vielleicht die Trude, Annemarie bestimmt. Und welche Spiele gemacht werden sollten, Topfschlagen sicher und dies und das. Und Butterkuchen. Viel Butterkuchen wie bei Annemarie Krummachers Fest. Und Brause zum Trinken. Es hatte ihr Spaß gemacht, Paula herauszufordern, und die antwortete und lachte und hatte mitgeplant, während sie das Kleidchen säumte. Für das Kind war es eine Selbstverständlichkeit, auf diese Arbeit der Mutter Anspruch zu haben.

Paula schaute zum Sofa. Otto saß dort, in diesem Sommer rauchte er seine Pfeife nicht in der Wohnung. Als Paula vorhin den Tee einschenken wollte, war er aufgesprungen und hatte es selbst getan. In diesem Sommer hatte er seine Ansprüche zurückgestellt.

Ab und zu starrte er Paula ins Gesicht, ob ihre Augen auch mitlachten, ob er diese Spur von Abwesenheit und Trauer wieder in ihnen fand. Nur heiter war sie heute abend, beinahe übermütig. Er konnte beruhigt in Richtung Weyerberg gehen, um sein Abendbild mit Heuhaufen zu skizzieren. Draußen war es jetzt doch länger hell als drinnen. Paula wollte gern den Abend allein bleiben.

Sie war aus dem Lichtkreis der Lampe hinausgerückt. Ja, sie verstand die Frage, die in Elsbeths Augen stand, sehr wohl. Nein, ihre Tochter brauchte keine Angst zu haben, die Mutter wird in den nächsten Tagen nicht verschwinden. In diesem Sommer 1907 wird sie hier sein. Sie wird das Fest am 6. August eigenhändig ausrichten. Und es wird schön werden. Trotzdem, sie seufzte, als ihre Augen über die Stuhllehne glitten, wo Elsbeths Kleid hing, sie mußte noch einen Saum befestigen.

Später holte sie sich ein Kissen für den Rücken, Mutter Mathilde hatte es vor ein paar Jahren bestickt, als sie das Haus versorgte. Ach, Mutter, ich weiß, daß du in diesem Moment mit mir zufrieden wärest. Ganz beruhigt legtest du dich schlafen. Säume annähen, Zackenlitzen setzen, das ist etwas Handfestes, das kann man begreifen, weil es zweckmäßig ist.

So einfach war das. Das war das allgemein bekannte Leben einer Frau, die das tat, was man selbst gewohnt war zu tun. Der Haushalt! Die Kinder! Das durfte Thema bei Frauen sein. Nicht wahr?

Man sah doch, wie Paula sich für Mütter interessierte, für Kinder, Säuglinge. Hatte sie nicht von der üppigen blonden Frau Meyer aus dem Rusch gesagt, die muß als Mutter gemalt werden, das ist ihr einziger Zweck? Das stimmte, aber diese Ansicht hinderte Paula nicht, in ihrem eigenen Leben zwei Pole zu sehen, ihre Kunst und ihre Familie.

Paula horchte, von den Wiesen her kam ab und zu das verschlafene Blöken eines Schafes. Vögel sangen in dieser Julihitze nicht mehr. Die Paarungszeit war vorbei. Wann zogen die Nachtigallen fort? Sie mußte Otto danach fragen. In ihrem ersten Worpsweder Frühling hatte Paula des Nachts gar nicht schlafen mögen, nur um das Schlagen der Nachtigallen zu hören. Das durfte sie gern nach Bremen den Eltern schreiben, von ihren Bildervisionen nichts.

Ach Mutter Mathilde, du glaubst, du hättest mich wieder ganz zu dir herübergezogen. Nun bin ich in einer Lage, die du aus Erfahrung kennst. Bin ich dir hierdurch vertrauter, weil du Vertrautes in mir entdeckst, das, was eine Frau ausmacht, was Frauen tun dürfen und tun sollen? Sie kannte ihre Mutter gut, diese Mathilde Becker, das Herz des Bremer Kunstvereins mit ihren sprühenden Ideen. Sie hätte klüger sein und Paula mehr Eigenes zugestehen sollen.

Weil ich andere Ideen im Kopf hatte, habt ihr das als Angriff auf eure heilige Ordnung gesehen. Ich habe euch erschreckt. Ich erfuhr, daß ich mich nicht mehr sicher fühlen konnte, geborgen in der Gemeinschaft der Verwandten und Freunde. Paula dachte es an diesem Abend ohne Bitterkeit.

Sie war jetzt einunddreißig Jahre, fünf Monate und zwanzig Tage alt. Vor sieben Jahren hatte sie geheiratet. Seit diesem Frühjahr, als sie von Paris zurückkam, war sie schwanger. Was würde im Herbst sein? Wie als Antwort auf diese Frage vernahm sie ein leises Klopfen in ihrem Leib. Sie erkannte die leichten Stöße wieder, die sie seit einiger Zeit zu spüren bekam. Sanfte leichte Wellen tasteten von innen her gegen ihren Nabel an. Immer noch etwas erstaunt darüber, horchte sie. Sie mußte lächeln. Kleine Pariserin, flüsterte sie und legte die Rechte auf ihren Bauch. So war das also.

Das war nicht das einzige, was sie in diesem Augenblick lächeln machte. Wenn sie morgen früh ins Atelier ginge, würde sie sofort in ihrer alten Truhe nachsehen. Dort mußte das Korallenarmband liegen, das sie einmal bei einem Trödler in Berlin erstand. Das soll meine Tochter später tragen, hatte sie zu Maidli gesagt und der Cousine das Kettchen spielerisch über die Hand gelegt.

Auch Elsbeth hatte ein Lächeln auf dem Gesicht, ehe sie einschlief, ein Schimmer Vorfreude. Wie viele Geburtstage wird sie mit ihr zusammen feiern, wie viele mit ihrem eigenen Kind? Was wird sein, wenn ihr Kind einundzwanzig Jahre alt ist?

Zahlen, Daten, was besagten sie schon. Sie wollte das Bild der Zukunft nicht heraufbeschwören. Die wird schon kommen, sie hatte lang auf sich warten lassen.

In Paula stiegen Erinnerungen an ihren einundzwanzigsten Geburtstag auf. Ein Tag in Berlin. Sehr schnell, weil sie seinen Platz wußte, fand sie den Brief ihres Vaters zu diesem Tag.

Bremen, den 7. Februar 1897

„Liebe Paula.

Morgen wirst Du 21 Jahre alt und majorenn, d. h. Du kannst Dich jetzt vollständig von uns emanzipieren und ganz nach

Deinem gusto leben. Der Außenwelt gegenüber bist Du allein verantwortlich und dispositionsfähig. Das sind ganz schöne Errungenschaften, die Dir Deine Volljährigkeit verschafft. Benutze Du Deine Freiheit stets zu Deinem Besten und möge Dir dieselbe leicht sein. Denn Würden bringen auch Bürden, und es ist oft leichter, weniger selbständig zu sein, dafür aber einen festen Rückhalt zu haben.

Ich weiß zwar, daß Du uns nicht untreu werden wirst, und daß das bisherige Verhältnis ja fortbesteht, daß das gute Einvernehmen mit uns auch ferner noch bestehen wird, aber die juristische Seite Deiner Majorennität mußte ich Dir doch sagen.

Nach diesem Vorwort laß mich Deinen lieben Kopf anfassen und Dir einen väterlichen Kuß auf die Stirn drücken und Dir alles Gute zu Deinem Geburtstage wünschen. Mögest Du gesund bleiben, mögest Du Fortschritte in Deiner Kunst machen und in ihr volle Befriedigung finden. Alles Übrige wird sich dann hoffentlich selbst finden.

Hat man einen Beruf und Arbeit, so ist man auch glücklich, auch wenn Schmalhans Küchenmeister ist. Vorläufig hast Du alles so gut, wie Du es Dir nur wünschen kannst."

Sie hielt im Lesen inne. An diesem Abend im Lichtschein ihrer Petroleumlampe achtete sie besonders genau auf die Worte. Sie las sie langsam und laut, denn sie wußte von vielen Leseabenden her, daß ein geschriebenes Wort ein stummes Wort ist. Mit Wehmut dachte sie daran, daß die Stimme, die zu diesen Worten gehörte, nie mehr vernommen werden konnte.

„Deine Lehrjahre sind Dir verhältnismäßig leicht geworden", las sie weiter, „dieselben sind noch nicht beendet, und wir wollen hoffen, daß bald die Meisterjahre kommen werden. Deinen Geburtstag verbringst Du mit Mutter. Eine Freude, die Du wohl kaum erwartet, wird Dir dadurch.

Sprich Dich mit ihr aus. Und was Du auf dem Herzen hast und uns bisher nicht anvertraut hast, das kannst Du ihr mündlich mitteilen. Wenn wir es Dir gewähren können, so wollen wir es gewiß tun.

Zu Deinem Geburtstage erhältst Du von uns in der Hauptsache gute Wünsche. Außerdem hat Kurt Auftrag, Dir einen

Kasten mit Pastellstiften zu besorgen, nachdem er mit Dir Rücksprache genommen hat.

Adieu liebes Kind.

Bleibe unsere liebe gute Tochter und mache uns Freude.

Dein alter Vater."

Wenn man einen Beruf hat und Arbeit, ist man glücklich. Ihr guter Vater! 1897 war er schon über ein Jahr arbeitslos.

Sie mochte nicht an den Tag denken, als er von seiner Entlassung erfuhr. Der Vater stürzte in ein Loch von Verbitterung, aus dem er nie wieder ganz herausfand.

Wenn sie damals schon den Moorbauern gekannt hätte, den sie in der Zwischenzeit öfters malte, wäre ihr die Ähnlichkeit mit ihrem Vater bestimmt aufgefallen. Der hatte sich nämlich ein Buch angelegt, in das er alle seine Unglücksfälle aufschrieb.

Paula verstand ihren Vater jetzt immer besser. Er hatte niemandem weh tun wollen, er wollte ein würdiges Glied sein im Familienverband. So wurde er streng und strenger gegen sich und andere. Es war das Geld! Überall spielte Geld eine Rolle!

„Lieber Vater", hatte sie ihn ahnungsvoll damals gebeten, „sitz nicht an Deinem Schreibtisch und schaue ins Graue oder auf das Bild Deines Vaters. Dann kommen die schwarzen Sorgen geflogen und decken mit ihren dunklen Flügeln die Lichtlöcher Deiner Seele zu. Erlaube es ihnen nicht. Hole Dir in solchen trüben Augenblicken Mama oder Milly und freue Dich an ihrer Liebe."

Das Jugendbildnis ihres Vaters fiel ihr wieder ein, das die Mutter beim Stöbern in alten Kisten entdeckt hatte. Alle waren verblüfft gewesen wegen dieser Ähnlichkeit mit Paula. „Eine Ähnlichkeit, wie wir sie auch wohl im Charakter haben", hatte Paula gedacht, obschon sie sich zäher empfand und rücksichtsloser. „Diese Ähnlichkeit", hatte sie ihrer Mutter geschrieben, „war wohl auch der Grund, weshalb unser so bescheidener Vater mit mir in meinem ganzen Leben nicht zufrieden war."

40

Nun war es ein halbes Jahr her, seit sie mit Otto von Paris nach Worpswede zurückgereist war. Was ihr heute alles durch den Kopf ging! Unglaublich. Schreckhafter als sonst war sie in diesem Spätsommer 1907. Warum war ihr der Atem weggeblieben neulich an der Lehmgrube, als sie Jann Kaiser begegnete, der dort einmal verschüttet war. Wenn man nur gesund bleibt und nicht zu früh stirbt.

Paula bewegte ihre Zehen. Die Füße kribbelten ihr heute, sie war schwerfällig geworden. Hin und her wanderte sie in ihrem Atelier. Diese Stille, die war im Zimmer, die war draußen. Sie machte schläfrig. Diese Stille war in ihr. Sie horchte auf die Wogen, die manchmal ihren gewölbten Leib noch straffer spannten, aber längst nicht so kräftig waren wie im August. Sie fühlte, alles schwoll in ihr. Sie setzte sich in den Lehnstuhl, schlug eine Decke um ihre Schultern. Es war jetzt kühl, sie legte die Füße auf eine Fußbank. Sie mußte anfangen, an eine Wiege zu denken.

Aus dem Stall herauf kam das leise Muhen der Kühe. Nun schob sie das Bänkchen unter ihren Füßen zurück, stand auf und schritt um den Tisch herum. Alles war doch in Ordnung. Mit „Ta petite Parisienne" hatte sie 1905 ihre Briefe an Otto unterzeichnet. Petite Parisienne sagte sie jetzt auch. Sie klopfte sacht auf ihren hochgewölbten Leib.

An diesem Nachmittag machte sie einen Umweg, ging am Weyerberg entlang. Sie hatte sich an die Schwere ihres Körpers gewöhnt. Sie wußte, daß sie mehrmals stehenbleiben mußte, um Luft zu holen. Langsam kam sie zur Lehmkuhle. Bis auf die Kleinen, Krummachers Trude und Georg Behrens, die Vogelers Mieke im Schlepptau hatten und Vater, Mutter, Kind spielten, war ihr niemand begegnet.

Ich möchte ein Kind haben. Wie oft hatte sie das im ersten Ehejahr gedacht, im zweiten gewünscht, im dritten gehofft.

Im vierten Ehejahr stellte sie die Bücher über Mutterschaft und Geburt weiter nach hinten ins Regal. Sie beobachtete sich nicht mehr, horchte nicht mehr in ihren Körper hinein. Nun gut, sie gewöhnte sich, sie fand es gar nicht mehr so bedrückend, kinderlos zu sein, daß ihre Zukunft endgültig anders aussah.

Und dann kam auf einmal diese Schwangerschaft. Plötzlich war alles anders. Hatte sie sich verändert, sie wußte nicht, in welche Richtung. Die Frage war, stand sie wieder vor einem Berg? Ein immer wiederkehrender Traum: Grellstes Licht und mitten darin der Berg dunkel, schwarz, bedrohlich auf sie zurollend. Würde sie sich ihm entgegenstemmen können?

Sie stand jetzt vor der Sandkuhle. Die zu malen gehörte fast zum Repertoire der Worpsweder Maler. Auch von Paula war sie dargestellt worden 1899. Wie einen Pfahl, der befestigen sollte, malte sie links oben einen Baum in den aufgeworfenen Sander. Aber die Sandmassen schienen dennoch in Bewegung zu sein. Sie mußte unentwegt auf diese gelben Dünen starren. Sie mußte an ihren nächtlichen Alp, ihren Wachtraum denken.Ob das die ungewohnte Ruhe machte, der sie sich aussetzen mußte.

Paula ging den Weg sehr langsam weiter bis zu Brünjes Hof. Die Katze strich ihr um die Beine, sprang in den Garten zurück, als Paula die Dielentür öffnete. Cora, dachte sie, liebe Cora. Alpträume, Wachtäume. „Ich fürchte nichts", schrieb sie an diesem Spätsommertag 1907 nach Frankfurt an Johann Fellner, einen nahen Freund der Familie Becker. „Alles wird gut, nur der Tod, das ist das einzige Gespenst, das ich fürchte, das ist das einzige wirkliche Unglück."

41

Hangaufwärts schritt Paula am nächsten Tag inmitten des Trauerzugs. Sie waren jetzt im Dorffriedhof angelangt, über dem wehrhaft die Worpsweder Kirche stand. Kein Erntewagengeklapper von der Straße her, man hörte das Rufen der Hütejungen nicht, es war ein heißer Mittag, an dem kein Schaf blökte, selbst die Vögel waren verstummt. Schweigend nahm eine große Menschenmenge Anteil am Begräbnis des Hotelbesitzers Welzel. Er war einer der ihren. Die meisten Worpsweder hatten in seinem Saal die ersten Tanzschritte gewagt, die zugereisten Künstler machten bei ihm erste Station. Bei so einem Tod ging die Gemeinde mit, gab dem Verstorbenen die letzte Ehre. Gebete, Lieder, Blasmusik.

Tot, hatte Elsbeth am Morgen gefragt, Mutter, was ist tot? Der Zug der dunkel Gekleideten hatte für Paula etwas bedrükkend Feierliches. Sie schaute über die Gräber, die der Wind verwehte, über die vielen Kreuze, roch den herben Duft der düsteren Wacholder. Sie dachte an ihre Toten dieses Jahres.

Im April war der gute Onkel Wulf von Bültzingslöwen gestorben, Mutters letzter Bruder. Es waren jetzt neun Jahre her, seit sie ihn auf der wunderbaren Nordlandreise begleiten durfte. Oft war sie bei ihm in Berlin zu Besuch gewesen.

Im letzten Frühjahr war Frau Senator Rassow gestorben, Mutter Mathildes beste Freundin aus Bremen. „Es hat mich sehr ergriffen das Ende dieser großangelegten Frau, sie war noch ein Baum, bereit, Früchte zu tragen", schrieb Paula ihrer Mutter. „Auch wünschte ich, Frau Rassow hätte noch erlebt, daß ich etwas würde."

Vorn bei den Männern, die er ein wenig überragte, ging Otto Modersohn. Er hatte den Kopf gesenkt, den Hut trug er wohl in der Hand. Otto, der sie aus Paris nach Worpswede zurückgeholt hatte.

Der Trauerzug blieb stehen. Ein leichter Wind brachte jetzt den Geruch von abgeernteten Kornfeldern über den Friedhof.

Staub bist du, und zum Staube kehrst du zurück. Die letzten Töne waren verklungen, die Bläser klopften ihre Instrumente aus. Paula ging zwischen den Gräberreihen durch, las die Inschriften, die Namen der Toten, die Geburtsdaten, das Sterbedatum, sie kam zum Grab von Helene Modersohn, Ottos erster Frau, Elsbeths Mutter, geboren am 11. Juni 1868, gestorben am 14. Juni 1900. Paula bückte sich, zupfte Unkraut vom Hügel, die Erde war schon wieder ausgetrocknet. Morgen früh werde ich eine Schale mit Sommerblumen bringen, dachte sie und richtete sich langsam auf.

Es sind immer nur Momente, wo Gedanken, die tief im Innern kreisen, blitzartig ins Bewußtsein kommen. „Ich glaube, ich werde nicht lange leben", dachte Paula plötzlich und wußte sofort, wann ihr das zum erstenmal durch den Kopf geschossen war. Es war damals ein heißer Julitag. Sie war gerade von ihrer ersten Parisreise zurück, sie saß am Moorkanal, sie malte das Wasser und die Torfboote, und abends wollte Otto vorbeikommen, um ihr vorzulesen.

Und wieder stellte sich Paula ihr eigenes Grab vor, wie schon damals 1902, als sie ins Tagebuch schrieb: „Ich habe manchmal an mein Grab gedacht. Es muß gar keinen Hügel haben. Es sei ein viereckig längliches Beet mit weißen Nelken umpflanzt. Darum läuft ein kleiner sanfter Kiesweg, der wieder mit Nelken eingefaßt ist, und dann kommt ein Holzgestell, still und anspruchslos, und da, um die Wucht der Rosen zu tragen, die mein Grab umgeben. Und vorne im Gitter, da sei ein kleines Tor gelassen, durch das die Menschen zu mir kommen, und hinten sei eine kleine anspruchslose Bank, auf der sich die Menschen zu mir hinsetzen. Es liegt auf unserem Worpsweder Kirchhof, an der Hecke, die an die Felder stößt, im alten Stück, nicht im Zipfel. Auf dem Grab stehen vielleicht zu meinen Häupten zwei kleine Wacholder, in der Mitte eine kleine schwarze Holztafel mit meinem Namen ohne Datum und Worte. So soll es sein. Daß da eine Schale stünde, in die man mir frische Blumen setzte, das wollte ich auch wohl." Es war Februar damals, als sie diese Gedanken aufschrieb, ein kalter Frosttag.

Wie schnell gehen Jahre vorbei. Was wird in diesem Winter sein? Sie strich den Rock glatt. Plötzlich bemerkte sie die schwarzgekleideten Frauen, die durch die Grabreihen hindurch auf sie zukamen. Sie warfen sich Blicke zu, starrten Paula an, als ob sie Sensationen witterten, flüsterten zischelnd. Man wußte nie, welche verrückten Streiche diese Malersleute ausheckten. Paula nickte einen Gruß und ging den Weg hinab.

Unten vorm Friedhofstor knöpften die Männer die dunklen steifen Jacken los, verscheuchten Fliegenschwärme mit ihren Hüten. Nu häst woll Durst krägen, Krischan! Ab ging's in Welzels Wirtsstube, Welzel sein Fell verzehren! Das Leben ging weiter.

42

Das einzig Störende am Morgen war das Gerenne von Johanne, die Matten und Läufer aus der Wohnung in den Garten trug, sie über den Zaun hängte, um sie auszuklopfen und auszulüften. Elsbeth trödelte beim Frühstücken, bis Annemarie kam, sie zur Schule abholte. Sei pünktlich zum Essen wieder da.

Elsbeth sollte bis einige Zeit nach der Geburt des Geschwisterchens bei der Großmutter in Bremen bleiben, und Carl Hauptmann könnte das Kind in der Bahn mitnehmen.

Aber als sie jetzt einen Finger über den Klavierdeckel zog, ohne den Staub darauf zu bemerken, dachte Paula an das Gemälde, das sie gestern endlich beendet hatte, alte Bäuerin mit gekreuzten Armen vor blaugrüner Blatt-Tapete. Es war das Bild, das ihr seit dem heißen Julimittag an der Rotdornhecke keine Ruhe gelassen hatte. Heute wollte sie noch einmal zu Böttjers hin. Paula war keine von denen, die um jeden Preis und überall Anschluß suchte, aber seit sie die Frau Böttjer malte, schaute sie hin und wieder bei ihr herein. Sie bewunderte die Gelassenheit der alten Frau.

Auch heute ging sie am Glockenstuhl her vor Böttjers Gartenzaun, zwinkerte der handlichen Glocke zu, die allein die Großbauern als Kirchenstifter für eigenen Gottesdienst läuten durften. Neben der Eingangstür zum Hof lagen gehobelte kleine schmale Bretter auf dem Weg. Sofort fiel Paula das Buch ein, das Otto ihr in diesem Jahr in Paris zum Geburtstag schenkte, „Altägyptische Kunst". Auf solche Bretter wie diese wurde in Altägypten das Antlitz von hochrangigen Verstorbenen gemalt und auf dem Sarkophag befestigt. Paula hatte zuletzt so ein Selbstbildnis gemalt, ganz in dieser Tradition, wie sie sich's vornahm an jenem Februarabend in Paris. Streng und weitentrückt malte Paula ihr Gesicht, ein bißchen sybillinisch vielleicht. Es wirkte bei aller Ferne, in die es zurückwich, zögerlich. Jedoch, als ob sie sich an Lebendigem festhalten wollte, malte sie einen Kamelienzweig in ihre erhobene rechte Hand.

In der Deele bewunderte Paula jetzt die schön bemalte Wiege. Ja, ja sagte die Alte, die sich manchmal in sich zurückzog, wochenlang kaum ein Wort sprach und mit gefalteten Händen dasaß, die Leute setzen Kinder in die Welt und kümmern sich nicht und wundern sich, wenn diese nicht einschlügen, wie sie sich's dächten. Ach, Mutter Böttjer, antwortete Paula, es gibt Mütter und Väter, die sich gut um die Kinder kümmern. Auch die halten es schlicht für unmöglich, daß ein Sohn aus der Art schlägt, eine Tochter widerspenstig ist. Am besten „Scheer di um nix!"

Ein Brief vom Maidli war gekommen: „Glück auf den Weg. Du weißt, ich glaube an Dich, weil Du den festen Willen hast, etwas zu erringen." Paula faßte an die lange Bernsteinkette. Die schmückt so ungemein, hatte Maidli gesagt. Die Cousine verstand. Paula mußte weiter. Maidli, Rainer Maria, Clara damals in Berlin. Paula drehte die Kette in ihrer Hand. Es war ihr, als schöbe sie die Bernsteinkugeln wie Jahre zurück.

43

Nun war es Spätherbst in Worpswede geworden. Paula wanderte durch ihr Atelier. In welcher Kiste steckte Rilkes Porträt?

Im Atelier, in der Schlafkammer, im Bodenraum bei Brünjes, überall stapelten sich Porträts, darunter viele, auf denen sie sich selbst abgebildet hatte. Suchte sie jetzt ein bestimmtes, Rilkes zum Beispiel oder das von Clara, müßte sie erst viel beiseite räumen.

Heute wollte sie letzte Korrektur machen an ihrem Bild „Alte Armenhäuslerin mit der Glasflasche". Paula mußte die Richtung nach Ostendorf einschlagen, wenn sie jemanden aus dem Armenhaus abholen wollte. Kommen Sie, Mutter! Wir haben nicht mehr viel zu tun. Nur noch eine kleine Änderung heute, und das Bild wäre fertig. Die alte Dreebeen stand sofort auf.

Sie gingen nicht die Landstraße entlang. Paula fürchtete Begegnungen. Martha Vogeler könnte unterwegs sein. Nein, sie wollte sie nicht sehen mit den Töchtern an der Hand und am

Rockzipfel. Die dritte, die kleine Mieke, war nun auch schon eineinhalb Jahre alt. Heinrich Vogeler war mal wieder zu Haus, wollte sich um seine Besitzungen kümmern. Mußte er unbedingt noch erweitern, wo er so selten daheim war, statt dessen in aller Herren Länder herumreiste, Ceylon, Polen? Er lief wie eine dieser Figuren, die, einmal aufgedreht, nicht eher zum Stillstand kommen, bis die Feder abgelaufen ist. Wenn man ihn jetzt in der Nähe seiner Frau Martha sah, dann hatte er sie nicht gesucht, dann war das zufällig, dann schienen die beiden kalt, unbeteiligt, wie Skulpturen nebeneinander. Paula wünschte sich, die Dreebeen möchte erzählen, aber die blieb still. War nicht einmal vorm Kirschbaum der alten Frau Schmidt stehengeblieben, den die längst verstorbene Tochter als Kirschkern pflanzte, hatte nicht gemahnt mit dem Spruch: „Wenn de Bom ist hoch, ist de Planter dot." Keine Geschichten heute von Geburt, Heirat, Tod.

Langsam näherten sich die beiden dem Atelier. Die Luft war kalt, in der Nacht hatte es etwas geregnet. Paula half der Alten über den feuchten Weg. Als sie am Acker vorbeikamen, wo im Sommer der Mohn blühte, sah sie das Bild vor sich, das sie gemalt hatte, die alte Frau, als wäre sie in diese Umgebung eingepflanzt, die blaugrünen Kringel auf Dreebeens Rock wie Blüten. Blühenden Mohn hatte Paula gemalt und dunkle Mohnkapseln und dahinter fahlgelbes Licht. Ja, das Licht war so geworden, wie Paula es liebte: „Nicht zu der Sonne, die alles teilt und überall Schatten hinsetzt und das Bild in tausend Teile zerpflückt, habe ich ein Verhältnis, sondern zur Sonne, die brütet und die Dinge grau macht und schwer und sie in dieser grauen Schwere verbindet, daß sie eins sind."

Mit diesem schweren Licht, den Mohnblüten und Mohnkapseln, mit einem mächtigen Glasballon links im Bild bildete die Dreebeen eine Einheit. Eine alte Frau, die still dasitzt, lebenserfahren, vertraut mit den Wünschen und Hoffnungen der Menschen. Vergangenheit, Gegenwart, Zukünftiges vibrierten gleichermaßen im Bild.

Am Wegrand nahe der Hecke, ehe die beiden nun in Brünjes Hof eintraten, standen ein paar vertrocknete Fingerhutstauden.

Paula hatte im Sommer rotblühenden Fingerhut gepflückt, um den sich so manche Sage rankte, und in die Flaschenvase gestellt. Wie hieß es doch, Glück brächte das Fingerhütchen, wenn man's in hellen Mondnächten pflückt. Eine rote Fingerhutstaude wie eine Schutzwache hatte Paula ins Bild gemalt hinter Klein Elsbeth im weißen Kleid, Hühner im Hintergrund, ein paar dünne krumme Baumstämme, Obstbäume vielleicht und links die Andeutung eines sonnenbeschienenen Hügels. Es war ein sehr gelungenes Bild. Fünf Jahre waren seitdem vergangen. Und immer noch dieselbe Frage, wann bin ich soweit. Ihre Gemälde lagen massenhaft in Bodenraum und Atelier. Sie wird weiter wollen, immer weiterwollen, bis sie nicht mehr konnte. Wohin wollte sie denn? Dieser Sommer hielt sie zurück. „Erwarten Sie nur nichts von mir", hatte sie an Rilke geschrieben, „sonst enttäusche ich Sie vielleicht, denn ehe ich etwas bin, dann bin ich vielleicht nicht das, was Sie dachten. Ich möchte ja so gerne etwas Schönes, man muß abwarten, ob der liebe Gott oder das Schicksal es auch will. Ich glaube, man geht seinen Weg wie im Traume." Sie mußte kürzer treten. Eine andere Aufgabe wartete auf sie. Wie das wohl sein wird. Eine Frau, die Mutter würde. Ein eigenes Kind zu haben!

Sonnenstreifen lagen auf den Dielen im Atelier. Paula roch den Geruch feuchtmodriger Erde, der durchs offene Fenster drang. Das Leben auf die einfache Formel der Dreebeen bringen, Geburt, Heirat, Tod. Sie fühlte sich den Gedanken körperlich nahe. Einfach werden, alles Überflüssige abstreifen, das wollte Paula auch in ihrer Kunst. Alle eitlen Zutaten weg, mit denen man Augen und Sinne betrügt. „Wenn wir nur alle in den Himmel kommen!" Ihren Wunsch, Echtes, Ehrliches in ihrer Kunst zu schaffen, vermochte Paula nur mit diesem Satz auszudrücken. Und immer wieder dahinter die Angst: „Wenn man nur gesund bleibt und nicht zu früh stirbt!"

Jetzt wird Paula ein letztes Mal das Bild überarbeiten. Die Dreebeen mochte immer noch nicht reden, saß der Staffelei gegenüber, schaute schweigend geradeaus an Paula vorbei. Heute kommt sie mir unwirklicher vor, dachte Paula. Plötzlich verspürte sie wieder das Zucken und Ziehen im Leib. Sie mußte ein bißchen stöhnen, faltete die Hände über ihren Schoß. In Gedanken sah sie ihre Mutter in Bremen auf die Weser hinabschauen. Sie sah sie lächelnd ins Haus gehen, den großen Ohrensessel in Tücher verpacken, um ihn der schwangeren Tochter durch Fuhrmann Kück nach Worpswede zu schicken.

Warum hatte Paula die Ballonflasche, die mit der Öffnung im Boden steckte, auf diesem Bild duff gemalt, undurchsichtig, wie es das Fenster war in ihrem Atelier in Paris, Mai 1906? Was war mit Paula, wollte sie nicht wissen, was dahinter zu sehen war? Wie es weiterging, wie es mit ihr weitergehen würde?

Dieser Fingerhut, dachte sie, den sie der Dreebeen in die Hand gemalt hatte, als ob der einen Zauber ausübte. Sie merkte, wie ihr das Bild vor den Augen schwamm. Die Glaskugel rückte mal nah, bald zurück. Vor Paulas Augen leuchteten bald die letzten Blüten vom Mohn, bald die blauen Kreise im Rock der Dreebeen. Nur das dunkle Gesicht unterm Hut über dem breiten Körper in der warmen roten Bluse blieb unbeweglich.

Da war noch etwas. Paula konnte heute der Mutter Dreebeen das seidene Tuch schenken, das sie von Tante Cora geerbt hatte. Sie kramte in der Truhe nach, und dabei fiel ihr das Kästchen in die Hand mit dem Korallenarmband drin. Vor einiger Zeit hatte sie es gesucht. „Das soll einmal meine kleine Tochter tragen!" Immer, wenn sie an das kleine Wesen in ihrem Leib dachte, liebte sie es sehr.

Was aber die Dreebeen betraf, der sie mit dem Tuch eine Freude machen wollte, die wies das zurück. Paula wurde unruhig. Wollte sich nicht eingestehen, daß dies Geschenk nicht nur ein Dankeschön war, sondern auch Bitte, in Paulas schwerer Stunde freundlich an sie zu denken.

Mutter, sagte sie laut, wie geht es wohl Frau Krummacher? Beinahe hätte sie es vergessen, Paula mußte der Wöchnerin noch einen Besuch machen.

Im sogenannten Fremdenzimmer neben der Wochenstube ruhte Frau Anna Krummacher und sah richtig schön aus, weich, jung und strahlend, obschon sie weit über die dreißig hinaus und eine schwere Geburt hinter sich hatte. Durchs Fenster fiel helles Licht auf die schneeweißen Kissen. Rosen standen auf einem Tisch. Welche Blumen werden bei mir im Zimmer stehen? Paula sinnierte. Was blüht demnächst noch im Garten? Dahlien vielleicht, vielleicht auch noch die bunten Erbsenblüten. Aufs Fensterbrett könnte man rote Geranien stellen. Draußen wird es kälter sein. Der Ofen müßte viel mehr geheizt werden.

Aus der Wochenstube nebenan kam jetzt ein kräftiges Stimmchen. „Ja, eine Stimme wie ein Löwe!" meinte Vater Krummacher, Sie sollten ihn mal im Akt sehen, in der Badewanne! Wie der Kleine dann strampelte, ein richtiger Wonneproppen, und mit den Händchen hin und her, als wollte er schon nach Pinsel und Palette greifen. He will all molen, rief die junge Frau Böttjer. Ein echter Sohn eines Malervaters!

In den Zimmern gab's ein Kommen und Gehen. Die Hebamme strich das Bettdeckchen glatt. Die Nachbarsfrauen rückten ans Bett der Mutter vor, Vater Krummacher ging von einer zur andern. Frau Behrens meinte, man müßte das Fenster öffnen, Frau Böttjer winkte ab, man bloß nicht. Würde Paula auch wie eine Zuschauerin daliegen, während um sie herum Geschäftigkeit an- und abschwoll?

Und nun kam auch noch der Fotograf. Erneute Aktivitäten. Genauso würde es in der Wöchnerinnenstube im Modersohnschen Hause sein. In jener Zeit war es sogar üblich, einen Fotografen aus Dresden kommen zu lassen, den berühmten, der die Aristokratie und die Künstler dort ablichtete.

Wie schade, daß ihre Schwester Milly so weit weg in Amorbach war. Die hatte im Frühjahr ihre Tochter Christiane geboren. An diesem Tag im Herbst 1907 hätte ein schwesterliches Aufmuntern Paula gut getan. „Ich will eine gute Tante sein! Alles Gute für Dich und Dein Kind!" gratulierte sie Milly. Sie mußte der Schwester unbedingt heute noch schreiben, ihr raten, doch jetzt auf ihr Gewicht zu achten. Das war ein Problem, mit dem sich die Worpsweder Frauen nicht beschäftigten.

„Meine liebe Schwester", begann sie, „ich möchte mit Anna Dreebeen sagen, da es innerlich in ihr arbeitete und rabauterte: He smit mi glick von'n Stohl."

Wenn es sie auch nicht vom Stuhl warf, kräftiger spürte Paula an diesem Abend schon die Bewegungen in ihrem Schoß. „Ihr müßt schön Geduld haben mit mir", fuhr sie fort, „sonst muß er oder sie sich so hetzen. Auch schreibe mir nie eine Postkarte wieder mit – Windeln – oder – froher Nachricht –. Du weißt ja, ich bin eine Seele, die am liebsten die anderen Leute nicht wissen läßt, daß sie sich mit Windeln beschäftigt. Sonst lasse Dich innig küssen für Deine liebevolle mütterliche Fürsorge für mich. Du weißt ja, daß ich Dir nie ähnliches leisten kann. Das ist aber nicht Mangel an Wärme. Nur geht meine Wärme ihre eigenen Wege, und wir können nur hoffen, daß sie wohl daran tue. Es gibt ja genug Leute, die mich deshalb verurteilen."

Geben Sie mir doch noch einmal Rainer Marias Brief aus Paris, hatte Paula am nächsten Tag ihre Freundin Clara gebeten. Wie schön Rilke die Farben Cézannes beschrieb.

44

Oktober 1907. Sie hatte in diesem Herbst gar nicht mehr so viele Wünsche. Sie mußte morgen Vater Gefken bestellen, daß er die Gartenbeete umgrub, Sträucher beschnitt. Sie wollte morgen die große Sonnenblume abschneiden, die wunderbaren Malven. Sie hatte darin derart den Herbst gespürt, Farben und Formen sprachen sie an in einer Art, daß sie sich gezwungen fühlte, sie zu malen, diese gütige Ruhe nach dem gewaltigen Sommer. Im letzten Jahr war Paula produktiver gewesen genau wie Rilke, der in seinem Brief vom 13. September 1907 geschrieben hatte: „Lieber Gott, was hab ich voriges Jahr gewirtschaftet. Jetzt fangen schon die Dunstmorgen und Abende an, wo die Sonne nur noch wie eine Stelle ist, wo früher die Sonne war. Mich macht das traurig." Und er hatte von Dahlien geschrieben, von Gladiolen, Geranien in den Parterregärten von Paris, die ihn schwermütig machten, weil er das, was er bei ihrem Anblick fühlte, niemals in Worte fassen konnte. Unerfüllte Hoffnungen, die Schmerz bereiteten, Paula kannte das. Wenn man nur gesund bleibt und nicht zu früh stirbt, dachte sie.

Am späten Nachmittag ging sie schweren Schrittes durch den herbstlichen Garten. Die Worpsweder Birken hatten längst ihre Blätter verloren, sie lagen vereinzelt noch wie kleine goldene Münzen auf dem moorigen dunklen Boden. Paula sagte sich: Letzten Herbst war ich in Paris. Ich ging über die Boulevards. Ich besuchte die großen Ausstellungen. Ich sah die Bilder von Cézanne. Einen Verbündeten hatte ich dort, Rilke, auch ein Bewunderer von Cézannes Kunst.

45

Sie hatte wieder angefangen zu malen. Die Trägheit und Teilnahmslosigkeit, die sie Ende Juli verspürt hatte, war seit einer Weile wieder verschwunden. Als sie jetzt von Brünjes Hof ein Stück in Richtung Moordamm ging, konnte sie beruhigt sein, das Stilleben mit Sonnenblumen und Malven war beendet. Vor ihr die abgeernteten Felder, ein paar übriggebliebene Brombeeren an einem Strauch. Bitter lagen die Körner auf der Zunge. Was kam demnächst auf sie zu? Hatte sie sich auf das wachsende Kind in ihrem Leib genügend vorbereitet? Je länger sie durch die leeren Äcker in der Stille des Mittags wanderte, desto größer wurde ihre Unruhe. Umkehren. Unterwegs an der Wegbiegung stieß sie auf zwei dunkelgekleidete Moorbauersfrauen, die schweigend nebeneinander hermarschierten. Paulas sehnlichster Wunsch jetzt, mit jemandem zu sprechen. Und doch mied sie die Gesellschaft der Leute. Sie ging nicht in den Barkenhoff hinein, obschon sie den Giebel vor sich sah, die weitgeschwungene Treppe vor ihrem Auge hatte. Und in diesem Moment gar das Bild einer anderen Treppe, die Freitreppe zum Eingang von Schloß Holthausen. Anfang Juli war sie dort im Westfälischen für ein paar Tage noch Gast gewesen. Am Bahnhof Büren holte Bernhard Hoetger sie ab. Er hatte das Schloß im April gemietet. Ein Schloß. Ein Traum. Ein ehemaliges Zisterzienserinnenkloster mit langen Fensterreihen, zweistöckig, mit vielen Nebengebäuden, mit einer barocken Kirche. Wenn Paula von ihren Spaziergängen im Park zurückkam, mußte sie ständig dran denken, wie so manches Bild an den weißgekalkten Wänden unterzubringen wäre. Sie mußte Otto dringend bitten, ihr nachzureisen. Sie hatte sich sehr wohl gefühlt auf Schloß Holthausen. Und dann die Mattigkeit des Sommers in Worpswede, das unruhige Warten, das sich vom Tag in die Nächte fortsetzte. Elsbeths Geburtstagsfeier war ein festes Datum gewesen. Auch die wenigen Momente, wenn Paula den Pinsel aus der Hand legte, weil ein Bild beendet war. Oft hatte sie untätig in der Laube im Garten gesessen, mal in der Veranda am Haus, mal in ihrem Atelier. Auf Jan Garwes, den Postboten, hatte sie gewartet. Er sollte Briefe von ihrer Freundin Clara überbringen.

Es wurde ein bißchen zu kühl draußen unter dem kaltblauen Himmel, und die umgegrabenen dunklen Erdschollen feuchteten schon wieder an. Herbstnebel stieg auf. Paula legte im Atelier noch ein Stück Torf ins Feuer und setzte sich in den Lehnstuhl. Weiter, immer weiterwollen. Jetzt war sie zur Ruhe gezwungen. Sie mußte eine Zeitlang geschlafen haben, plötzlich stand Clara im Raum. Paula hatte auf das Klopfen nicht reagiert. Clara war gekommen, die wieder einen Brief brachte.

Paula blickte hoch, schaute ausdruckslos auf den Umschlag, den Clara in der Hand wedelte. Sie mußte sich erst aus ihrem Traumbild lösen, ein sengendheißer Sommertag in Paris, der leichte Schmerz, wie enttäuscht sie war, als Rilke auf ihren Hilferuf nicht antwortete. Dazu geäußert hatte er sich erst im März dieses Jahres: „Denn jetzt darf ich Ihnen sagen, daß ich es die ganze Zeit wie eine Schuld empfand, Ihnen damals, als mir ein kurzer Brief nach Berlin nachgeschickt wurde, nicht geschrieben zu haben, daß Sie kommen möchten. Später aber glaubte ich zu fühlen, daß ich unrecht getan hatte und unaufmerksam gewesen war in einem Augenblick unserer Freundschaft, da ich es nicht hätte sein dürfen."

Offenbar glaubte Clara, Paula sei übermüdet. Sie zog einen Stuhl heran, setzte sich neben die Freundin, und als diese aufseufzte, nahm sie ihre Hand und streichelte sacht darüber. Soll ich ein andermal wiederkommen? Sie sah die Freundin an. Jetzt lächelte Paula ihr zu. Nein, sagte sie, es ist schon gut so. Sie richtete sich auf. Rilke hatte ihr geschrieben: „Ich meine doch, Ihr Leben hat Kräfte, zu sich selbst zu kommen um jeden Preis. Und wenn die äußeren Umstände andere geworden sind, als wir einmal meinten, so ist ja doch nur eines entscheidend, daß Sie sie mutig tragen."

Sie wandte sich Clara zu. Die Umstände, die Umstände, sagte sie ein paarmal und schüttelte den Kopf. Sie drückte Claras Hand und lachte, brach plötzlich mitten im Lachen ab, deutete auf den Brief, der in Claras Schoß lag und fragte, weil sie Rilkes Schrift erkannte, ob er wohl schon die Kunstsammlung von Pellerin aufgesucht hat, in der es Bilder von Cézanne gäbe? Clara nickte, ja und Rainer hätte gemeint, Paula müßte auf jeden Fall zur Herbstausstellung nach Paris kommen.

Paula machte ein gespielt verzweifeltes Gesicht, sagte, in meinem Zustand? Weiß Rainer nichts davon? Sicher doch, aber wir wissen ja, wie Rainer ist. Clara übernahm das Mienenspiel, seufzte, weltfremd nennt man das wohl. Rainer interessiert im Moment nur Cézanne. Ah, Cézanne, Paulas Stimme bekam einen warmen Klang. Der Brief aus Paris. Sie mußte ihn sofort aus dem Umschlag ziehen.

Briefe aus Paris. Rainer Maria war die Verbindung zur Außenwelt. Berichte schickte er, Beschreibungen. Wieder diese Farbeindrücke! Paula las begierig. „Hier war ein Zusammenklang von Rhabarberrot, Orange, welkem Grün, Meerblau in einem bald von Schatten erfüllten, bald blendend herausgearbeiteten Weiß. Ob das PB. Freude bereiten würde?" Paula sog die Schilderung in sich ein, immer tiefer. Dann zuckte sie zusammen. Jetzt müßte sie in Paris sein! Was schrieb Rilke? Beim Kunsthändler Pellerin gäbe es einhundertundfünfzig Bilder von Cézanne! „Wissen Sie noch 1900 bei Vollard?" Da stand Paula wieder im Laden des Kunsthändlers und drehte ein Bild nach dem andern um, fühlte sich verstanden und angeregt. Und heute die Worte Cézannes, die Rilke ihnen mitteilte, Bestätigung und Aufruf: „Das beste ist die Arbeit!" Und nun noch lesen, wie Cézanne sich seine Bilder wünschte: „humble et colossal", einfach und gewaltig. Paula: „In Einfachheit groß".

Später, als sie heimwollte, nahm sie den Weg, den sie oft in diesen Jahren genommen, und ging am Armenhaus vorbei. Sie wollte wissen, was Anna Dreebeen zu Paulas Wartezustand sagte. Wenn dat men gaut geit. Wer hatte das gemurmelt? Die Armenhäusler saßen gesenkten Kopfes am Tisch und löffelten ihre Abendsuppe. Anna Dreebeen schaute nur kurz hoch, enttäuscht, ihr dauerte es viel zu lange.

Und dann zu Haus im Schlafzimmer. Auf der Kommode der Brief, den sie noch einbündeln wollte. Im letzten Jahr war dazu keine Zeit, und jetzt hatte sie ihn auf einmal wieder entdeckt. Auf dem grauen Umschlag, Mutters Briefe hießen bekanntlich die „Grauen", stand in Hermas Schrift: „Ihr dreißigstes Jahr wird ihr zu denken geben. Paula hatte es sich als Ziel gesetzt für ihre Malerei." Ihr dreißigstes Jahr! Der Mai in Paris! Und in diesem Umschlag steckte der Geburtstagsbrief, den die Mutter ihr noch nach Worpswede schrieb, nicht ahnend, daß die Tochter keine drei Wochen später weg sein würde.

„Mein geliebtes Kind! Dreißig Jahre sind es heute, daß Du das Licht der Welt erblicktest in unserer kleinen Wohnung in der Schäferstraße zu Dresden-Friedrichstadt. Draußen war ein Unwetter. Die Elbe ging mit Eis und brachte Hochwasser vom Gebirge herunter. Regenstürze wechselten mit Schneestürmen, und Vater, der immer fürsorgliche, konnte sich um Dich und mich nicht kümmern, sondern mußte die Tage und Nächte draußen in angestrengtester Arbeit verbringen. Denn die neuerbauten Dämme seiner Bahn begannen an der Elbe zu rutschen, und Millionen standen auf dem Spiel, außer seiner Ehre als Ingenieur. Wir beiden jungen Mädchen (ich war auch erst dreiundzwanzig als ich mein drittes Kind bekam) blieben allein mit einer blödsinnig unpraktischen Wartefrau. Ich sehe das dicke Geschöpf noch wie heute. Ich hatte Dich an der Brust. Das Öllichtchen brannte flattrig im Wasserglase. Die Altsche wollte sich Kaffee wärmen und hatte ihre Spritlampe überfüllt, die mächtig aufloderte. Immer pustend und dazwischen kläglich „O Jemersch" kreischend, bringt sie mir das lodernde Teebrett aufs Bett, und ich mußte es löschen. Von all der Verrücktheit und Vater Woldis verängstigten Augen aufgeregt, bekam ich Fieber und eine schlimme Brust, mußte geschnitten werden.- Kurz, es war das einzige Wochenbett, von dem ich mich erst nach einem halben Jahr erholte."

Angst vor der Geburt. Paula glaubte, sie ginge über eine Sanddüne. Es war Sommer, und sie waren sieben Kinder, als der Berg anrollte. Ich muß mich zusammenreißen dachte sie.

Sie sollte die Windeln in die Kommode packen. Heute morgen hatte sie zu Johanne gesagt, sie wäre durchaus noch in der Lage, ihre Wäsche selbst zur Seite zu räumen. Sie sollte den großen Ohrensessel ausprobieren, den die Mutter ihr geschickt hatte. Sie sollte ihren Notizblock durchsehen.

Alles war geregelt. Elsbeth war in Bremen. Im Ofen in der Wochenstube, die neben dem Fremdenzimmer hergerichtet war, brannte seit Tagen das Feuer. Und nun mußte sie noch einen Brief an die Mutter schreiben. Es war der 22. Oktober 1907:

„Meine liebe Mutter, hab Dank für Deine lieben Gedanken. Sonst hat Dir Kurt wohl alles Neue berichtet. Neueres gibt es leider nicht, und Ihr müßt Euch schon so lange gedulden. Dreebeen hat überhaupt kein Interesse mehr an mir.

Ich wollte wohl gern auf eine Woche nach Paris reisen. Da sind 56 Cézannes ausgestellt! Lebt wohl. Hoffentlich bleibt das Wetter immer weiter schön. Obgleich es fast gierig und unbescheiden ist, so etwas zu hoffen und zu verlangen. Deine Paula."

Und an Clara schrieb sie: „Wenn ich hier jetzt nicht absolut notwendig wäre, müßte ich in Paris sein."

Zweiter November. In der Wochenstube. Man hatte Paulas Bett seitlich zum Fenster gestellt. Die Hebamme steckte Tannenreiser in den Ofen. Das Feuer heulte kurz auf und übertönte das schwere Atmen. Paulas Stöhnen. Und denn, die Herztöne waren weg! Den Doktor holen! Wenn dat men gaut geit! Das alles hatte Paula doch schon einmal gehört. Sie preßte das Kinn auf die Brust, verkrampfte die Hände, war auf einmal ganz weit weg. Sie saß an einem heißen Julitag in Brünjes Hof. Dahinten drei schwarzgekleidete Frauen. Anstrengen mußte sie sich, um zu verstehen: die Mutter chloroformieren, das Kind mit der Zange holen! Aber da vorn saß die Dreebeen. Es mußte alles gut gehn. Deern, wi hebbt all lang up die töwt! Ein Mädchen! Ja! Eine prächtige Deern. Kleine Pariserin!

Paulas Tochter wurde am 2. November 1907 geboren. Sie erhielt nach Familienbrauch den Namen ihrer Großmutter: Mathilde. Es war keine leichte Geburt gewesen.

Und nun war es genau so, wie es Paula in der Wochenstube von Anna Krummacher erlebt hatte. Eine Geschäftigkeit setzte ein, von der sie den Ablauf so genau voraussagen konnte, als hätte sie ihn für ein Bühnenstück geprobt. Ein Stück war es, bei der sie die Hauptrolle spielte und zugleich im Zuschauerraum saß, um das Treiben zu beobachten.

Die Dekoration. Sie mußten tatsächlich Dahlien nehmen und bunte Erbsenblüten, letzte Blumen aus dem Garten. Topfblüher wie Geranien standen schon lange am Fenster. Eine fröhliche Wochenstube. Was nun? Jetzt sah sie durch die Tür zum ehemaligen Fremdenzimmer die kleine Badewanne. Umrisse von Personen, Otto, die Mutter, die Hebamme. Ein sehr feiner Akt. Worte eines Malers. Ne prächtige Deern, entwikkelt wie drei Wochen alt! Ausrufe einer erfahrenen Großmutter. Unter seinem Tuch her der Fotograf, Achtung, lächeln. Das Kind schrie. In dem grellen Licht behielt nur Paula die Augen offen.

Novemberwetter. Hatte sie nicht seit Tagen Schmerzen im rechten Bein verspürt, während die Besucher mit roten Nasenspitzen aus- und eingingen? Was war die Ursache, daß ihr Bein so stark anschwoll? Paulas Wangen glühten wie im Fieber. Das kam von der Freude. Das waren die Nerven. Von einer Thrombose wurde nicht gesprochen.

Am zwanzigsten November sollte Paula zum erstenmal wieder aufstehn. Sie sah das Bild vor sich. Ein großer Spiegel. Paula im Bett sitzend, vorher Zöpfe, jetzt eine Haarkrone, eine Rose darin, Nuancen dunkler. Der erste Schritt nach Wochen der Ruhe. Eine junge Frau, die beschwingt vor ihrem Mann und ihrem Bruder herschreitet. Kerzen im Wohnzimmer, Lichterblitze auf dem Metall des barocken Engels am Kronleuchter. In der Ecke der Ohrensessel. Hinsetzen und nun, bringt mir das Kind. Wie schön!

Aber auf einmal der furchtbare Schmerz. So plötzlich. Was war das?

Als Heinrich Vogeler Ende November von einer Reise nach Bremen zurückkam, sah er schon von weitem im Wartesaal des Hauptbahnhofs Milly und Herma. Sie saßen mit ein paar Freunden an einem Tisch, sie fuhren erschreckt zusammen, als er sie ansprach, und ihm schnürte es die Kehle zu, als er ihre geschwollenen Gesichter sah, ihre rotgeweinten Augen. Was macht Paula? Paula ist tot.

Paula Modersohn-Becker starb am 20. November an einer Lungenembolie. Sie war 31 Jahre alt geworden.